六經註
——我的大智教化

鈕則誠◎著

"Six Classics" as Footnotes: Great Wisdom Edification for Myself

序

　　行年六十有五，於入老之際出版新書以誌慶，多少有些里程碑意義。本書是我四度反身而誠之作，雖不免老生常談、舊話重提之虞，仍可視爲日益精進的成果。畢竟過去五年間，我以一個眞正職場生涯「局外人」身分，不斷進行自我觀照，嘗試爲人生確實定位，終於完成「大智教化」四部曲，也算是對提前離退後的自學方案，交出了滿意的成績單。四部曲分別爲2013年的六十自述《學死生》、2015和2016年的哲理鋪陳《大智教化》與《學死生》，以及眼前的學思憶往《六經註》；本書講述了我在過去半世紀的愛智歷程，不啻爲一名哲學從業員的生命書寫。我手寫我心，寫出來以文會友，以友輔仁，廣結善緣，一樂也。

　　書名《六經註》反映出我如今爲學與做人的態度：走自己的路，同時繼續爲人生存在找理由，至死方休。越老越相信「一種米養百樣人」的道理，而老來也越發有「千山我獨行」的孤高感。半世紀前被存在主義吸引，一股勁兒投入自我啓蒙；至今已成老教授，仍然在「教學相長」，果眞好學不倦。但我自認並非學者專家，勉強自許爲「思者醒客」，希望藉著清醒的靈明自覺安度餘生。過去五年不停在一團意念中打轉，如今終於撥雲見日，得以講清楚說明白，頗感欣慰。端出第三十一種著作，以百帖千字文將學思歷程娓娓道來，博君一閱耳。附篇替六十自述再添十帖，另加上六篇借題發揮的「論文」，朋友們就對照地讀吧！

鈕則誠

2018年9月，結婚三十三載

目　錄

篇一　起：科學哲學（25-35歲）　23

篇二　承：通識教育（35-45歲）　53

篇三　轉：生命教育（45-55歲）　83

篇四　合：大智教化（55-65歲）　113

篇後　化：愛智慧見（老後）　143

六經註
——我的大智教化

引

我註六經註我

　　行年入老，反身而誠；大學教授，退而不休；抓大放小，去繁從簡；擇善固執，大智教化。這一系隨筆記錄了我半個世紀的學思心路歷程，以《六經註》爲書名，講述我從「學問生命」走向「生命學問」，體現出「我註六經」到「六經註我」。我是純種哲學博士，學士、碩士、博士都念輔仁大學哲學系，當老師總共三十五載，目前還在母系兼課，但我從未自視爲哲學中人，僅以「思者醒客、智者逸人」自居。我慣於且喜歡思考，它令我保持清醒，不人云亦云，不隨波逐流，走自己的路，我手寫我心。包括學位及教授論著，四十年來陸續寫作出版了三十部書，眼前是第三十一種，用以推廣「自我大智教化」。就像我所設立的虛擬書院「大智教化院」，它們都是與時俱進、以變承不變的心靈產物。在資訊工具求新求變的時代，系列鋪陳我那一以貫之的中心思想，不啻人生樂事也。

　　用千字文講述自己的生命故事，這算第三回；之所以再三爲之，是想不斷深化。自傳體《觀人生》屬編年史，對學思浮光掠影；說理文《學死生》雖呈現「大智教」，僅點到爲止；如今持續議論，多少足以詮釋來龍去脈。文章千古事，得失寸心知；不寫下來不足以檢視，也難以精進。文章原本寫給自己讀，若藉書冊及網誌分享，則善結有緣人。既然在別人眼中我是學者教授，做學問必然爲少不了的工夫。我始終認爲自己做的是「生命學問」，竟不知不覺成就了大半生「學問生命」。不管是何種學問，在杏壇學界總有一定的分際規範，此即引經據典地「我註六經」；但生命學問無疑需要更多由知識轉化醞釀而成的智慧來支撐，「六經註我」遂伴隨老齡而逐漸發揮作用。相對於認知要求「漸修」的能力，人生情意體驗絕不能缺少「頓悟」的效果；二者相輔相成，我與「六經」便相得益彰。

　　「六經註我」的提法出自宋儒陸九淵，他曾說：「學苟知本，六經皆我註腳。」並進一步表示：「六經註我，我安註六經。」陸九淵爲心學家，「吾心即是宇宙」標幟出其唯心論，此種治學精神強調頓悟效果。但與其同時代的朱熹，則以理學家的姿態主張漸修工夫。二者各有

所本，於今日看來，理當互利共榮。持平地說，達到六經註我的境界之前，最好要有我註六經的努力爲基礎，否則容易掛空而不著邊際。以我個人的學思歷程而論，從「我註」轉化至「註我」，大約在五十有五前後，從此治學爲文，大多借題發揮，以至一發不可收拾，屆花甲耳順發現自家本事，終於拈出「大智教化」爲暮年餘生之志業。大智教化是生命教育的民間版、成人版、擴充版與升級版，其所推廣的生命教、大智教並非宗教民俗信仰，而屬人文自然信念。它是我半世紀學思的心血結晶，願就此講清楚說明白。

前篇

潛：存在抉擇（15-25歲）

牯嶺街少年

　　我曾經是一名不折不扣的「牯嶺街少年」，從初中到考上大學，皆不時流連於其中的舊書攤，直到眾攤被拆遷他移，才結束了我的青春夢。這條臺北市南區不顯眼的幽靜小街，加上所就讀的成功高中，以及臺灣省立圖書館，不斷滋補豐足我的心靈養分，從而決定此生行走的道路。如今行至暮年，回首來時路，只覺自己始終好讀書不求甚解，以至生涯博雜而不專精；即使當上大學教授，教的也是通識而非專門更非專業課程。正因為這種雜家性格，自忖教通識既不致誤人子弟，又得以安頓生活，於是老師一當就是三十五載。總結個人教學生涯的宗旨，助人「安身立命，了生脫死」而已，其效果會隨著受教者年歲日長而逐漸發酵。用現在的話說，我所從事的工作，其實就是推廣生命教育。過去二十二年間，我曾據此寫出二十四部書，它們的靈感活水源頭，正是年少漫步築夢的牯嶺老街。

　　孔子說「吾十有五而志於學」，想想我也是這個年齡，開始對書本學問產生興趣。之前的小學及初中階段呢？恕我不材，除了接受惡性補習之外，就只會蒐集郵票，看連環圖，並且飽食終日。這就是我那個時代孩子的教育環境，課本和參考書只用來填鴨，課外常識則靠連環圖。但別小看這一塊，我對歷史故事的認識大多來自於此。哦，對了！還有一件事情跟牯嶺街有關，主要發生在初中時期，那便是跟同學偷偷摸摸去買「小本」，夾雜著不堪入目色情圖片的黃色小說也。既然生理衛生女老師不講這一部分，青春期的性教育只好自力救濟了。我至今還記得書販那猥瑣的眼神；看見兩名初中生走近，二話不說用舊雜誌紙包起「小本」交給我們，收錢了事。而兩個少年急忙躲進旁邊巷內，臉熱手抖地打開包裝，一人一冊，先看中間夾頁的黑白圖片，以滿足彩色的綺夢幻想。

半世紀的過眼雲煙，時代大不同矣。有天興起在「谷歌」鍵入一個搜索字，立刻跳出成堆網站，各種圖片應有盡有，還可以看影片，這就是今天孩子的性教育管道。不過我的心靈渴望更多，尤其上高中後，一度著迷於文藝小說，幾乎讀遍政府遷臺後知名作家像徐訏、王藍、趙滋蕃等人的大部頭作品，但不包括流行的言情小說。後來受同學影響，開始涉獵外國作家，頭一回跟存在主義搭上線。就在我上高中的前十年間，卡繆與沙特先後榮獲諾貝爾文學獎，沙特還拒領，更令人好奇。他們的作品很晦澀，但最讓我印象深刻的是《薛西弗斯的神話》，一個人，或說是小神，被罰推石頭上山，到了山頂石頭自動滾下，他又下山繼續推。這不是我們做學生每天上學下學、作業考試、周而復始、無聊窮極的過程嗎？長大後更發現，整個人生莫不如此。怎麼辦呢？於是我嘗試請教存在主義。

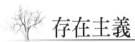

存在主義

存在主義是一套人生信念，與宗教信仰類似，有神聖和通俗境界之分；神聖面為哲學知識，通俗面則歸生活常識。我決心念哲學，無疑是受到存在主義影響而擇善固執，但半個世紀下來，似乎從未認真「研究」過存在主義；不是沒有興趣，實乃認知心不相應也。平心而論，我在十五、六歲時一接觸存在思想便倍覺親切，但這只是氣質上的貼近感動，沒什麼道理好講，單純就是「相信」。吾十有五靈性開竅，先是「相信」存在主義揭示了人生奧秘，繼而發現道家、禪宗與精神分析思想亦各有千秋，就這麼終其一生念茲在茲。「相信」來自直覺感受，我的憤世嫉俗孤僻個性，使我嚮往特立獨行的人格典型，於是我從存在主義和精神分析回溯至十九世紀一位怪咖，那便是叔本華。他分別通過尼采與佛洛伊德影響後世，帶給我極大的心靈震撼及啟示。

存在主義是我最初接觸到的哲學思想，時間大約在1968年左右；

這並非偶然，而是具有深刻時代背景的。上世紀六〇年代出現狂飆的歲月，亞洲越戰、大陸文革、柏克萊及巴黎學潮、布拉格之春等等事件層出不窮，而追求個性自覺自主的存在思潮，正好趕上時機爲之推波助瀾，臺灣當然不可能置身事外。因此我在高中階段得以邂逅存在主義，多少有些生逢其時、水到渠成，但沒想到它還眞的影響了我的大半生。我再三強調存在主義是一套人生信念或信仰，它在西方分爲有神無神兩種，前者跟基督宗教掛勾自不待言，後者則自視爲「人文主義者」。我雖然從小到大不時跟基督徒結緣，卻僅止於隨緣流轉，始終未受天啓感召而靈動，但我不認爲自己心目中「無神」。「無神」是對上主的否定，我並無意否定祂，充其量「不可知」而已，一如佛說「不可說，不可思，不可議」。

　　「存在主義」之說將屆百秩，至於特指人的「存在」之思想，則還要再回溯七十年，到丹麥哲學家齊克果身上。這位短命的虔誠基督徒，一生苦心焦思自己降臨人間的「存在」處境，留下深刻的思想著作，開啓其後的存在思潮。此中還有一位承先啓後的無神思想家尼采，他一度對叔本華深爲折服，日後超越之而走出自己的路。至於「存在主義」哲思則爲無神的沙特所彰顯，但被他點名的哲人卻不以爲然。沙特揭櫫出「存在先於本質」的命題爲此定位，他曾舉一把剪刀爲反例：裁剪的本質功能先於剪刀實體，相反地，有自覺的人類個體卻肯定是例外。沙特受到同爲法國哲學家笛卡兒所啓發，後者拈出「我思故我在」而廣爲人知。人作爲思維主體足以決定自己的命運，無須假上主之手來安頓。這種觀點加上卡繆筆下薛西弗斯荒謬的處境，啓蒙了我年少輕狂的心智。

 ## 道家與禪宗

　　雖說存在主義是頭一種爲我所中意的人生哲理，但我僅對它的「命運操之在我」蘊義感同身受，其餘有神無神之爭，只覺濃得化不開；至

於死亡議題，當年尙事不關己。或許是個性使然，即使想過一生命運，我也從未有心成大功立大業，唯求生活的簡化與淨化而已。記得那一陣曾經很正經地寫下座右銘「清心寡欲，達觀隨遇」八個大字，如今想來應當是受到道家思想潛移默化。認同道家一方面是生命情調的呼應，更多是對課本內儒家主流意理的反彈。必須實話實說，我這輩子對儒家雖不曾反感，但也從未有過太多好感。儒家和基督宗教都希望個體在群體中做個有爲有守的「好人」，我對此等教誨一向敬而遠之，只想達到獨善其身不做壞人便是。如此消極心態當然不符儒家要求，卻是道家最高境界；我上高中後才初聞此道，頓覺道喜充滿。

有人說讀了哲學會變怪，我卻是本來就怪才會讀哲學；用現在流行的話說，讀哲學是爲了「自我療癒」，但我並不覺得自己有病。回顧既往，我之所以欣賞叔本華，正是因爲他很用心地在爲自己的偏見找理由，因此被後世封爲「史上最偉大的二流哲學家」。我沒有他的能耐，只好不斷拾人牙慧，「我註六經」一番；直到老之將至，突然頓悟而覺得海闊天空，便開始走向「六經註我」之途，不啻歪打正著爲活著找理由。經歷了半世紀的尋索，於入老之際，自忖大致找到一個好理由：自助助人「安身立命，了生脫死」，亦即「大智教化」。如今大智教化既是我存在的理由，也是理想，以另類生命教育自度度人也。綜觀大半生學思歷程，十五歲由存在主義起了個頭，但當時臺灣傳播西潮的同時，它至少還跟道家、禪宗、精神分析等思想牽連在一道；尤其道家最令我神往。

我的道家修養最初不是讀原典得來，而是通過今人引介，那便是林語堂的《生活的藝術》。這是他步入中年的代表作，記錄下從基督徒轉變成異教徒的心靈點滴，其中都是中華文化的珍貴寶藏。由於是向西方人介紹東方文化，當然不算學術論著，僅能以通俗作品視之，但這正合我意。一如莊子通過寓言來說理，林語堂則偏愛「獨抒性靈」；生命學問就需要這種「抒情」工夫以言志。當年我從他的字裏行間窺見道家一二，又從鈴木大拙介紹偈語話頭的書籍中發現禪思。這也是向西方人

引介東方文化的通俗讀物，同樣深獲我心。禪宗是中國佛教的一支，後來傳入日本，其「明心見性」工夫，跟道家頗能呼應；禪思倘若不以宗教教誨而以人生觀解視之，還真有可能跟道家相輔相成，互通有無。後來我讀到「生死學之父」傅偉勳的相關著作，終於發現彼此相通之處。

 ## 精神分析

頭一回聞及「心理學」是在小學中年級，感覺有些可怕，怕被人一眼看穿。這種心理一直維持到高中，真正接觸到心理學，竟然被吸引住，從此跟它糾纏了大半生。說得確切些，最初讀的只是「精神分析」方面的書，佛洛伊德的《性學三論》，看書名就很有吸引力。他應該是史上第一位「精神科」醫師，執業初期以「泛性論」為診療基礎，後來才擴充至意識與人格理論。書的內容已無甚印象，但有一事至今仍銘記在心，那便是翻譯該書的臺大精神科醫師，別具用心地題獻給Regina，而她正是齊克果的未婚妻。齊克果為首位大力標榜「存在」的丹麥哲學家，天生憂鬱的氣質，令他深深懷疑走進婚姻的意義，終於跟未婚妻退婚。此一重大「存在抉擇」，導致他後來成為劃時代的哲學家，與不婚的笛卡兒、叔本華、尼采平起平坐，更彰顯出蘇格拉底生活在「河東獅吼」下的存在奧義。

特立獨行的哲學家果然不適合結婚？這的確是一道難解的公案。但不婚的哲學家們，無疑為佛洛伊德的科學事業，帶來了思想上的深度與突破。他雖為文否定受叔本華影響，卻盛讚尼采的光芒，明眼人一看便知三者淵源深厚。叔本華認為代表「生殖意志」的性欲，是任何生命體最強烈的「盲目意志」，只有人類能通過自覺反思修行，亦即從事哲學思考，以擺脫它的控制；而女性天生要負責傳宗接代，因此不可能成為哲學家。這當然是性別歧視，其後繼者佛洛伊德更基於生物決定論，專為女性設計出「歇斯底里」的大帽子，用以診療女病人，就不難理解

了。此一說法原指子宮在體內亂竄，明顯肯定只有女人會因此病抓狂。身為高中男生，我雖沒有子宮，但也能經由內在體驗，感受到性欲無所不在。它甚至驅使我去追問佛洛伊德，進而走入心理學的世界。

我對心理學的好奇心，後來反映在考大學塡志願上面。當年我雖毅然決定考文組念哲學，卻割捨不掉對心理學與電影的愛好，而多塡了這兩個系。因為心理系屬於理科，正確地說，我塡的是教育心理系。無奈那年差五分沒錄取輔大教心系；命運令我在繳答案卡前，隨手擦掉一道六分的數學題，於是註定讓哲學選擇了我。後來我對此兩度不甘心，曾想轉入教心系未果，當完兵還眞的去美國念了一學期心理系。我自認心理學已有大學程度，但又如何呢？隔行如隔山，從此只能走上哲學之途。不過也有意外出現，那便是我曾在銘傳當了兩年社會科學院院長，該院下設心理諮商系，主任知道我一度對心理學情有獨鍾，遂請我去開授選修課「生死學概論」，這輩子總算跟心理學及心理系有所交集。高中時代的心理學之夢，四十年後終於小有收穫。

 ## 雙螺旋鏈

牯嶺街少年的淘寶樂趣不只在於舊書，新書亦不放過，而新書一條街就在隔壁道路，稱作重慶南路。臺北市不大，但重慶南路卻很重要，地位等於北京市的長安大街，因為它橫貫總統府門前，書街便位於官府斜對面。我的有關存在主義、禪宗、精神分析等生命學問，大多薰習自一家叫志文出版社的「新潮文庫」翻譯作品；至於學術事業的起步，則要從另一條街道說起，那便是跟牯嶺街、重慶南路相近另一條平行的泉州街。當年泉州街口有一座「美國新聞處」，從香港進口了相當豐富的美國文化譯作，連科普作品都包含在內。科普即指「科學普及」，通常是由科學家執筆，寫給外行人閱讀的通俗科學與技術著作。正是其中一冊《雙螺旋鏈》，讀來十分引人入勝，從而令我一度嚮往當科學家。該

書出自發現DNA結構的諾貝爾獎得主華生之手，生動講述了他跟克里克在劍橋的發現始末。

DNA結構的發現正是我出生那一年，華生僅有二十五歲，卻一舉成名天下知。他們的成就屬於分子生物學，說從此改寫了人類命運並不為過。一九九〇年代由華生領軍解讀人類基因密碼，至世紀末初步完成；接下去呢？未來人類會不會像「中華豆腐」一樣，標示為「基因改造物」？我想念哲學的初衷是為解答「人生的意義」，後來發覺科學家足以揭示「生命的奧秘」，遂發心一探究竟。但這並非閱讀科普作品淺嘗即止，而是必須投身其中親歷實證。尤其《雙螺旋鏈》原著也出版於1968年，不久便有中譯本，且不止一個版本，對正讀完高一、剛學過「BSCS新生物」的我而言，不啻為一道嶄新的心靈洗禮。說來也妙，知性的科學知識和感性的生命學問，在我高中時期各據靈性天平的兩端，非但沒有衝突，反而各自發展。最終成果是我投考哲學系，並從大二起選生物系為輔系。

修生物輔系多少是對沒當成科學家的補償，但它的後效卻令我終身受益。自二十五歲碩二決定以科學哲學為研究方向撰寫論文起，至今四十載學思歷程，我分別以生物學哲學、物理學哲學、護理學哲學取得碩士、博士及教授資格，並且從科學哲學走向生命倫理學、生命教育、教育哲學，再放大至華人應用哲學，進而拈出眼前的「大智教化」論述。「大智教化」宣揚「大智教」，其實就是自度度人「安身立命，了生脫死」的大智大慧。它不屬於任何宗教信仰，僅提出人生信念大智慧小常識；勉強給它一帖哲學名相，即是「後科學人文自然主義華人應用哲學」或「天然論哲理學」，簡稱「天然哲」。過去五年我就此已出版二書，不再贅述。但是它的活水源頭，正是我在高中時期所接觸到的存在啟蒙與科學新知。在好讀書不求甚解情況下，學校課業難免疏忽，結果混了五年才考上大學。

半下流社會

　　別人高中三年畢業，我卻折騰到二十弱冠才擠進大學窄門；說「擠」並不爲過，當年文組錄取率只有百分之十五，不像現今超過百分之百。如此算不算耽誤很難說，但我後來正式就業跟著晚，加上提早離退，退休金比起同事少一大截，這筆帳也不知道該怎麼算。不過退一步、十步甚至百步看，我們這一代「四年級生」，幾乎一輩子都活在沒有戰亂、無所匱乏的時代裏，也該感恩惜福了。說起戰亂，對日抗戰不說，光是國共內戰就改變了不少人的命運。像我父母那一輩，有些順利隨著國民政府播遷來臺落腳，有些則輾轉到處逃難，「花果飄零」，過著寄人籬下的生活，流落香港的正是這一群。近七十年前大陸赤化，改朝換代，遺民只能逃往港澳臺。「花果飄零」便是飄往香江的新儒家學者唐君毅所言。他到頭來尚能「靈根自植」，更多的人卻只是沉淪於「半下流社會」不知所終。

　　《半下流社會》爲老作家趙滋蕃的血淚作品，我自牯嶺街舊書肆購得後，便讀得心有戚戚焉，至今猶難以忘懷。該書出版於我出生之年，原本爲大學教師的作者亡命至香港，跟一群難友寄居在調景嶺，苟且營生，朝不保夕。四年後他將這段辛酸史用五十八天寫成小說，出版後意外爆紅，因此改善了生活。其他難友雖沒有這般幸運，但總算被載入書中，成爲歷史見證。該書扉頁有兩句話：「勿爲死者流淚，請爲生者悲哀。」係出於一位哲學博士難友「酸秀才」之口，發人深省。這本書之所以打動我，是因爲此前從未想過，父母輩離開大陸，到底是怎麼一回事。它以血淋淋的故事講述上一代人的際遇，彷彿歷歷在目，甚至感同身受，這無疑和自己的出身背景有關。我是生於臺灣的所謂「外省人第二代」，跟「本省同胞」對當代史的觀解，肯定有所不同。

　　我教生死學二十三年，除了請同學寫遺書外，並曉以大智：「人生

既無逃於天地之間，就該學會如何頂天立地。」這是希望大家將宇宙與人生的大哉問融會貫通，以利「安身立命，了生脫死」。生命教育若無視於個體生存於其中的歷史社會背景，必然會掛空無根；而講授相關課題，正是希望每一個人努力書寫自己的生命故事。身爲生命教師，反身而誠之下，發現先天性格與後天際遇，共同交織出我的身心成長歷程。我自幼便受到良好教育，而作爲軍人子弟，從小學到碩士班都有政府補助，至於念博士班則免費。但同齡輩有人可能生於調景嶺難民屋中，有人後來在「文革」時吃盡苦頭，也有臺灣鄉間的窮小孩和富家女長大當上總統。此刻便想起孔子說的「盡人事，聽天命」不無道理；「命」是先天條件難以改變，能夠善盡人事的部分則歸於「運」，讓我們善自運作，發揮潛力。

乙丁組

　　高中一年級結束前，選擇乙丁組繼續往下念，似乎就大致註定了未來生涯發展的方向。當年大學聯考分爲甲乙丙丁四組，甲丙組考理工醫農科系，屬自然類組；乙丁組考文法商，即社會類組。那時候我讀的成功高中一屆有十四班，畢業時十班考自然類、四班社會類；其中自然類又依考科分理工及醫農組，而社會類文法商考科相同，僅國文計分有異。雖然至今社會上仍有重理工輕文法的心態，但念社會組絕非無用之輩，看看接連三任總統都是臺大法律系畢業生便知一二。真正被人家看不起的，恐怕只有學文科的男生，我即是其中之一。這並非空穴來風，記得我還在學時，有報紙曾轉載某大學的問卷調查，想知道女生願意嫁給哪個學院畢業的男生，結果文學院得零分，一時令全國文科男生爲之氣短，連我也不知何去何從。偏見雖屬刻板印象，卻其來有自。

　　不說也知道，考乙組念文科就業困難；尤其是哲學系，更不易學以致用。但我十八、九歲準備考大學時卻很任性，說好聽叫擇善固執；八

成中了存在主義的毒，堅持要考哲學系或心理系。結果因爲功課太差，頭一年大學落榜，只能上三專；心想過去連五專都不念，何況三專，就去補習班準備重考。第二年抱著破釜沉舟的決心，棄三科拚三科，完全不顧國英數，只押寶史地主義，到頭來居然奏效。那年頭錄取光看總分，有人數學鴨蛋依然上榜，我則考十六分，英文也僅得四十一分。成績難看部分原因是倒扣，除國文作文及主義問答外全爲測驗題，數學更有多選題，一劃錯便大失分。我因爲繳卷前隨手擦掉一題數學答案，結果竟跟教育心理系失之交臂。但是後來在教育研究所和師資培育中心教了十二年，當上老師的老師，心理上多少得到一些補償。

　　上專科、念大學或讀研究所，是否真的能夠決定一個人的生涯方向？依照我任教三十五載的觀察所得，決定不一定，影響肯定有。這牽涉到入行及改行的種種可能，像我念哲學，出路原本就窄，算算只有耍筆桿和耍嘴皮兩條路，結果我都做過；退伍後當了三年雜誌記者，後來又任職三十餘載大專教師。相形之下，學商管的、念理工的，大概真的稱得上海闊天空了。不過儘管老一輩說東道西，年輕人還是跟著自己興趣走比較踏實。我父親是軍人作家，家中已有一位哥哥去從軍，所以聽說我想念哲學倒也不反對。仔細回想，自己的學思歷程彷彿應了兩句話：「做了過河卒子，只得拚命向前。」用自己的說法：「一開始我選擇了哲學，到頭來哲學選擇了我。」倘若從我對哲學「靈動」算起，至今已有五十個年頭了。最近五年我終於發展出自己的哲思道路，此即「大智教化」。

哲學系

　　滿二十歲那年我考入輔大哲學系，入學日跟生日差十天，果真是弱冠大禮。沒有想到這一進門就跟它結緣了四十五載，目前還在系上兼課。每週有一晚去上課時，從當年受業的教室門前走過，或停住腳看著

樓下的蓮花池，往事便會像模糊的夜色般浮上來，令人感慨繫之。我是母系的「純種」，學士、碩士、博士十年寒窗，留下多少美麗與哀愁。拿到最高學位便受聘於銘傳商專，二十五年半滿六十自動離退，中間還有四年去嘉義的南華學院及大同商專築夢與逐夢，浪漫一陣悵然而後已。去南華是辦生死學研究所，到大同則為籌設生命事業管理科，後者就是殯葬系。我認為這些都跟哲學有關，是哲學的終極應用，也就是我所謂的「大智教化」。提早退休後我跑去對岸推廣大智教化，還曾當過一家民辦的國學院院長。無奈老來已難以遠離臺灣的健保，還是回頭安身立命來得踏實。

「安身立命」為禪宗語，可引申為「安頓身心，樹立理想」。我近年以兼課及志工安頓身心，以大智教化樹立理想；具體作法是在母系及銘傳教生死學，並到臺北榮總的安寧病房當志工。人生幾何，雖然不知道能活多久，但是踏進入老之年，大去之日肯定不會太遠。我的退休年金是依據平均餘命來給付，表單上載明兩百七十六個月，亦即二十三年，表示我應該活到八十三歲才回本，但誰又是靠統計數字過活的呢？何況活得長不一定代表活得好，生命品質還是首要考量。這些課題都屬於生命倫理學的關注焦點，於是問題又轉回到哲學上面來。當年我念哲學系修倫理課，教授講的都是大原則、深道理；可是人一旦面臨生死存亡的抉擇，卻可能需要看情況而定，這便是「原則主義」與「脈絡主義」相對之處。哲學系必須與時俱進、從善如流，多講些應用知識，以利年輕人學以致用。

據我所知，母系可說是國內陣容最大、活動力最強的哲學系；當少子化風潮掃過，有些學校都已經營困難，我們雖然停招夜間班，卻仍能維持日間兩班，加上碩士、碩專及博士班，好一座愛智大家庭！這種盛況在我看來其來有自，正是天主教會長期支持的結果，使得母系蔚為全球前二百五十名以內的哲學系。天主教認同並提倡的「士林哲學」，正是輔仁的核心價值；不止哲學系，更覆蓋全校，因此校內設有一座「天主教學術研究院」。我雖非天主教友，但感謝母系在我受教的十年中，

帶給我的潛移默化，那便是對於西方文明根源的深刻體認。眾所周知，西方文明融會貫通希臘哲學思想與基督宗教信仰兩大傳統；前者於十七世紀發展出科學，後者亦陸續分化出不同系統。我的哲學訓練對此二者無所偏廢，爲我帶來更開闊的視野，終於在學思歷程中出入自如、收放自如。

心理系

　　高中時雖立志考哲學系，卻不時懷抱心理學之夢；這並非喜新厭舊，見異思遷，因爲我認爲心理學跟哲學原本就是一家人。事實也是如此，心理學自古以來就像倫理學一樣，屬於哲學的分支，我在大四還必修一門「哲學心理學」的課。心理學後來受到生理學的引誘而脫離哲學自立門戶，還自稱「科學心理學」，時間在1879年，這才是眞正的見異思遷。恕我孤陋寡聞，進大學前因爲只接觸過精神分析方面的書，還伴隨著對存在主義、道家、禪宗思想的共同解讀，所以認爲心理學也是哲學。直到上大一必修整年「普通心理學」，才算看清楚它的科學面貌。但我那時候又做起科學夢，因此決定轉入聯考時失之交臂的教育心理系，卻因審查時國文差一分而失利，二度與它擦肩而過。既然社會科學不接納我，就加碼去學自然科學，於是申請到生物系念輔系。

　　那年選生物輔系只有我一人，必須隨班附讀，後來聽說從此不收了，我便成爲空前絕後。雖然選擇加讀生物學，但對心理學的興趣並未減，於是重量不重質，從大二到大四在兩個外系修了一堆學分，自此展開學思歷程中的知識大旅行。由於當時輔仁辦的是教育心理系，隸屬文學院，科學成分尙不多，多的是知覺情緒、人格學習、輔導諮商等方面的課。我有空堂就去選，念起來沒啥系統。多年後教心系一改爲應用心理系，再改至心理系，遂被理工學院收編了。照說如此一來它的科學性質似乎應該大增，妙的卻是幾年前我受邀去考博士生，竟然用質性詮釋

方法作研究，論文簡直像極了哲學著作。果真是風水輪流轉，從科學當道又回到哲學懷抱，看來早年我把心理學跟哲學當成一家人並沒有錯。不過話說回來，如今輔仁分久未必合，反而在醫學院又另開設臨床心理系。

在醫學院成立臨床心理系，是為了培養「臨床心理師」，這與「諮商心理師」並列為〈心理師法〉所規範兩門必須考授證照的「專業」，心理師從而得以與醫師平起平坐。一踏進「臨床」就不脫診療，這表示個體心理已經出狀況了。但是一般人頂多只是有所困擾，靠著輔導諮商就能夠解決，大可不必上醫院。而一旦論及諮商，其實不止有心理諮商師，國外還有哲學諮商師在執業。這點對念哲學而得以學以致用不無鼓勵，事實上母系還真的分設有應用哲學組，在教這方面的課程。心理學走向臨床與諮商的實用路線，在美國早就大行其道，這表示不少美國人心理「有問題」，必須找專人解套。如此一來，洋人對學心理學的人就不免另眼相待。此事的確在我身上發生過，那是我留美期間，有天去移民局辦事，承辦人一聽我念心理學，立刻將同事拉出來對我端詳一番，令我哭笑不得。

 ## 生物系

我對科學尤其是生物學感興趣，或許源自小時候喜歡養小貓小狗。長大不再養貓狗，但也不想養小孩。認真反思，自己似乎從未對養小孩感興趣過，後來有幸碰上一位同道，結婚至今三十三載，始終奉行無後主義。由於受教的緣故，對生物學的粗淺認識比心理學來得早；小學和初中都有自然課，物理化學生物的精華統統包含在內。上高中首先碰到的就是生物課，後來因為念文組，理化課從此聊備一格。那幾年臺灣推行美國的新教材，新生物課本琳瑯滿目，引人入勝，一度勾起我有意投考理科；但好讀雜書不求甚解，學校課業始終不爭氣，到頭來只有文組

收留我，生涯可能性無形中少了大半。好在跌撞五年後，還是有機會上大學，而且是想進的哲學系，也就安於現狀了。不過哲學系一上來竟然跟我的想像落差很大，令我頗為不安於室，甚至想轉往教心系。

轉系陰錯陽差功敗垂成，想到光念那些學院派哲學又覺不甘心更不開心，剛好碰上學校初辦輔系制度，希望稍減聯考志願不合的遺憾。但現實情況是大家都申請熱門科系，那年頭尚未有電腦課，同學不是想念商管便是學語文，因為有出路，連中文輔系都有機會當國中教師。至於我呢？傻呼呼地從未考慮前途，竟想從事知識大冒險，而生物系看來正合我意。只是人算不如天算，進去後才發現科學深似海，生物學係以化學、物理學甚至數學為基礎，不紮下這些基礎根本無法往上念。怎麼辦呢？一路慢慢補課吧！總之後來我把這些基本科學都修過一遍，化學甚至進階到有機，試管燒杯玩得不亦樂乎。但到頭來碰上一連串教訓，終於得出結論，那便是自己不適合當科學家，理由為我坐而言勝於起而行。搞科學幾乎天天在作實驗，我這個人粗手粗腳沉不住氣，只有哲思玄想勉強合我胃口。

說起念生物系還真刺激，尤其是實驗課考試，完全一翻兩瞪眼。還記得選了一門「動物組織學」，上課聽老師講了一大堆細胞的拉丁文學名，一個也記不住。實驗則是不停看切片，相當無趣，於是趁助教不注意便溜之大吉。偷懶終於會得到報應，期中考實驗時二十九名學生一人立於一臺顯微鏡前，助教一聲令下，立刻低頭看清指針對準切片哪一部位，及時寫下拉丁文答案，一分鐘喊停，大家依序換位置，準備看下一臺切片。考試不到一小時便完成，學生魚貫步出門口繳卷。此般震撼教育頭一回當然兵敗如山倒，結果大家只好乖乖沒事多練習看切片以亡羊補牢。多年後我到陽明醫學院兼課，醫學生上午大多缺課，問其原因，原來下午經常要考「大體解剖學」實驗，形式同為「跑檯子」，大家統統臨陣磨槍去了。進一步瞭解，組織學乃是「顯微解剖學」，原來我修的竟是基礎醫學課。

生命情調的抉擇

吾十有五而志於學，雖然立志要學哲學，卻在渾沌未明之中顛沛跌撞，直到二十五歲念完碩一，準備要寫論文之際，才感受到成為學者的途徑與壓力。四十年前博士還不多見，有碩士學位就可以在專科甚至大學當講師了。初上研究所其實並未打算任教，心態倒有點像今日大學生不想太早踏進社會，所以選擇「延畢」。那時候一畢業馬上得當兵，大家都怕進陸戰隊或去外島；而看見學長拿到碩士後，不但直接成為預官，還有機會去軍校當教官，遂予我頗大考研動機。碩一主要還是在修課，彷彿等於大五；但就在這一年結束時，我發表了生平頭一篇學術論文。那是修習「聖經研究」課的報告，講〈舊約·約伯書〉的存在奧義，教授為神學院院長，覺得我的文章發人所未發，便拿到《神學論集》上去發表，天主知道我竟是一個沒有信仰的大五生。

真正的學術研究始自碩二準備寫學位論文起，決定方向和題目，對我而言不啻「生命情調的抉擇」。此前我是受存在主義、道家、禪宗、精神分析等另類思想影響，才選擇念哲學系。後來在輔仁展開知識大旅行，從哲學走進心理學和生物學，橫跨自然、社會、人文三大知識領域。這些加總便是我朝向學者生涯起步的僅有本事，簡直貧乏得可憐。尤有甚者，相較於身邊有志向學的同道，我的學問「底子」可謂博雜而不專精，即使走上研究之路，可利用的研究資源還是這些老本。當時感覺人生哲理是拿來過活而非研究的，要研究只有走科學哲學一途。那些年科學哲學是極其冷門的哲學邊陲分支，理科人不理，文科人不問，夾縫中求生存。好在我在大學時代碰上一位原來學物理的神父武長德，他後來成為我的碩士及博士論文指導教授，可謂真正「引進門」的恩師。

我對科學哲學的粗淺瞭解，其實來自一位當代新儒家學者劉述先，「生命情調的抉擇」之說，就出自他的同名著作。不過我大三時非常認

眞閱讀的一本書，則是他於任教之初，很用心寫下的宏觀論著《新時代哲學的信念與方法》。正是在其中，我認識到「科學的哲學」與「科學底哲學」的不同；前者爲科學至上主義，後者屬於對科學之哲學反思。另一位新儒家學者唐君毅早就指出，哲學所研究的對象，不外「宇宙與人生」二端。我的自了漢性格認爲，「人生」只要把握住一定的信仰或信念，好好過活而便是，沒啥好研究的。倒是「宇宙」乃天地時空，充滿奧秘，值得一探。無奈錯過當科學家的機會，那就拿科學本身當研究對象。主意既定，碩士論文遂選定一位當代科學哲學大師波普的最新論著《自我及其頭腦》爲鑽研題材，半譯半著，終於擠出一本不甚滿意的論文順利畢業。

 ## 偶然與必然

　　回憶起我的大學生活，似乎應了「由你玩四年」的妙諦；我甚至上研究所還在玩，主要是參加校內外的社團。投入的社團分爲出版和戲劇兩方面，前者編校刊校報，後者演話劇京劇；還記得碩一時去耕莘實驗劇團跑龍套，它就是蘭陵劇坊的前身。別說我光顧著玩，兩種社團對於日後入社會短暫就業其實大有助益；我一度進電視臺編雜誌與作節目，靠的就是社團寶貴經驗。退伍後在拜金商業社會裏廝混三載，可算是人生中的「偶然與必然」。「偶然」來自退伍後留學事尙無著落，必須先「安身」過日子；經人介紹進入電視臺打工，月入三萬，年終三月，在當時算高薪，我還一度樂不思蜀呢！「必然」則是文人憤世嫉俗的毛病和心態作祟，認爲影視圈的風花雪月，到頭來都會化作鏡花水月總成空，深感不如歸去，遂發心考博士班，有幸得母系錄取，從而步上學者之路。

　　《偶然與必然》是諾貝爾獎得主、分子生物學家莫諾的自然哲學論著，曾被《新聞週刊》選爲二十世紀百部巨作。它爲分子生物學所揭示

的生命奧秘，賦予存在主義式的人生意義，絕妙揉合了我對生物學同存在主義的雙重興趣，讀來自然深受啓發。此書中譯本剛好出版於我考取碩士班之際，它被出版社跟精神分析書籍並列爲醫學文庫，我還是在一家醫院裏器材店貨架上發現的，可能稍縱即逝，所幸信手拈來，竟覺如獲至寶。該書譯者與作者相識，對其思想具有第一手瞭解，以一篇〈譯者的話〉爲全書奧義提綱挈領地詮釋。尤其當他提及作者曾表示，自己受到存在主義作家卡繆荒謬思想影響而有此作，更是深獲我心。我在心智啓蒙時好讀書不求甚解，存在主義予我衝擊最大者，正是卡繆《薛西弗斯的神話》；講一個人推石頭上山的徒勞，反映出人生吃喝拉撒睡與生老病死之荒謬。

簡單地說，《偶然與必然》是一部引申分子演化論的哲學著作，作者繼承了達爾文生物演化論的無神立場，在一百多年後將之深化至基因分子層面，對生命現象在地球上「偶然」出現，給予全然科學唯物的解釋。但這不算原創觀點，並未超越歷史上的唯物思想；眞正創意來自一種「置之死地而後生」的人文關懷，強調既然生而爲人，就必須做出妥當的存在抉擇，讓命運操之在我，而非人云亦云，隨波逐流。他呼籲世人正視自身存在的「必然」，既然「我之所以爲我」，就必須擇善固執，有所堅持。這正將科學事實引申至倫理價值的「科學人文主義」思想，完全排除基督宗教和馬克思主義的外在決定性；前者認爲人生由上主決定，後者主張由物質與社會決定，而人文主義者則堅持自己人生自己扛。這是典型的無神存在主義立場，沙特便宣稱「存在主義是一種人文主義」。

篇 一

起：科學哲學（25-35歲）

科學的哲學

「師父引進門，修行在個人」，我的學術導師武長德神父於1975年講授「宇宙論」，介紹了許多科學新知，在傳統哲學系算是另類課程，卻令我耳目一新。沒想到四十年後的2015年，我也站上講臺對著後生晚輩教同一門課，只是名稱已改爲「自然哲學」。武神父興趣廣泛，博學多聞，當年不但做過教心系主任，並且還到歷史系教科學史。碩一時他教我們「科學哲學研究」，有三個毛頭小伙子選課，除了我之外，其餘都出身物理系。那時老師選用由物理學轉行至哲學的萊興巴哈《科學的哲學之興起》一書當教材，邊講邊批判，既愛且恨。神父年輕時學的也是物理，好不容易找到一本由物理學家寫的哲學書讓他盡情發揮；但是作者的唯物無神立場，又讓擁抱天主的老師大表不滿。原來萊興巴哈列名上世紀二、三○年代「維也納學圈」成員，屬於典型科學至上主義者。

身爲華人，在中華文化氛圍中成長，我對西方宗教既未認同亦無反感，存而不論而已。但是面對科學與技術的擴散及滲透效果，加上念西方哲學必然涉及科學，我的注意力和心思很難不圍著科學打轉。何況我早已從他處學得分辨「科學的哲學」與「科學底哲學」的差異，莫要陷入前者的科學至上迷信便是，而這並不影響我選擇後者作爲碩士論文的研究方向。科學底哲學即是一般意義下的科學哲學，發展至今已有百年歷史，是「維也納學圈」感興趣的議題。他們積極提倡「科學統一運動」，通過哲學性的「化約主義」，將所有科學系統地簡化，最終定於一尊；即任何宇宙、生命，甚至社會、人文現象，皆以物理的數學形式來表達。雖然此一運動並未竟全功，反而日漸式微，但其影響力卻相當深遠。看看後來行爲社會科學大幅使用統計量化方法從事研究，便知此言不虛。

通過百年發展，科學哲學經歷了從「邏輯主義」向「歷史主義」轉型的變遷，哲學所描繪的科學面貌，也顯得更具人性了。簡單地說，「邏輯主義」是指用邏輯分析的方法，去檢視科學家所陳述的事實真理，是否合乎嚴謹的邏輯推論；我所研究的科學哲學家波普，1934年入行第一部代表作，即題為《科學發現的邏輯》。另一方面，「歷史主義」則指採取歷史社會的觀點，去考察科學家生產知識的來龍去脈，為其在文化中定位；跟波普互別苗頭的科學史學家孔恩，1962年入行第一部代表作，則題為《科學革命的結構》。二書相距的三十年間，正是科學哲學演進轉型的過渡時期。如今又過了半個多世紀，科學哲學受到後現代主義影響而走得更遠，面貌也更多元，但無論如何還是具有檢視與批判的功能。雖然科學家不見得理會科學哲學，但社會大眾仍然可以自其中受惠。

 ## 邏輯與哲學

我承認對數學興趣不高，但並非數字白癡；聯考僅得十六分，多為倒扣所誤；至於後來兩度修習統計學皆得高分，則拜勤作習題所致。數學為科學的工具，想讀科學就不能繞過數學，無論自然或社會科學都一樣。數學不學就不會，沒有憑空領悟的事，因為它屬於外在的人工語言。有人類比地將邏輯視為哲學的工具，說學哲學也繞不過邏輯；對此我持保留態度，畢竟邏輯只是人心思維的自然結構，不學亦會推理。當然我不反對念哲學必修邏輯，也認為大學通識課教邏輯推理有助於學生思考；但反對將邏輯無限上綱，甚至當作數學的基礎。我有深受其害的慘痛教訓，因此對中學教邏輯式數學之危害感同身受。根據自身經驗和觀察所得，我發現人心作用至少有推理式與直覺式兩種，也就是常聽說的左腦與右腦思考。我傾向於右腦直覺反應，自認並無不妥，卻在學數學時吃了大虧。

考上高中是件愉快的事情，尤其生物學念得十分有趣，無奈數學卻完全是另外一回事。1968年臺灣高中的數學及科學課程，開始使用美國新教材，我們正好是使用「SMSG新數學」的白老鼠。此前初中學的幾何代數，雖然稱不上得心應手，總還是差強人意，不料高中數學卻徹底敗下陣來。至今猶記得一上來學的是邏輯真值表，若P則Q、非Q則非P，等等一大堆，簡直不知所云。上大學後才知道這一套叫作「符號邏輯」，又稱「數理邏輯」，是將哲學中的邏輯推論加以符號化，以作為數學的基礎，部分貢獻來自哲學家懷海德與羅素合著的《數學原理》一書。高中生原本已有初中的基礎，接下去繼續學三角及大代數便是了。誰知道老美要從邏輯性的「集合論」教起，就像後來要讓學生學建構式數學一樣。如此「橫的移植」以模仿西方，立刻斷喪了年輕人的學習興趣。

當然邏輯不會一無是處，有時還真為人帶來一些小樂趣。大一時教我們邏輯的是一位寡言的神父，辛苦寫黑板向我們介紹一套源自波蘭的符號系統，一年六學分課程，就在習題證明演算中過得不亦樂乎。那彷彿就是在上數學課，只要勤解題就沒有過不了的關，但從頭到尾不知所學何事。後來我在空中大學當面授教師，電視上的主講老師也是教符號邏輯，結果考得學生人仰馬翻，第二年就停開了。事實上邏輯有形式及非形式之分，形式邏輯能夠轉換為符號來演算推論，可視為心智遊戲；非形式邏輯則主要在檢視語言文字表達的邏輯嚴謹度，較適於一般人學習，以利有效思考。至於以哲學為業的學者，除了想當邏輯專家，大多也是具備基本修養而已。我因為走科學哲學的路，的確繞不過它。不過科哲一路從「邏輯主義」走向「歷史主義」，似乎更對我胃口。

 ## 自我與頭腦

服預官役時分發至化學兵學校當教官，遇見兩位化學高材生，分

別均以第一名畢業於臺大化學系及農化系，我在他們身上看見做學問的兩種型態：頓悟型與漸修型。化學系的擅長抽象思考，看他邊聊天邊解數學題，運行不悖且樂在其中；農化系的拿出考大學時的筆記給我看，既有系統又十分詳盡，充分展現其一步一腳印的踏實。後來前者赴美改行習醫，返臺從事醫美；後者則繼續念生化，回來當上研究所所長。這是我這輩子唯一近距離觀察第一流頭腦的機會，大夥兒同一寢室十五個月。承蒙他們不嫌棄，更對我這個搞科學哲學的另眼相待，也許我也是他們這輩子唯一碰到的哲學人吧！一種米養百樣人，每一顆頭腦都體現出不同的自我。這正是哲學裏的「身心問題」，我拿來從事碩士學位論文的研究，以英國哲學家波普的《自我及其頭腦》一書為藍本，題為《自我與頭腦》。

　　身心問題既為生活常識，也是尖端知識，更屬大智大慧。每個清醒的人都知道自己有一具身體，心理思維狀態便在其中順利運作；一旦醉酒或神智不清，行為就會脫序。身體與心靈相互作用及影響看似平常，卻是科學中最深刻難解的問題，畢竟用我們的頭腦去解答它是如何在運作，恐怕有其邏輯上不逮之處，此謂之「葛代爾證明」。好在我初嘗為學滋味，就在有意無意間，展開未來四十年始終如一的治學態度，亦即「借題發揮」；用比較文雅的說法，「六經註我」是也，這便是我所指的大智大慧。哲學乃「愛好智慧」的學問，雖不能至心嚮往之；我涉足經營了大半輩子，大致便屬自我與頭腦相互作用的歷程。尤有甚者，波普認為身心之外還有第三種力量在作用，那就是人類文明與社會文化。它也跟我們息息相關，不能忽視；身體、心智、文化三者，構成他所指的「三元世界」。

　　波普是一位高壽的哲學家，一生幾乎橫跨整個二十世紀；他雖以科學哲學的創見立足於學界，卻因為捍衛一套「開放社會」的政治哲學理想而廣為人知，甚至因此受封為爵士，並持續影響英國的政黨政治。他出生於維也納，年輕時學數學和物理，曾為「維也納學圈」的同路人，卻也對之批判不遺餘力。學圈提倡「邏輯實證主義」，波普認為其

中有重大邏輯缺失，遂堅持「邏輯否證主義」；觀察及實驗無法窮盡證
實每一現象，但只要推翻一次就等於證僞而否定全部。照理說以我在邏
輯方面所學不足，根本不可能研究波普的思想；好在他活得夠長且興趣
廣泛，老來竟走向「形上生物學」，大談身、心與文化「三元世界」之
謎，甚至跟澳洲諾貝爾醫學獎得主艾克力斯合著《自我及其頭腦》，予
我極大的興趣與方便，遂自德國郵購一冊，在臺灣土法煉鋼一番，終於
順利完成學業。

 ## 初爲人師

　　當年取得碩士學位，可以免試當預備軍官，受訓期間還能夠考軍校
教官，我當然不會放棄大好機會。以我的文科背景又隸屬陸軍，有機會
到各兵科學校去教常備士官班；這等同於高職學制，有文史相關課程，
我決定報考國文科，方式爲上臺試教與當面口試。一聽說要口試，我立
刻想起考碩士班時領略到的秘訣，那便是見人說話，投其所好，沒想到
這招果眞有效。因爲研究所的口委都是神父，考教官面對的全爲政戰
官；時而後言，人不厭其言。這不能怪我耍心機，君不見時下教人謀職
時如何因應面談的技巧，不就是這麼一回事嗎？另外試教若選文言文釋
義恐曲高和寡，當我發現軍校課本頭一篇竟是先總統蔣公遺訓，便毫不
考慮地選定它，登臺大肆發揮一番。這果然博得眾考官眉開眼笑，順利
取得「少尉文史教官」資格，分發至位於桃園的陸軍化學兵學校。

　　我在化校服役共十五個月，頭三個月跟前期教官重疊，因而列爲
見習。其後一整年則獨當一面，以少尉教官身分站上講臺，面對三十名
左右國中畢業的學生兵，正式展開教師生涯。老實說，服役期間雖當上
教官，初嘗爲人師表的滋味，卻並未認同此即生涯發展的方向。尤其跟
一群化學高材生共處一室，他們無不準備留學，使得我也心癢而躍躍
欲試，所以跟著去考托福，結果收到527分的成績單，便決定跨海留洋

了。不過因為辦理出國拖拖拉拉，退伍後一年方才成行。這期間只好暫時就業，在電視臺編雜誌及作節目。雖然當教官為我的教學生涯起了個頭，離開行伍卻又另謀他樓，直到三年後考取博士班，同時成為大學講師，才一路擇善固執地走到今天。回顧總共三十五載的專兼任教職，我從初為人師到好為人師，終於領悟並實踐「大智教化」的人生理想與社會責任。

說起最終當上老師這件事，有時總覺不可思議。我的在校成績一向很差，未得末名已屬不錯，唯一考出頭名是在博三；當時班上僅五人，終於輪到我的出頭天。進博士班就等於選擇了教學與研究的生命情調及生涯方向，如今回想起來倒也甘之如飴。由於長期在大學教通識課，並講授人生哲理，使我有機會用自身的經歷作例證，表示中學甚至大學的末段生，也可能當上大學教授，鼓勵大家有為者亦若是。不過退一步想，我的生涯發展還是跟選擇的學問事業有關；若是一心想當科學家，恐怕真的力有所不逮。總之，我逐漸走向生死學與生命教育的「生命學問」途徑，「六經註我」便益發呈現合理性與正當性。知識性的「言教」不如實踐性的「身教」，後者更上層樓則達於體驗性的「心教」；近年教學之於我乃屬「心領神會」、「潛移默化」的活動，希望能夠「心心相印」。

圓桌武士

長久以來流傳著一個「猩猩相惜」的故事：一人失業走投無路，只好去遊樂場扮猩猩逗路人笑，某日見一虎形靠近，以為當真，遂拔腿狂奔，果真引來一陣爆笑。待虎形湊了上來，仔細一瞧，原來也是由人所扮。事後二人聊及為何淪落至此，答案大家已經猜出來了吧？因為都是哲學系畢業生，所以更能惺惺相惜。當上老師後，經常以此笑話自我調侃，誰又知道我還真的幹過這一行；雖然不曾扮演猩猩，卻終究是個

丑角型甘草人物——圓桌武士。那是退伍後出國前青黃不接的一年間，經人介紹去電視臺打工；平日爲週刊寫採訪稿，假日就幫兒童節目打雜工，美其名曰「製作助理」。由於錄影現場有一大群小朋友吵鬧不堪，爲吸引孩子注意並維持秩序，導播便讓我披掛上陣，扮演串場的龍套圓桌武士，每回上場必須踩到香蕉皮滑一跤，然後迅速起身大喊：「各位小朋友好！」

頭一回躍上螢光幕，雖爲戴面具見不得人的武士，心裏仍不免緊張；加上面具遮掩看不清地面，以致踩不準香蕉皮而NG重錄，害得導播跳上臺來教我如何順勢跌倒。說來也妙，一回生二回熟，錄了一陣後我就不再出狀況了，同時感到逐漸入戲，更樂在其中。尤其錄影結束後當場領得工資，對我算是賺外快，頗覺愉快，甚至想到幹演藝人員也不錯，天知道我才只是一名檢場兼龍套。短暫的藝人生涯，不久便成夢幻泡影。節目第一季結束後，製作人決定精簡人事，把男主持人及我撤換掉，只保留女主持人，我的明星夢遂告一段落。此事回想起來還不禁五味雜陳，畢竟這是我唯一的演藝事業。更妙的是，不久有軍校教過的學生來信，頭一句就是「教官爲何流落至此」，令我哭笑不得。他應該是聽出了我的聲音，而節目也的確將我列名爲製作助理，並顯示於螢幕上。

當年電視臺的工資相當豐厚，光是三個月以上的年終獎金就比其他行業強，但我卻二進二出，終於坐不住而離開。其實公司待我不薄，因爲我的一支筆挺能寫；即使曾經辭職出國去念書，後來爲了補修學分返臺，公司仍答應讓我吃回頭草。一直到任職三年後考取博士班，才眞正揮別媒體圈。雖說風花雪月不過鏡花水月總成空，但三年編採和演藝生涯，終究磨利了手上那支筆，對有感而發能夠立即發爲文字頗有助益。此外寶貴的職場經驗，亦可視爲日後學管理時的鮮活個案，從而認識到在資本主義社會中，個人與組織互動的利弊得失。另有一事則更屬意外收穫，亦即在大學時曾參加戲劇社團粉墨登場，後來進電視臺作節目竟派上用場。當公司要我爲社教節目寫腳本、替綜藝節目編短劇，我都可

以寫出十足舞臺感。多年後改編父親自傳為電影劇本，亦不失到位。

 ## 飄洋過海

　　說我這個人「跟著感覺走」並不為過，前程設計對我似乎無甚作用，反倒是隨緣流轉，到頭來發現一片天。雖說「隨緣」，卻也不見得漫無邊際，其實多少也有些「隨喜」；隨著靈性深處那一份性靈開顯，朝著自己的喜樂走去。就像留學這件事，我們那一代幾乎人人嚮往，但是老實說，在哲學系還真沒有這種氛圍。班上五十人有七名後來在大學任教，除一位當上神父曾留學義大利外，大家皆係土博士，這或許正是文科跟理工科風氣不同之處。讓我對留學真正心動進而行動，是從到化校當教官開始的。跟一群理工人朝夕相處十五個月，看他們一步一腳印，從考托福、GRE到申請學校，三名室友分別錄取康乃爾、芝加哥和普林斯頓，你說我能不受刺激嗎？結果呢？我也勉強以碩士學位擠進加州州立大學，還不是一流的加州大學；準備改行念心理學，拿第二個碩士。

　　加州高等教育有三大系統，加州大學以博士班為主，州立大學最高只到碩士班，社區學院則等於我們的二專。我憑著在輔大無系統選修的教心系課程，加上哲學碩士學位，去州大念了一學期便碰壁。學生顧問說我的心理學基礎不夠紮實，必須去大學部補課，得再修十幾二十學分，一學分七十美元。我詢問了一下，返臺回母校修這些課，一學分僅相當九美元，買張飛機票都划得來，就決定打道回府了。後來的情況就像我在自述寫道，花了兩年補課，補齊後我已無心留學，就留在臺灣讀哲學博士班，同時成為母校講師。放棄心理學重拾哲學，這下子沒有退路了，必須堅持到底；而我也的確堅持到今天，還留在教學崗位上，講授感興趣的人生哲理。多年來有時不免會回想起短暫留學那段日子，可說充滿了浪漫情懷。尤其南加州醉人的風景和光影，更令我詩興大發，

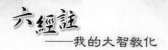

一發不可收拾。

　　二十九歲首度出國就飄洋過海，新鮮且興奮不已。飛機起飛不到一小時便落地，上來一群美軍，原來那兒是沖繩，他們是去東京度假的。我在東京轉機直飛洛杉磯，大概太順風而提早抵達，入境後看見出口便往外走，竟莫名其妙來到大馬路邊，滿眼盡是好萊塢電影畫面。出來左等右等不見接機人，只好打電話求救。當年尚無手機，我靈機一動，想起電影中美國的公用電話是可以打出並撥入的，於是便守住一臺電話等候回音，還果真奏效。足見看電影也可以增長見識，這也是為什麼後來我教生命課常給學生看電影，不經一事不長一智，「體驗課程」是也。其實放大看，生命教育看重的就是生命敘事，也就是懂得講出自己的生活故事。本書以《六經註》為名，正是次第講述我的學思歷程，由是交織出一名學者的生命故事，通過「大智教化」自度度人。

 ## 推論統計

　　根據常識判斷，我相信有所謂天分這件事，尤其是數學或藝術方面的天分，有時真會令人嘆為觀止，望塵莫及，這或許就是教育學家心目中的「多元智慧」吧！哲學是「愛好智慧」的學問，依我看來，智慧還可以分為智能與慧見；前者憑天分，後者靠領悟。如今我自認領悟出一套「愛智慧見」，足以自助助人「安身立命，了生脫死」；但是在生活智能方面，大概就屬於笨拙的一群。待人接物和日常手藝不用說，連一般的藝術修養和數學能力似乎都矮人一截。結果生活但憑直覺，便宜行事，避重就輕；往往粗枝大葉，卻只當作不拘小節，就這麼一路混到今天。回到求學上面來看，我念哲學的確對邏輯不在行，學科學卻只好跟數學硬碰硬了。說也奇怪，自從修過微積分和統計學後，對高中時期數學一塌糊塗的刻板印象，彷彿有所改觀；尤其是統計學，我還兩度考得全班最高分。

　　短暫留學那學期，一上來修的都是不需要太多基礎的課，像心理學史和統計學。當時的課還叫「推論統計」，屬於進階的部分，以別於入門的「描述統計」。其實我連入門課也沒上過，系裏大概看我已有碩士學位，可以更上層樓，就讓我一口氣選了兩門統計課，正課加實習。正課老師較嚴，常常交代助教督促大家回家作習題，並不時舉行小考。我剛赴美時，英文不靈光，只能拚數學了，於是猛背公式，勤作習題，不久便有豁然開朗之感，終於考出可喜結果，予教授深刻印象，期末不吝給我 "A$^+$" 的好成績。只是後來沒能繼續往下念，剛恢復的數學信心便隨之淡化了。沒想到九年後統計學再度出現在我眼前，那是我進商專教書，爲工作需要去企業管理研究所進修，必修統計與會計。統計無礙，但至今仍令我納悶的是，會計裏的借方貸方，如何正確分辨左右。

　　看來會計比統計難搞，不過除商科外，其他社會科學只要能掌握住統計就足夠了；這正是我後來教到的教育研究生，部分走量化研究方向必須熟練的工具。老實說，我雖然學過兩回統計，卻從未拿它來作研究，因此碰到去口試量化論文，僅能避重就輕地問幾句。另一方面，也只是勉強跟質性研究詮釋方法的哲學背景沾上點邊而已，說來我對社會科學還是相當外行。但我終究研究的是科學哲學，連帶對科學史也有所好奇。稍事涉獵下，得知統計學係源自拿破崙掌權後，法國爲大規模進行人口普查所需而逐漸形成；而會計學則是在文藝復興時代，歐洲沿海國家向外展開商業活動，爲算帳而使用簿記，進而形成一整套嚴密的會計制度。教通識課多年的我，曾想過若跟各門科學的學生，講述他們本行的歷史故事，或許更能呈現知識景深，並強化學習興趣。

心理學史

　　古代士人十年寒窗，爲的就是通過科舉考試，學而優則仕，從平民百姓一舉爲官，由獨善而兼濟，實現儒者內聖外王的理想。科舉實施

於隋唐至清末，歷時一千三百年，在獨尊儒術的傳統下，以「經、史、子、集」為學習內容。後來由於受到西學東漸大潮流的衝擊，清廷終於廢科舉而行西制，設立西式大學，不再學上述「四部」，而改以「七科」：「文、法、商、理、工、醫、農」，這便是最早大學設立學院的分科。七科大致概括了自然、社會與人文三大知識領域，且兼顧基本與應用；百餘年後的今天，雖然大學院系分化得更多元也更細微，終究不脫七科三域的大範疇。不過知識分類畢竟是為人類服務，因此不應劃地自限；有些學科便屬於跨領域，甚至縱橫三大領域，心理學即是一例。其由哲學脫穎而出，自我定位為自然與社會科學，值得一探究竟。

　　要想瞭解一門學科的來龍去脈，回顧其發展歷史是最佳辦法。我對心理學的興趣因其源自哲學，所以始終未減，甚至兩度想改行。只是有件事我一直不解，那就是心理學不斷想切割自身與哲學的關係，卻顯得剪不斷理還亂。最初我在教心系修課時無法理清頭緒，直到留美選了一門「心理學史」的課，始覺豁然貫通。課堂上老教授用一部上世紀五〇年代首版的經典作品當教材，同學們個個念得唉聲嘆氣，對我卻是如魚得水；理由無他，因為讀起來就像哲學史，而我已學過六載。心理學家並不諱言本身學科來自哲學，但更看重分道揚鑣後的科學屬性，於是特別標幟出1879年為「科學心理學」元年。心理學加入科學陣營至今尚未及一百四十年，跟哲學的淵源卻超過兩千兩百年；不講歷史則已，一講起來就沒完沒了，連心理學家自己都不愛聽。

　　難得在西方大學的心理學課堂上聽老教授講古，雖有發思古之幽情的樂趣，但考起試來卻完全是另外一回事。因為我的英語學習不到位，聽和讀勉強應付，說跟寫則缺乏訓練；而當年托福不考作文，所以進了學校只好臨陣磨槍。我修的三門課中，統計多為數字公式尚無大礙，歷史再怎麼說也得闡述發揮，這就讓我抓瞎了。好在窮則變，變則通，年輕時記性尚佳，於是在考前把教材重點摘錄成許多段落，每段不超過五行，用生吞活剝的方式硬背；考試時就像今日電腦上的剪貼簿，把一段段文字自腦海中提取出來「貼」上試卷，再用各種介繫詞連綴起來，就

完成一題題論述了。或許是我的答題中，對哲學多少還有所引申，不致讓教授以爲我只會原文照搬，所以慈悲爲懷給了我一個"B"，算是低空掠過。到頭來我僅以這三門課，結束了短暫的留學生活，爲人生平添一分苦樂回憶。

 ## 詩情畫意

俗話說行萬里路勝讀萬卷書，孤陋寡聞的我，直到二十九歲才頭一回登上飛機，飄洋過海至萬里之外，重拾學生生活。選擇美西洛城落腳，是因爲有親人可就近投靠，一舉解決民生問題。我上學搭公車，但洛城實在太大，沒車代步只能劃地自限，於是到了當地，第一件大事便是考駕照。上世紀八〇年代臺灣移民如過江之鯽，不但把洛城郊區的市鎮房價炒高，更形成一個個華人聚落。由於人數不斷增長，連加州政府也從善如流，制定許多配套措施，考駕照可使用華語中文便是一例。像我去監理所筆試用中文，當然考得滿分；唯有路試考兩回，不是我違規，而是考官嫌我開太慢，限速四十五哩只開十五，明顯龜速，必須重來。不久順利取得駕照，竟可當身分證用；而拿它申請國際駕照，返臺後更可換發國內駕照，省去花錢上駕訓班，可謂一舉三得。

頭一回赴美，待不到半年便意外返臺，爲的是補修學分；兩年後學分修齊，我已不想去了，那一趟遂成爲此生難忘的浪漫之旅。畢竟是在異鄉爲異客，距離造成美感，心情爲之發酵，詩興一發竟不可收拾。字字句句由塊壘中脫穎而出，十餘首小詩就在很短時期內形成。對有詩意的人而言，十餘首也許算不了什麼；但我這一生僅寫出六十三首詩，且集中產出於上大學起的十年間，此後就連一首也擠不出來了。想來令人不解，我大約創作了六百多篇哲理散文，且多筆鋒常帶感情，卻怎麼樣也找不回失去的詩情畫意，有時不免悵然。身爲文人及教師，此生大多在耍筆桿和耍嘴皮；寫作的四種文體，似乎只有散文適合我的散漫個

性。我慣於信手拈來，不時揮灑自如；小說和戲劇需要經營非我所長，但詩作靈感的繆思卻稍縱即逝，彷彿成為絕響。

　　跨越近半世紀的心路歷程，回首初入愛智殿堂的存在抉擇；我是為了詩意而選擇哲學，到頭來卻走向科學之路。詩意之於我，代表情感和意志所激發的浪漫。大學時代不識愁滋味，成天泡在社團與課外書之中追逐青春，自然會寫詩；而初抵洋邦盡是新鮮，浪漫詩性更達頂點。不過物極必反，絢爛終歸要回到平淡；返臺後深化所學，進入博士班，繼而成家立業，詩意人生遂為之淡化。其實也可能不算淡化，而是有所轉化；年歲日長，寫不出詩來，散文卻洋洋灑灑源源不絕，連同本書，至今已創作七種小品文集。從寫詩的年少輕狂，到為文記錄心跡，我還是一介不可救藥的築夢之徒。說來還真的要感恩惜福積德，因為這個社會讓我安穩地當了半輩子老師，相對於朝九晚五的上班族，教師生涯還是有較多機會出入自如，揮灑自如，這又不失為某種詩意人生。

小臺北

　　一九八〇年代對兩岸華人而言，都意味著一大轉折時期；先是對岸進行改革開放，接著我們宣布解嚴；從三十年後今天的歷史縱深回顧，皆不啻為兩岸政權的改朝換代。這些社會變遷，為兩岸人民帶來更多的自由移居和活動空間，移民海外尤其是富裕的美國，遂成為華人首選；而跨越大洋的第一站，則非洛杉磯莫屬。洛杉磯有一個中心城市，其外則為洛杉磯郡，共同構成幅員廣闊的大洛杉磯地區；所轄由海岸向內陸延伸，大約一百公里，比臺北到新竹還遠。洛郡下屬許多小市鎮，原先居民以墨西哥裔為主；其中一個名叫蒙特利公園市，在天時地利人和的機緣下，為臺灣人選中而大量移入，最終選出華裔市長，而該市更有「小臺北」的稱號。此稱號並非浪得虛名，放眼望去，銀行、旅館、餐廳、商店、超市，甚至街道牌，都是中英文並列，彷彿就身處臺北市。

　　蒙市在洛城之東二十公里處，我上課的州立大學正好位於中間，搭公車半小時抵校，一小時進城，尚稱方便。雖然「小臺北」集中了大多新移民，以別於城裏的「唐人街」，但後者畢竟只有幾條街，一部好萊塢大片則以它為名；而前者的範圍早已逸出一個小市鎮，事實上華人不斷湧入洛城以東地區，甚至促使佛光山在附近設立「西來寺」。宗教團體在海外的確能夠撫慰遊子的身心，信仰虔誠與否倒在其次，團體活動所形成的社交場合，或許更有實際作用。當年大陸開放僅有三四載，「有辦法」的人拚命想往外走，藉著單位訪問交流的機會出國，總有一些人滯留不歸，在外打工賺錢寄回家。我認識的頭一個大陸客便屬此道，他平日在餐館偷著幹活兒，禮拜天便上華人教會讀經唱詩，順便交交朋友並飽餐一頓。其實華人教會尚有國臺語之分，彼此涇渭分明，幾乎老死不相往來。

　　我最初在異鄉沒啥朋友，跟親人上教會多少也想廣結善緣，好不容易碰上個對岸出來的中年人還挺有得聊，聽他講文革苦難及滯美辛酸，確屬難得見聞。有回我們相約進城逛街，走累便買了一手啤酒想找家漢堡店吃喝休息，結果立即被人請出門，因為洋邦規定酒水莫入，我們只好坐在路旁邊喝邊聊，苦中作樂。另外一樁跟宗教團體有關的際遇更妙，那是住在洛城的大學同學，帶我去參加佛教放生，車行近兩小時抵一湖邊，大伙兒將數箱魚蝦倒入湖中並為之誦經，完事後竟在旁邊公園內生火烤肉，歡度週末。原來他們信的是密宗，而藏傳佛教並不茹素。放大來看，華人遠渡重洋追求幸福生活，卻不易融入當地生活，唯有群聚而壯大力量，進而改變了社會。自從「小臺北」選出華裔市長後，連郵局和圖書館等公家機構，講國語嘛也通，幾乎完全等於在家鄉，這般移民倒也不寂寞。

科學哲學

　　我在美國待的時間不長，到過的地方也少，連東岸都沒去過，但飄洋過海負笈他鄉，終究是人生難得體驗，乃有所回憶記趣。念過一學期的學校後來又去了一回，爲的是蒐集撰寫博士論文的資料，在冷氣滿室卻人煙稀少的圖書館內，泡了大半個暑假，的確是一趟身心豐富之旅。三十一歲那年我考取母系博士班，正式成爲老學生，展開未來三年半的研究生涯。爲了轉換跑道，我辭去傳媒界的專職；但終究還是要謀生餬口，便開始在大學兼課，或許也算教學相長。博士班頭兩年大多在修課，並準備資格考；一旦通過考試，就成爲博士候選人，可以專心作論文了。因爲入學時的審查計畫，我表示要繼續研究波普哲學，所以擬定題目時，便朝著此一方向而設計。一開始我的企圖心很大，訂下「宇宙與人生」的恢宏題目，完全違反「小題大作」的原則，所以到後來被口試委員修理了一頓。

　　幾乎橫跨整個二十世紀的長壽哲學家波普，一生學問可以分爲三個階段：科學哲學、社會哲學，以及形而上學；我的碩士論文寫他晚期的形上生物學，博士論文則準備全方位深化詮釋之。波普被視爲上個世紀難得一見的「通人」，他對什麼哲學議題都感興趣，而且樂於發表意見；這跟當時流行鑽牛角尖的學院派習性背道而馳，因此他雖然名氣甚大，甚至冊封爲英國爵士，卻不見容於牛津、劍橋兩所大學，只能在蔡總統的母校倫敦政治經濟學院棲身。但這已是二戰以後的事情，戰爭期間他從維也納避秦到紐西蘭，潛心觀察並沉思世局之大變，乃有《開放社會及其敵人》的鉅著問世。至於此前剛出道時期，他則是以《科學發現的邏輯》奠定學者地位。二者分別探討邏輯方法和政治社會議題，乍看無甚相關，往深一層發掘，其內在理路卻是一以貫之，政治活動實爲邏輯思考之用。

　　一般而言，邏輯乃指思維方法，是人類進行理性思考的規律呈現，必須超然客觀，不受主觀心理狀態影響。過去人們多認為邏輯分為三種：演繹法、歸納法、辯證法，波普一生最大貢獻，也是他擇善固執之所在，就是盡一切努力去推翻歸納法的有效性，而主張只有演繹法才合乎邏輯；至於辯證法呢？完全跟邏輯無關！最典型的演繹法便屬亞里斯多德的三段論證：「所有人都會死，蘇格拉底是人，因此蘇格拉底會死。」從大前提、小前提必然推演出合理的結論。純就邏輯看，這當然說得通，但科學家並非如此作研究；他們會不斷觀察實驗，然後異中求同，最終歸結出合理的說明。波普發現這根本只是一廂情願，因為觀察再多也無法保證下一回的必然性，各種歸納說明都不可能完全有效；反倒是我們盡量在研究中找毛病、抓漏洞，直到暫時無可挑剔，就構成一套嚴謹的科學理論了。

 ## 開放社會

　　簡單地說，科學家的研究工作便是「實驗以驗實」，用觀察和實驗來「證實」自己所提出的假設為真。這點在波普看來，怎麼說也難以滿足邏輯對必然性的要求，因此並不「踏實」。於是他從一開始便逆向思考，不主張「實證」而要求「否證」，不打算「證實」而嘗試「證偽」。他這套論述最初問世於1934年，直到六十年後去世始終擇善固執，也令他成為科學哲學發展上的一大里程碑，屬於「邏輯主義」的修正版。由於他的有所堅持，久之遂德高望重，至少有四位諾貝爾科學家對他推崇備至。但科學哲學終究只是「後設地」考察科學，並不足以對科學研究下指導棋；再說絕大多數自然科學家作研究，幾乎完全無視於哲學批判，歸納法也一直被視為有效的科學方法。如此看來，波普不免是在「知其不可而為之」。但他的持續批判，終究對社會科學產生了較大的衝擊。

　　波普的否證或證僞，在他自己看來，其實就是一套高度自覺的「理性批判法」；不斷自我批判，不可自以爲是。這一套用在自然科學的物性探究上，作用尚不明顯；一旦用於社會科學的人性考察中，效果立即可見。波普乃藉此對三大前賢的思想逐一批判，他們分別是哲學家柏拉圖和馬克思，以及科學家佛洛伊德。柏拉圖自視甚高，認爲哲學家應該當國王，適足以利用厚生、經世濟民，他乃設計了一套「理想國」的社會型態，當作哲學家施展理想之所在。此前人類社會係從氏族、部落到城邦，一路由下而上發展形成，柏拉圖則希望用他所構想的框架，由上而下地安置百姓，並由此預見其後的社會發展方向。波普認爲柏拉圖的社會架構凌駕人性，不盡人道；兩千多年後馬克思所規劃的社會主義路線，亦屬異曲同工，他乃將二者皆歸類爲「歷史定論主義」予以批判。

　　歷史定論主義認爲人類的歷史發展，是被寫歷史的人所決定；換言之，是循著一定歷史規律發展的。舉例來說，馬克思根據唯物辯證法指出，社會矛盾必然存在，資產階級會被無產階級通過階級鬥爭所消滅，革命遂基於此一預測而進行。波普自俄國革命的血腥歷史看見，革命黨不啻爲率獸食人，因此大加反對，更嚴斥辯證法被誤用。馬克思標榜「科學的社會主義」，波普從科學哲學立場駁斥其不科學。另一位打著科學大旗行醫的佛洛伊德，其言行在波普看來同樣不科學。佛氏以其獨特的精神分析技術診治病患，幾乎百試不爽；波普驚異地發現，佛洛伊德的理論可以出入自如，收放自如，完全沒有被駁斥的可能。能夠被駁斥就是可以被批判，沒有醫療科技或社會工程是萬靈丹，一切必然會出錯，如此方能日益精進，走向更趨完備的科學理論，或是更具民主的「開放社會」。

三元世界

　　西方哲學大致分爲五個時期：古代、中世、近代、現代、當代，

一般公認古希臘哲學家泰利斯爲「西方哲學之父」，就以其出生的公元前624年爲哲學之始。至於邁入中世紀及近代，則分別以西羅馬與東羅馬帝國滅亡的476年及1453年爲標竿。有意思的是，轉進現代及當代，又是取兩位哲學家黑格爾與尼采去世的1831年和1900年爲代表。黑格爾之死意味大體系哲學的式微，尼采則讓當代具有後現代之姿。後現代在二十世紀逐漸醞釀及開展，由於它跟現代維持著既「歷時」又「共時」剪不斷理還亂的關係，遂呈現出一幅令人炫目迷惑的哲學圖景。在上個世紀百花齊放的鋒芒當中，波普擇善固執一以貫之地走向重建大體系之路，予人不知如何爲其定位之感。既然我曾研究他的思想並撰寫碩、博士論文長達十載，便自視爲其私淑弟子，而他也算是我在學問道路起步時的精神導師。

　　長久以來，哲學的基本分科不外形上學、知識學及倫理學，十七世紀發生科學革命，形上學之中的宇宙論，以自然哲學之名脫離哲學而成爲自然科學。此後哲學的內容主要是本體論、認識論和價值論。到如今價值論包含倫理學與美學，仍有其發揮空間；認識論則銜接上心理學和認知科學，正在另謀出路；唯有本體論仍保存著最純粹的哲學探究精神，那便是堅持「形而上者謂之道」。波普早年作爲「維也納學圈」的同路人起家，該學圈一路嚷嚷要消滅形上學，波普不但沒有隨聲附和，甚至從中年起便一步步走進形上學，開始打造他心目中的「思辨物理學」及「形上生物學」，代表論述正是他的「三元世界」觀點。傳統形上學有一重大的「身心問題」，即追問身體與心靈究竟爲一抑或二；科學家傾向化約歸一，哲學家有些保持爲二，波普則標新立異加碼至三。

　　三元世界觀是在古典心物二元世界之外，再添加上「人造的文化世界」，指出它跟人類身體與心智可以交相爲用，不斷演進發展。中年的波普對量子物理學著迷，老年後他又向神經生物學求緣，甚至跟諾貝爾獎科學家艾克力斯合撰《自我及其頭腦》一書，有趣的是後者堅信靈魂的存在。其實懂一點哲學的人，大多聽過「唯物」、「唯心」等說法，表示有哲學家認爲是物質或心靈決定了一切，這些都屬於一元觀。揭櫫

「我思故我在」命題的笛卡兒，則因為強調身心二元觀，為現代醫學所推崇；但醫學看見的是身體作為一具可以修補的機器，而非笛卡兒所假設的身心通過腦中腺體交互作用。三百多年後，波普找了一位相信靈魂的大科學家合作寫書，並加碼提出三元觀，使他成為真正的形上學家。他主張物質、心靈以及文化世界都是「真實存在」，的確重現了大體系哲學的恢宏精神。

 ## 士林哲學

1973年我考取輔大哲學系，新生訓練時聽神父主任說，我們主要學習的是「士林哲學」，不免疑惑。當時仗著讀過幾本哲學書，略知有什麼「希臘哲學」、「雅典學派」，都是以地為名，心想輔大不是應該教「新莊哲學」嗎？此事至今仍為人訕笑。好在後來有位學姊去士林的東吳大學創辦哲學系，教的也是士林哲學，總算有些名符其實了。其實「士林哲學」指的乃是高中課本裏提到的「經院哲學」，亦即西方中世紀的教會哲學；有些人不以為然，遂以「繁瑣哲學」譏之。「士林」一辭源自「望重士林」，指德高望重的學者；用來翻譯中世紀教會裏那些埋首做學問的神職人員，倒也實至名歸。尤有甚者，「士林哲學」更指向一位特定的大哲學家，那便是十三世紀任教於巴黎大學的聖多瑪斯阿奎納。他後來被天主教封聖，成為教廷官方哲學的代表，當然屬於輔仁大學的核心價值。

大一時修「西洋哲學史」，從古代講到中世紀，才知道十三世紀的「士林哲學」概括了一個時代傳統，與五世紀前後的「教父哲學」，共同構成中世紀一千年哲學思想的主流。這期間出現了聖奧古斯丁和聖多瑪斯兩位標竿人物，他們分別繼承古代柏拉圖與亞里斯多德的思想，予以轉化為教會哲學並發揚光大。說到教會哲學，不信教的人或許會敬而遠之；但是若想深刻瞭解西方文明的來龍去脈，這千年思想恐怕無

法繞過。君不見現在的大學體制，包括學位授予，全部來自中世紀的天主教會，當時基督新教尚未出現。天主教至今仍是一個體系嚴密的龐大組織，上有教廷和教宗，全球分設教區及教省，主導十餘億信眾，影響既深且遠。從某種意義上看，輔仁大學在臺灣雖爲私立，卻屬梵諦岡國立。而教廷自十九世紀便議決士林哲學爲官方思想，輔大哲學系當然要以此爲宗。

聖多瑪斯既爲哲學家又是神學家，二者足以相輔相成，卻不致混淆，反而有承先啓後、繼往開來的貢獻。因爲西方思想的兩大傳統，正是希臘哲學與希伯來信仰。中世紀千年將之融會貫通，雖有「哲學爲神學婢女」之疑，但僅止於反映時代精神，不應全盤否定。我在輔大哲學系總共念了十年，從學士一路讀到碩士、博士，跟士林哲學對話交流無數，雖然我從未成爲天主教徒。由於聖多瑪斯的士林哲學上承亞理斯多德，他必須歸於「實在論」，而非柏拉圖的「觀念論」，這便讓我找到跟波普哲學的銜接之處。簡單地說，「實在」即指感官經驗可以確定的「眞實存在」，而非虛幻想像。士林哲學認爲柏拉圖是「基進實在論」，亞理斯多德屬「溫和實在論」，而波普則自封爲「常識實在論」；拿波普哲學跟士林哲學進行「對比研究」，就成爲我的博士論文創新之見。

 ## 宇宙與人生

三十三歲時我修完兩年博士班課程，並且通過資格考試，成爲博士候選人，可以專心寫論文了。我按照既定計畫，希望對精神導師波普的思想作出全方位的探究，因此擬定一個宏大的論題《宇宙與人生——巴柏的存在哲學》。巴柏就是波普，根據的是當時的譯名，距今已有三十多年了。或許是意志集中，力量也集中，我只花了一年半的時間，便完成一部十二萬字的論文，並且順利通過口試，而於1988年初取得博士學

位。必須強調的是，我拿到的是正宗哲學博士學位，而世上幾乎所有的學術研究最高學位，都稱作「哲學博士」。這是基於大學制度在中世紀初創時，科學尚未分化，除專業實務性的神學、法學、醫學學位外，所有的學術都歸於哲學。新儒家學者唐君毅便指出，哲學研究不外「宇宙與人生」二端，以此為主題，研究被視為學術通人的波普思想可謂恰當。

波普不但治學嚴謹，而且自覺極強，他在七十多歲時出版自傳，便詳列個人著述，使學界便於查閱。西方學者即使研究人文知識，也必須不時在專業期刊上發表論文，波普也不例外。他的著作等身，請圖書館購書不成問題，但期刊論文有許多在臺灣就難以檢索了，只好出國去蒐集。那年頭還沒有網路，我是利用暑假赴美，在短暫留學過的洛城加州州大圖書館泡了近兩個月，影印上千頁，滿載而歸。工欲善其事，必先利其器；坐擁幾乎所有的波普英文著述當作材料，剩下就看我如何料理出一桌子色香味俱全的菜餚，以滿足口試委員的胃口。而由於我接受了十年輔大哲學系的士林哲學訓練，也必須驗收成果，於是我便以論文最後四分之一亦即三萬字篇幅，從事士林哲學與波普哲學的對比研究。這項對比研究於口試後半年便刊登於期刊上，而論文主體則遲至十八年後才得出版問世。

《宇宙與人生》於2006年用《波普》之名正式出版，分別以〈哲學的波普〉與〈波普的哲學〉兩篇，全方位地架構出一個完整的波普。前者依基本哲學的分類，次第呈現他的形上學、知識學和倫理學；後者則取其特有的關注，有序鋪陳他的真理觀、理性觀與實在觀；在實在觀一章的末兩節，勾勒出宇宙論及人生論。我發現：「實在觀落於宇宙論，是一種形上的、常識的信念；落於人生論，則是一種理性的、漸進的要求。整體來看，波普抱持『人容易出錯』的想法，所以對於宇宙世界，他強調明晰而非精確；對於社會人生，他則強調開放而非烏托邦。」這其實也正是我對宇宙與人生的信念。我很慶幸在眾多思想家當中發現波普，自二十五歲至三十五歲的十年間，我通過閱讀與研究他的思想，不

斷肯定自家本事；雖然後來跟他漸行漸遠，但其奠基作用仍功不可沒。

 哲學概論

　　1984年秋季我考取博士班，同時開始當大學講師，兩件事都是人生重大挑戰。辭去月入三萬元的豐厚職位，轉而請領三千元助學補貼，的確由奢入儉難，更不確定的是這項投資能否成功。此前我雖曾嘗試出國留學，但那多少有些追逐流行，尚未肯定要走向學者之途；一旦進博士班當老學生，就真的成為過河卒子，沒有退路了。至於教書一事，我從小不算好學生，對老師總是敬而遠之，從未想過要當老師；服役考教官主要想避重就輕，再上學便只能靠兼課糊口了。當年的所長是以前系主任，介紹我去夜間部教「哲學概論」；這是學期課，看似輕鬆，其實沉重。記得頭一班教的是企管系，兩小時課我準備了兩個禮拜，戰戰兢兢上臺，開創大學教師生涯，很洩氣地二十分鐘後即語無倫次了。下課休息時，我站在走廊無語問黑天，一名學生遞上菸並說道：「老師，輕鬆一下嘛！」

　　在打火機的光亮下，我看見了希望。那年我三十一歲，夜間部男生全當過兵，大多二十五六歲，白天都在做事，彷彿亦生亦友，很快地我就融入其中了。不消數週，我從只會看黑板、地板、天花板的「三板教師」，逐漸步向上天下地無所不談的通識老師。事實上臺灣的大學通識教育，正是在我任教那年開始啟動，但我教的還是共同必修課，而非通識選修課。過去大學有許多必修課，除國文、英文、國父思想外，輔大因為特別重視哲學，又規定哲學概論和人生哲學也必修，只是後者須由神職人員任教。那年頭「哲學概論」尚有部編本教科書，我一開始正是拿它來授課；其內容對我而言理所當然，外系學生卻覺得鴨子聽雷，莫名所以。也難怪嘛！既然是概論課，必然要講基本哲學中的形上學、知識學及倫理學；只是一入門就走進形而上，果真玄之又玄，不知所云。

　　考其究竟，「形上學」一辭的原意乃是「物理學之後」，本來是指亞里斯多德系列著作中，編在《物理學》之後那一冊，卻巧妙地點出它那超越感官世界之外的特質。更絕的是，它完全符合《易經》中「形而上者謂之道」之說；但對企管系學生而言，「形而下者謂之器」恐怕更符合他們的興趣和認識。這回最初的教學經驗，一以貫之地影響了日後三十四載的教學生涯，令我無時不在乎如何跟外行人介紹哲學「愛好智慧」的眞諦。到如今總算找到了「應用哲學」途徑，這正是對早年任教「哲學概論」的反思與轉化。我後來念企管研究所，也修過「企業概論」；它講「生產、行銷、人事、研發、財務」，相當務實易懂，不像咱們的形而上。教哲學最辛苦之處，就是要考慮如何講別人聽得懂的話；這不像數學有公式可套，而是重於心領神會，不宜照本宣科。

 ## 國父思想

　　高中上「三民主義」，大學修「國父思想」，對我們這些「四年級生」已成歷史記憶；沒想到當我選擇走向學者之路，竟然還要托這些課的福，方能安度難關。博士班第二年我結婚了，光靠助學金再兼兩堂課，連自己都養不活，何況成家；好在太太是小公務員，感謝她努力撐起一個家。爲了增加收入，我主動去詢問，能否給我加課；當時哲概課早已分光，承辦人說還有一班思想課找不到人，但必須「上面」批准。不久我便接下這門課，先是一班，次年兩班，再加上他校的課，拿學位那年我每週兼課八堂，時數等於專任教授。但小小講師的鐘點費，只能暫夠安身，完全談不上立命。思想課非我所長，學生也不愛聽，但必修一整年，多少爲我帶來安定感。沒有想到畢業後找到正式教職，居然還要靠它安頓，如今回想起來，不得不向國父他老人家感恩。

　　多年以後，我在大學擔任教務主管，看見一紙公文，終於恍然大悟；原來當初能夠教思想課，乃是一份「恩准」。早年許多學校設有

「三民主義研究所」，相當難考，因爲念完碩士保證可以在高中任教，博士更有大學必修課以待。但拿到此門博士的人畢竟算少，而每所專科及大學都得開課，於是會有退而求其次的情況出現。情況是這樣的：三研所畢業生教思想課乃天經地義，一旦人手不足，遂依「主義」三大屬性，找社會、政治、經濟所畢業生充任；那哲學呢？拜《孫文學說》提及之賜，就勉強算是同路人了。我正因如此才沾上邊，其他所全都沒份兒。哦！還要補充一句，教師必須屬於「本黨」。我入黨是爲了進入校刊社，那年二十二歲，「蔣公」正好去世；四十四歲時離開銘傳去往南華，便自然而然脫黨，從頭到尾我都只是個按時交黨費的陽春黨員。

我自忖政治立場很清楚，色彩則極淡，這其實源自我對「社會」的疏離性格。社會多指群體，我重視的卻是個體；因此我喜歡哲學、心理學甚至生物學，卻對社會科學興趣缺缺。教思想課的意外收穫，竟是就此自我補課，從而對研究波普思想助益甚大。波普中年時以提倡「開放社會」聞名於世，這需要一定的相關背景知識方能理解；我若非因爲授課需要而埋首自修，或許難以深入其堂奧。時至今日，我偶爾還會爲大學少了像「思想」這種必修課而感到悵然；畢竟它能夠承載的內容相當多元，可以設計成很好的通識課程。此課後來轉化爲「國家發展」或「立國精神」，讓年輕人對家事國事天下事多所瞭解和關心，倒也不失其功能。但它爲我所帶來的功能，卻是真正的「教學相長」，亦即邊教邊學，以彌補早年修習此課時的心不在焉。畢竟把課教好而讓學生受惠，也是功德一件。

人生哲學

吾十有五而志於學，自我啓蒙而嚮往哲學，至今六十有五，已經「愛好智慧」長達半個世紀，並且因爲對科學哲學的研究成果，而成爲哲學工作者與教師。但要問我長期以來對哲學裏哪一部分最感興趣，我

的標準答案始終是「人生哲學」。偏偏這門當年輔大的全校必修課，唯獨哲學系是例外，我們的替代課程爲「倫理學」。雖然胡適表示倫理學就是人生哲學，馮友蘭也有類似看法，但我一直主張二者有所不同，卻足以相輔相成。簡單地說，人生哲學重於自我肯定，從而推己及人；倫理學則是先規範人倫，再反求諸己；二者之分，或有道家跟儒家的差異，韓愈不是認爲老子講的「道德」，跟儒家大異其趣嗎？時至今日，我承認自己正是因爲自了漢性格，而被存在主義、道家、禪宗等非主流的另類思想所吸引，才下定決心學哲學，並且一心一念想安頓自己的身心。

然而這種想要自我安頓的用心，卻兩度碰上挫折；一是剛入哲學系時，另一則在首度任教人生課之際。姑且不算《論語》、《孟子》等文化教材，一般年輕人很少在上大學以前接觸過哲學。印象裏同班五十人，大約十分之一像我一樣立志學哲學，後來也都當上老師。在這群同道當中，我不知別人心路歷程，但卻曉得自己的學習頗費周章，因爲我是以先消除既有的成見與偏見，再重頭學起的。這也是爲什麼我一上課便深感不適應，原來老師教的跟我想像的完全不同；我想追問人生的存在抉擇，臺上卻講宇宙的地水火風，難怪會坐立不安。這當然是被自以爲是所誤，畢竟哲學所關注者不外宇宙與人生，從宇宙入門，始能真正安頓人生，以免天馬行空。當同學按部就班地學習之際，我不是原地踏步便是蹉跎猶豫，結果走了不少冤枉路，只能視爲自學方案的試誤過程。

井蛙之見令我積非成是，花了許多工夫方得覺今是而昨非，回到對於哲學的全方位把握上，循著學士、碩士、博士的訓練更上層樓，從而走向作育英才的道路。讀博期間，我雖然爲了維生而到處兼課，但也懷抱著一份傳道授業的理想，想講授自己喜歡的課，「人生哲學」正是首選。無奈該課在輔大屬於神職人員專利，看得見卻吃不著。未料1986年空中大學首屆正式招生，人文課程中正有「人生哲學」一科，需要許多面授教師到全國各地授課。我得知此一消息太晚，只得遠赴臺南

任教，滿腔熱情卻在期中考閱卷時被澆了大冷水。原來考卷上有一道是非題：「人不爲己，天誅地滅。」標準答案是「錯」，學生幾乎完全答「對」。如此試題即使考一百分，人生也不見得及格，當下讓我深感洩氣，只能悻悻然搭車北返，繼續深化我對「宇宙與人生」的研究。

宇宙論

　　我雖然是哲學科班出身，但拿到博士學位後便到外面去闖蕩；大學一教三十四載，卻鮮有機會講授本行專門課程，印象裏唯一可以列入哲學課的只有「宇宙論」。西方哲學除了工具性的邏輯和綜觀性的哲學史外，核心部分包括形上學、知識學、倫理學及美學，如今它們分屬本體論、認識論與價值論。哲學好講形而上的學問自不待言，本體論乃是其中之最；但古早的形上學其實也針對形而下的世界多所議論，那便是宇宙論。其實西方哲學正是由宇宙論所肇始，「哲學之父」泰利斯指出萬物皆由「水」所組成，開啓了古希臘擺脫神話後正式的哲學討論。這當然不像今日科學僅作「現象」的觀察描述，而是必須深入「本體」，以進行「本質」的思辨探索；形而下的宇宙遂被當作形而上的本體來研究，明顯與科學取徑大異其趣。時至今日，宇宙論乃有哲學與科學的不同表述。

　　宇宙即指天地時空或世界，它可通過感官經驗所把握，但哲學家自始便不滿足於此，而希望運用理性思辨去深掘；以哲學的話說，科學說明世間「有」什麼，哲學卻想知道世間的「有」爲什麼是「有」而非「無」。這是兩種完全不同層次的思考，作爲「物理學之後」的形上學，永遠想追問物理現象之後、之外、之上，到底有何支撐。科學家竭力劃地自限，因此所見日小；哲學家不斷讓思維馳騁，達於玄之又玄。問題是形上學裏的宇宙論，已在十七世紀以自然哲學之名，努力蛻變爲自然科學，終於釀成科學革命；新穎說法爲技術突破賦予無限潛力，遂

讓世人趨之若鶩。到如今科學宇宙論已經分化出各門自然學科，包括觀察宇宙天象的天文科學。至於哲學宇宙論，自哲學於十九世紀上半葉步入現代後已明顯式微，似乎只有哲學史仍予關注，但天主教大學始終是例外。

輔仁大學是正宗天主教大學，以士林哲學為核心價值，現今輔大設有「天主教學術研究院」仍以此為依歸。士林哲學宗奉聖多瑪斯思想，上承亞里斯多德哲學，亞氏著作正是「形上學」之說的源始。為尊重傳統並正本清源，輔大哲學系自始至終都開設有「宇宙論」一科，講授士林哲學所繼承的哲學宇宙論。此課早年由我的學術導師武長德神父長期任教，輔仁之外只有東吳曾開此課，因其創系主任為輔大博士；我有機會教到此課，正是自東吳始。後來導師年老力衰，遂由我這唯一徒弟接手，直到我遠赴中南部任教為止。沒想到過了近二十年後我已退休，竟因母系在調整課程之際，暫時找我兼授一年，唯名稱已改為「自然哲學」；至於東吳早無此課矣。自然哲學雖有些玄，但絕不過時；若以哲學史搭配科學史以彰顯士林哲學，或能打造出一門有趣的整合型應用課程。

 科際整合

應用哲學是基本哲學求新求變下的產物，主要出自英語國家，至今僅有三十多年歷史；它的一大特色便是非但不劃地自限，更主動從事跨學科甚至跨領域探究。二十世紀學術研究遵循現代性要求，強調謹守分際；時至二十一世紀流行後現代，撈過界之事早已見怪不怪，應用哲學遂為之受惠。回想我讀博士是三十多年前的事，應用哲學正在萌芽，研究科學哲學既吃力又不討好，稍一不慎便落得裡外不是人。但就在那個仍講究黑白分明的年代，臺灣卻有一個口號常被掛在嘴上，那便是「科際整合」。顧名思義，它讓不同學科彼此盡量統整以發揮綜效，但在隔

行如隔山的實際情況下談何容易。事實上此一口號係隨著西方提倡「現代化」而來，目的是打破不同學科的門戶之見，尋求彼此對話合作的契機，共同追求現代化的遠大目標。這正反映出當時努力推動經濟發展的大方向。

蔣經國執政後逐漸正視與重視臺灣的前途，現代化遂成為國家發展總目標，大陸則在下一個十年才緩慢起步。但往深一層看，「現代化」的理念其實伴隨著「外來化」與「西化」傳入，近年更匯流於「全球化」之中。這對發展中國家其實是一把兩面刃，既能發展跨國經濟，又會斲喪本土文化。因此要搞「科際整合」雖無不可，但必須保持高度自覺，以免一不小心就被強勢文化收編了。其實在現代化的現代性之內，還流行著一套「主體性」論述；後現代雖有意將之解構，但我卻希望以子之矛攻子之盾，藉後現代包容多元差異的特性，而將「主體」維繫肯定下來，不必隨著解構風潮起舞。但這些看法我一直到半百前後方才有所覺悟，在寫博士論文及到處兼課之際，仍然見樹不見林，走一步算一步。但奇妙的是，我似乎始終受到內在生命情調的影響，在變遷中擁抱著不變的堅持。

我的某些堅持大多跟主流趨勢背道而行，使自己不斷流於另類，更甘於另類，「科際整合」就是我的學術生涯中頭一個堅持。我雖然喜歡漫談人生，然而一旦要作研究寫論文，卻決定講清楚說明白，科學哲學正合我意。在一個智育當道、科技掛帥的時代與社會裏，對科學進行哲學批判大可作文章，但這勢必要撈過界，此時過去涉足心理學與生物學的訓練便發揮作用了。我始終自視為一雜家，好讀書不求甚解，做基本研究力有所不逮，跨學科治學或能有所突破，甚至推陳出新。於是我堅持走向別人想都沒想到的學問之道，生物哲學、物理哲學、護理哲學都是我的收穫。這其中多少有一些科際整合的工夫，尤其是我的教授升等論文，幾乎完全以護理文獻為基礎，不能說我不懂得撈過界。但是我真正努力撈過界還是在晚近，從西方關注回返中土文化，走進「靈性即性靈」的意境。

篇 二

承：通識教育（35-45歲）

教國文

　　1988年初我取得博士學位，距離蔣經國去世僅有十六天，一個新時代和一段新生活於焉開始。過完年到處謀職，香港能仁書院哲學所請我去，因住房談不妥而作罷；東吳哲學系也口頭允諾，卻遲遲不見下文。四月初春假結束，意外接到銘傳商專通知面談，這是唯一回覆投帖的學校，姑且前往一試；三天後接獲來函禮聘，遂決定了我的事業生涯。開學是在九月初，副教授薪水則從八月發起，足足比四年前在傳媒圈高了一倍，確定投資讀博士是正確選擇。但是正宗哲學博士若不進哲學系，用處的確不大。銘傳讓我在五專教國文、三專上國父思想，課仍排不滿；人事主任見履歷上載有三年雜誌編輯經驗，立刻呈請校長聘我擔任教務處出版組組長，負責校刊、學刊、特刊等出版事宜，校報另由大傳科主其事。我就如此這般成為專任教師兼行政人員，在職場浮沉二十五年半後退休。

　　進銘傳那年我三十有五，教一群芳華十五的女娃娃國文課；其實也不算真正國文，此乃中文老師專利，我教的是等同於高中「中國文化基本教材」裏的《孟子》。我不知道學校為何不講《論語》，然而無論是國文還是論孟，絕對比不上這些念企管、國貿、會統、保險、電算、商文、商設、觀光、大傳的小女生所學專門科目來得要緊。因為當我在臺上大談不要見利忘義，學生則在會計習題中錙銖必較。「孟子」課教的當然是文言文，但亞聖的教訓並不難發揮，坊間也有白話譯本足資參考，教起來並不吃力，何況還不必像國文老師一樣得批改作文。到如今三十年過去了，眼見文言文似乎已成過街老鼠人人喊打，我卻令孟老夫子頗不以為然地還在「好為人師」，只能以「使命感」自我調侃一番。為人師表的使命之於我究竟為何？「大智教化」以助人「安身立命，了生脫死」是也。

中國古代思想以「經、史、子、集」為依歸，經學包含四書五經，乃係為學與做人如何內聖外王的指導綱領；剩下三部分屬史學、哲學及文學，理想上或許能夠「文史哲不分家」。這種理想在我身上的確實現過，但並非一以貫之，而是夾縫中求生存。我在軍校和銘傳都是以哲學背景教國文，後來更因為排課不足去講現代史，皆屬不得已而為之，完全不是科際整合的結果；但只要有心，仍然足以從事跨學科對話。由於文史哲均係人文課，首先必須找出其中共通的人文關懷為何。這在我看來，正是對傳統文化的認識與接納；不過在我的另類觀點指引下，希望學生能夠擁有更多元的眼光與胸懷以觀照世界。雖然我在正式任教之初，並未能明確意識到此點；但即使讓我教國文或現代史，我還是會有意無意地將自己的哲學人生觀與世界觀融入其中，令同學們聽到不同的聲音。

學校行政

　　退休前十餘年間，我任教於銘傳師資培育中心及教育研究所，教到許多準老師和在職教師，意外成為老師的老師，這在過去是屬於師範院校的專利。「學高為師，身正為範」，為人師表不但要從事言教，更應當有所身教；倘若前者集中於智育，後者則大可施之於德、體、群、美諸育。我如今所提倡的「大智教化」，正是為師三十五載所凝聚的愛智結晶；在「好為人師」的激勵下，仍然希望能夠推己及人，幫助年輕朋友「安身立命，了生脫死」。不過放大來看，如今教師行業已不像古代在私塾中進行，而是納入一套西方傳來的學校體制運作，於是不可避免地要從事行政管理。公立學校教師由於同時具有公務員身分，編進體制擔任行政工作或許正常；但像我身為私校教師，涉足行政應屬兼差服務性質，不宜本末倒置，這乃是我始終如一的工作態度。

　　算算自己正式任教二十五年半，兼任行政職共計十一年半；由於

擁有副教授以上身分，大多擔任二級或一級主管。大學職務有學術主管和行政主管之分，前者即院長、所長和系主任，我擔任過三年主任、兩年所長、三年院長，加上教務及幕僚工作，算是對學校行政小有經驗。尤有甚者，我曾經因為工作需要，被學校推薦去學管理，花三年半時間修完所有MBA課程，學以致用於之前與之後的行政工作。它更為我帶來全方位的觀察與反思空間，對於個體處於組織群體之中如何安身立命，有了較為深切的體會，也為「大智教化」提供更貼切的務實考量。我始終強調，人生在世，「既然無逃於天地之間，就應該學會如何頂天立地。」如今人人都活在民主法治與工商經濟社會之中，不可能遺世獨立；即使想獨善其身，也必須考慮現實條件。對我來說，二十五載專職生涯正是一大試煉。

學校行政有人避之唯恐不及，有人卻竭力追求；恕我孤陋寡聞，我直到教了在職研究生，才知道中小學校長和主任是考來的，而且不必教書。進一步看，中小學教職和行政工作，跟大學實在大異其趣。我一直覺得大學教師不如中小學老師，因為我們沒受過師資培育專業訓練，基本上不懂得如何「教書」。而中小學多為公立，自有其人力進用及培訓程序，不像大專主管多找教師充當，有時不免外行。以前聽人說「官大學問大」，大學裏卻是「學問大官大」，有些位子必須教授方能坐上，譬如校長、副校長、院長，以及教務、學務、總務、研發等四長，有時還包括主任秘書與圖書館長。我當過教務長和主秘，的確需要多方協調、面面俱顧，跟我的自了漢性格不甚對路。然而一旦坐上去就必須盡力而為，同時懂得適可而止；因為行政畢竟是兼任，教學與研究方為主職。

 ## 學生輔導

我進銘傳屬於專科時代末期，兩年後改制升格為管理學院，正式登

上大學層級，至今已歷二十八年矣。商專時期的銘傳專收女生，老校長包德明女士以「嚴管勤教」聞名全國，不但堂堂點名，考試作弊立即退學，而且嚴格實施舞禁；學生一旦涉足舞會，教官立即聞風而至，逮個正著，記過處分便少不了。但包校長絕非食古不化的老派人物，反而相當能夠與時俱進，更上層樓，締造改革創新的契機。記得改制前一年，學校接獲升格通知，上下皆十分興奮；校長遂於畢業典禮前夕，宣布要在校內禮堂隆重舉辦舞會，希望同學攜伴並身著正式服裝共襄盛舉。當天為週日，我以小主管身分到校協助準備工作，卻傳來對岸爆發「六四天安門事件」，一時令大家陷入兩難。好在到頭來危機處理得宜，晚間舞會照常舉辦，先由校長帶領大家默哀三分鐘，總算顧全大局，未讓畢業生失望。

　　這是一回令我終身難忘的舞會，也象徵著學校發展和個人生涯都將步入新局。半個世紀前臺灣的專科學校開始遍地開花，東南西北到處開設，讓後來國中畢業生的前途得到多元出路。唯專科教師人力結構大多以講師為主，銘傳也不例外；我在改制前以博士資格應聘副教授，竟意外成為升格學院的儲備人才，甚至在轉型過渡時期，當了兩年代理系主任。我所代理的資訊管理系，同時包括專科部的電子資料處理科，專兼任教師六十九人，學生一千一百名，這才是真正考驗我的領導統御能力之始。為避免總是外行領導內行，次年學校推薦我去政大念企業管理研究所，知識領域從此多為我開了一扇窗。雖然兩年代理功成身退，轉任正式職務共同學科主任，亦即日後的通識教育中心，我還是十分懷念那些年在資管系日夜待命、忙進忙出的帶兵歲月。

　　我原本為小主管，被徵詢是否願意換單位任代理職，只在乎是否需要打卡，得知答案為否，立即允諾調差；因為過去我經常忘記打卡，年度考績竟然不及格。沒想到調入新單位後，雖然省去行政制約，卻是責任重大，不得怠忽。原來資管系專科部還有夜間生，也必須由我負責。學校規定系科主任是總導師，督導每一班導師的學生輔導工作，並列入考核。改制後雖男女兼收，但初期男生實為少數族群，除了為他們增設

廁所外,倒也相安無事。反而是專科生看見大學生進來,連制服都不必穿,偶爾會有些心理不平必須疏導外,亦無大風大浪。在我任上只有兩名學生的輔導工作較爲棘手,一人因考試作弊面臨退學,家長來校爭論,折騰整天方告一段落;另一則因精神異常在校內發作,鬧得雞犬不寧,乃緊急召救護車將之送往醫院安置。這些亦屬危機處理,幸有同仁協助而得解決。

 ## 企業概論

　　我調入資管系屬於代理性質,以爲一年後可以另謀他棲,未料一時難覓接手人選,只好繼續代理下去,從而意外展開三年半的在職進修歷程。那年我三十八歲,頂著博士、副教授、系主任三個頭銜,推甄進入政大企管所科技管理研究班,研習我一度排斥且相當陌生的商科知識。這是一種爲公民營科技相關事業中階以上主管而設計的學分班,修課三年至少四十學分,學成可獲頒結業證書;我因自願多修課,比同學晚半年離校。總體來說,這趟求知之旅令我獲益良多且終身受用,因爲我學會了使用管理的眼光來觀照宇宙與人生。用最簡單的話講,管理乃是善用有限資源,使其發揮最大效率的一系作爲。政大設立的是企業管理研究所,隸屬商學院,上課地點卻不在校本部,而是市區裏的「公共行政及企業管理教育中心」,此處集結了第一和第二部門的行政及管理教學與研究。

　　管理大致分爲三大部門:公家政治部門的行政管理、私人經濟部門的企業管理,以及民間社會部門的非營利組織管理。從某種意義上看,行政即管理,君不見熱門學位企管碩士"MBA"那個"A"就指行政,否則應稱爲"MBM"才對。或許可以這麼說,行政係指組織的功能,無論是「計劃—執行—考核」的「行政三聯制」,或「規劃、組織、任用、領導、控制」的「管理五大功能」皆屬之。至於管理則是一套完整

的科學或技藝方法，通過上述諸功能而作用於各部門；典型的企業部門包括「生產、行銷、人事、研發、財務」，近年另有掌理工具利器的資訊部門。我進入政大企管所學的第一門課即為「企業概論」，意外發現授課老師竟是預官同期受訓同學；更吃驚的是，他後來陸續當上政大校長及教育部長，果真學以致用，他就是吳思華。類似的角色轉換其實在業界十分常見。

我上的科技班入學管道甚窄，雖屬推甄，一百二十五人僅錄取三十，三年後順利結業者則只剩半數。所上規定至少得修四十學分，大約十四門課，除工具性的會計、統計、資訊課外，上述企業五大部門的管理知識都在列。管理在對岸視之為「軟科學」，但軟中其實帶硬；越偏工業越硬，有關商業則軟。其中我念得最得心應手也最有心得的課，乃是行銷管理、人事管理，以及伴隨的管理心理學；這些都是較軟也較有「人」味的學問，相形之下，同學多來自科技業，似乎對較硬的「物」興趣更大。事實上，管理學術最早的確起源於工業，探討如何進行標準化作業，以增加效率與產能；到如今服務業後來居上，工廠的生產作業管理，遂可代之以服務流程管理。部門管理雖然以企業組織為準，但同樣可轉化運用於政府及各種非營利組織上。擺脫營利與否，管理知識更有助於人生的安頓。

管理學

考大學時我有乙、丁兩組可以選擇，前者僅文科，後者則有法、商科；自了漢的我對法商興趣缺缺，毅然報考乙組，而且填寫最冷門哲學系為第一志願，當時壓根兒就沒想過出路問題。這其實對我而言乃屬一大冒險，因為生性保守，我只想在安定中求進步，卻走上一條看似毫無保障的文人之路，到頭來不是要筆桿就是要嘴皮，結果兩項我都做過，並且靠後者成家立業至今。人生是條單行道、不歸路，無法回頭再過，

且會越走越窄，到頭來卻一場空；這便是我的虛無主義基調。但是虛無主義的最大弔詭，便是難以真正實踐，因爲邏輯上註定不可能。人生不管值不值得一活，畢竟是活著才得有所想法，於是虛無必須稍微向實用主義靠攏，始能擁有發言餘地。西方尤其是美國的實用主義，可視爲管理學術的基本預設；管理績效當繫於此，「管用」比什麼都重要。

管理的首要前提乃是資源分配，而且資源必須有限；如果取之不盡用之不竭，便無所謂管理了。從宏觀的國家社會到微觀的公司組織，以至於個人生涯發展，都有必要從事管理思考，但求事半功倍。十七、八世紀不但出現科學革命，政治和經濟上的自由主義也應運而生，自由民主與自由貿易二者，到如今被視爲最有效且最有用的人類生活方式。英國的效益主義及美國的實用主義，都爲此提供了哲學註腳，從而彰顯出管理學術的愛智慧見。作爲一門中游學科的管理學，上游以心理學、社會學、法律學、政治學、經濟學、統計學爲基礎，用會計報表和資訊科技當工具，對工業生產到商業服務一以貫之地落實下游的管理實務；它既是科學又是技藝，運用之妙存乎一心。在學科發展上，它又可分爲企業管理和管理科學兩大面向；前者重個案討論，後者多數學模式，成果各有千秋。

臺灣的管理教育始自政大企管所，引進哈佛大學的個案教學是其特色。我在學期間，除了統計學套公式跑電腦外，其餘幾乎每科都會觸及個案討論，其中包括角色扮演；上起課來活學活用、針鋒相對，一點也不冷場。有時角色扮演會分董事會和經理人兩方角力，前者盡力開源節流，後者希望投資創新；雙方都必須拿出數字加願景說服對方，資料準備越詳盡越好。這種課以學生爲主，甲方乙方各有所執，老師留在最後給予講評。爲加強說服力，甚至花招百出。記得有回討論到加州一家紅酒公司要投資擴廠，剛好臺灣有賣他們生產的三公升特大瓶玫瑰紅，於是當我們那一組扮演經理人，便買了三瓶帶進教室當道具，大力宣傳如此佳釀應該多加量產，果然打動人心，獲得董事們全票支持。下課後同學迫不及待開瓶暢飲，酒酣耳熱，歡樂滿堂，確是難得的學習經驗。

管理心理

　　人屆中年，回頭去當老學生，當時叫「在職進修」，如今則稱「終身學習」，意指「活到老，學到老」；而生活在一個快速發展的社會，更必須「學到老，活到老」。我自三十八歲起去政大念企管所，三年半共修了十五門課，計四十四學分；其中只有一門兩學分的課，卻彷彿重逢故舊，那便是「管理心理學」。在進博士班以前，我曾兩度想改念心理學。大學轉系不成，就去修了一大堆教心系的課；就業一年後短暫留學，又回來在應心系補修兩年課，無不是因為心有所嚮。上博士班當然很自然地死了這條心，誰又料到任教後還有機會進修，並且再度跟心理學打照面。我以哲學人去資管系代行政職，再到企管所進修，在在開啟了科際整合的契機。當年讀完生物輔系，後來又修滿企管碩士學程，不經意地展開知識大旅行，悠游於自然、社會、人文三大領域，樂在其中。

　　管理心理學請了一位心理系教授來授課，他從管理講到人事、行銷、顧客、廣告及創新，為我們提供一幅應用心理學的多樣盛景，引人入勝。之前我所認為的應用心理，僅局限於輔導諮商、臨床治療等方面，大多屬於「防弊」，沒想到它還有「興利」的一面，而且豐富得多采多姿。就以人事心理為例，主張人性本惡的「X理論」，便與相信本善的「Y理論」大異其趣；前者要監控，後者多激勵，都有一定效果，不能一概而論。當然職場控管不全然是人事主管的事，然而一旦牽涉到人性善惡的假定，連帶就影響及績效考核、教育訓練等活動的設計，心理學便會派上用場。從心理看管理，我對「人力資源管理」的概念持相當保留態度。資源的確可分為「人、事、時、地、物」，但人應該列為首要核心考量，必須另眼相待，不可與其他因素一視同仁，等量齊觀。

　　面對人的問題，我立即想到「人性化管理」；這是頗具中華本土

文化考量的方向，跟西方思維有所出入。西方心理學自古至今探究的對象，依序爲靈魂、心靈、意識、行爲及認知；這些除行爲是外顯表現外，其餘都屬於人心內在的作用，但心境並不全然代表一個人。相形之下，中土心理學自始至終只問人性究竟爲何？應當如何？這屬於整體性考量，將心理納入倫理來看待。而在西式的組織管理體制內，要想實施人性化管理，勢必得經歷一番轉化，包括對管理心理學的重構。也就是說，要在西方有關管理與心理的知識內，納入一些東方的倫理元素，讓三者進行良性對話。其實管理學者早在上世紀後期，就開始思考「東方式管理」的可能。那是因爲看見日本經濟起飛後，迅速步入先進國家之林，公司治理卻跟西方大不相同。這種重視文化差異的覺察，讓管理更趨多元，而非定於一尊。

 ## 資訊管理

　　如果從二十五歲動筆寫碩士論文算起，至今六十有五正式入老這大半輩子，我的研究與教學生涯該是告一段落了；回顧既往，儒者唐君毅先生那句「花果飄零，靈根自植」的教誨，便會在腦海中浮現。好一個「靈根自植」啊！有時我不免想到，三十年前如果沒有接下銘傳聘書，而去了香港能仁書院，或等待東吳大學通知，從而走向哲學專業之途，是否會有後來一連串的知識大旅行，包括涉足管理學、護理學、教育學、生死學，甚至殯葬學等等，經驗到相當驚異的身心靈奇遇歷程。長久以來，正宗哲學博士不是竭力往少數哲學系窄門擠，得以長此「立命」；就是向外飄零至各大專院校任教，但求暫時「安身」。我選擇進入銘傳的情況正是如此，一開始並不足爲奇，但兩年後因爲學校改制升格，基於人力調度，而將我放在一個奇特的位置，從此影響了我的整個生涯發展。

　　反身而誠，我確定此一影響是良性且有利的；不曾進入哲學系任專

職，或許正是我的幸運。當然人生不可能重來過，正如米蘭‧昆德拉所指出，一切都是「生命中不能承受之輕」，彷彿過眼雲煙，稍縱即逝。但對我而言往事並不如煙，而是有其一貫旨趣的「生命敘事」或「生活故事」；如今我把它寫出來，不啻符應了本書的副題《我的大智教化》。一旦講起自己的故事，就不由得讓我想到「人生如戲」這句話；在銘傳當上資管系代理系主任，而且一幹就是兩年，還真的是頗具戲劇性的奇遇。日常代理一些例行性事務難不倒我，但資管系作為全國最具潛力的新興科系，當我接到其他學校系主任聯名，希望我加入相關學會發起人以共創大局，立即有種打鴨上架或騎虎難下的感覺。當時銘傳是最年輕的資管系，我義不容辭；但被選上理事並接下舉辦學術會議的重擔，才真正面臨重大挑戰。

　　一場由新成立學會舉辦的研討會，安排在剛改制不久的銘傳管理學院進行，對學校而言當然與有榮焉。我身為系主任，自然成為業務承辦人；但更令我感到無比壓力的，還是作為主辦方，必須發表論文以共襄盛舉。外行如我這下子不就立即洩底了嗎？好在窮則變、變則通，我當下拿出寫博士論文的能耐，到各校去影印相關外文期刊論文，準備從科學史與科學哲學的觀點，寫一篇探討「資訊管理學」來龍去脈的論文。皇天不負苦心人，到頭來還真讓我如願以償，端出一篇四平八穩的科際整合型論文，細數在座資訊專家都不盡瞭解的本行學科背景故事，令他們對我刮目相看，進而把我當成「自己人」，讓我頗感欣慰。尤有甚者，此番寫作經驗，意外成為我後來從事跨界研究以撰寫升等論文的一回試驗，那便是盡量參考對方的文獻，通過科學史哲分析，提出令其信服的後設研究成果。

 ## 策略管理

　　如果哲學讓我意識到在做邏輯思考，那麼管理學就教會我如何從

事策略思考。「策略管理」是政大企管所各種班別的共同收尾課，具有集大成、擴視野的功能，由人稱「大俠」的司徒達賢教授主講，他言簡意賅地提出策略制定的「四問」：「檢討現在企業是什麼樣子？將來想變成什麼樣子？為什麼要變成這個樣子？今天應採取什麼行動，才可以從今天的樣子變成未來理想的樣子？」這些提問大至國家小到個人都可以用得上，的確予我極大的啟發。他還有兩句話，更是一針見血點出策略之妙用：「在決定要『如何做好一件事』之前，必須先決定『哪一件事才是真正值得投入的重點』」，這表示「做對一件事」比「做好一件事」更重要。課堂同樣有個案分析，由於同學們都已學過兩年半的管理課，討論起來便顯出得心應手許多。在一片爭議和歡笑聲中，大夥兒結束了含辛茹苦的學習。

　　說「含辛茹苦」並不為過，這套在職進修課程非但不如想像中輕鬆，老師們更不斷給予壓力，以致到頭來讓半數同學不幸「陣亡」。由於上課是在平日選一天從早到晚，大家勢必得按時向工作單位請假。我是老師要抽空不成問題，同學們有人身為部門經理甚至副總，要他每週固定抽一天出來進修，而且長達三年，可謂困難重重。因為大多數課程都以分組討論進行，所以一開始有些同學會遲到或缺課，認為只要有人上臺報告就沒事。不久老師看出端倪，乃在各組中抽點上臺，若不在場又未請假，則全組成績皆墨。如此一來，想念下去的人只好乖乖來上課，並且全組齊心協力作功課，以免有人被點到答不上來而失分。在這種課業壓力下，小組成員久之便形成一股「革命情感」，懂得如何集思廣益並分工合作，甚至發展出每週聚會以討論功課，這些其實就是組織中的團隊精神。

　　歷經四分之一個世紀，我再回想起這些際遇，就不免會用策略管理的「四問」加以檢討。第一問發現自己於不惑之年去在職進修，當時的「樣子」或資源只有博士、副教授、系主任三者；第二問反思將來最想變成的樣子，但求先當上正教授再說；第三問確認這是最高教職，置身大學內沒有理由不為之奮鬥；第四問決定二話不說，全力以赴寫論文以

通過升等。事實上，就在進修期間，我已有意無意走上這些步驟了。入學政大同年，我意外獲聘去當時的臺北護專兼課，對末代三專生講授自己最喜歡的「人生哲學」。由於學校為了改制升格，想加強學術研究，學刊便積極邀稿，連我也不放過。有天我踏進圖書館找靈感，居然發現西方護理學界有不少人大談「哲理」，心想何不繼續嘗試走跨學科研究之路，遂於其後三年在臺灣開創出空前的「護理學哲學」論述，並連續獲得國科會獎勵。

 # 護理學哲學

　　人生在世就不時會接觸到來自四面八方的因緣際會，從而形成各式各樣的偶然與必然：我的前途事業，正是被一些偶然的緣會所影響，意外開拓出一條必然的途徑，打造型塑出今日之我。三十一歲那年我選擇離開職場回頭讀博士，因此大致決定要步向教學研究之路。這條路上最大挑戰便是升等為教授；一旦通過，從此高枕無憂。我是取得博士學位九年後成功升等的，實際下苦功的時間大約五年。乍看之下，碩士、博士、教授的研究方向都屬於科學哲學，彷彿一路行來水到渠成；但後者其實是一連串偶然所造成，遭遇多少有些像絕處逢生。說了也許別人不相信，我的升等研究，竟是由於地緣關係而來的，否則說什麼也不會邂逅護理學。那是因為護專跟銘傳僅十分鐘車程，我就近去兼課，意外在人家圖書館內發現知識寶藏，從而令我得到心智大豐收。

　　當年護專圖書館共有三層，一樓多期刊，二樓為中文書庫，師生經常光臨，因此燈火通明；至於三樓西文書庫總是一片黑暗，摸索半天才找著電燈開關，從此點亮我的後半人生。如此說來應不為過，因為我後來從科學哲學走向生命倫理、生死學、生命教育諸領域，無不涉及醫療照護下的生老病死。倘若無緣接觸到護專的寶貴資源，利用它進行五年辛苦研究，恐怕到如今也不會醞釀出「大智教化」的奧義。大智教化可

看作我自己的生命教育，它所體現的愛智慧見，正是我追逐了半個世紀的人生哲理，其目的皆爲「安身立命，了生脫死」，既自度也度人。到底我在護專的知識寶庫裏發現了什麼，得以發人所未發？簡單一句話，那便是「護理學哲學」。書庫中有一冊厚重的《理論護理學》，翻閱後深感如獲至寶，乃發心一探究竟；心得最終通過升等，更以《護理科學哲學》爲名出版。

2017年秋天在臺灣發生一件性別歧視的新聞，激起少許漣漪，未久復歸平靜，只有護理界一致揚言提告。事情是一名男性網紅看診時，稱護理人員爲「護士」，遭對方糾正爲「護理師」，從而心生不滿，回去便在自己的網站上，直播不堪入耳的言辭，其中充滿情色想像。平心而論，「醫生」、「護士」本屬日常用語，但專業名稱則爲「醫師」及「護理師」。事實上臺灣早年護校畢業生，的確只能考授「護士證書」，專科以上才有資格得到「護理師證書」。但如今護校早已停辦十餘年，護理人員爲維護自己專業形象而在乎正名，實無可厚非，由此也反映出護理專業化之路走得十分艱辛。這也是爲什麼西方護理學界長期以來相當重視理論紮根工作，她們稱之爲「護理哲理」，是碩、博士班的必修課；而我所提出的「護理學哲學」，便屬於爲護理哲理奠定更紮實深厚基礎的努力。

女性主義

我參考了三百種英文文獻，撰成十餘萬字升等論文《護理學哲學》，其副題爲《一項科學學與女性學的科際研究》，顯示出跨領域與跨學科研究的特性。顧名思義，我所從事的乃是對護理學進行哲學的後設研究，主要採行來自兩方面的意理，即科學學與女性學。科學學包括科學史、科學哲學及科學社會學，通過歷史主義而非邏輯主義的觀點，對各門自然或社會科學學科加以考察；至於女性學則可放大至以女性主

義觀點所建構的女性研究、男性研究、性別研究、同志研究等等一系另類學科。護理從業人員以女性爲主力，一般占九成以上，性別特色造成此一學科的陰性基調，使之與陽剛的醫學呈現重大差異。西方護理學界自上世紀五〇年代開始，嘗試找出其間差異性；經過三十年努力，終於拈出以「關心、照護」爲主的「關懷」觀，相對於以「診斷、治療」爲主的「療癒」觀。

一九八〇年代初期，有兩位美國女性主義教育學者吉利根與諾丁斯，不約而同出版專書以揭櫫「關懷」意旨。吉利根的研究發現，小男孩和小女孩在分配事物時的考量有所不同；男生在乎公平正義而平均分配，女生則考慮各人需求而多予關照。女性主義學者的努力，發展出新興的「關懷倫理學」，進而形成倫理學內部的「原則主義」與「脈絡主義」之爭；前者主張「依原則行事」，後者要求「看情況而定」。女性主義原先爲社會運動產物，能夠站上學術舞臺成爲有力意理絕非偶然。「意理」即是「意識型態」，代表一套待人處事的信念系統；女性主義乃伴隨民權主義、社會主義而壯大，用以對抗十九世紀以降的性別歧視、種族歧視、階級歧視三座大山。首波女性主義在二十世紀初期爭取到「女男平等」，至六〇年代則主張「女男有別」，護理專業的發展亦受此影響。

專業護理是十九世紀中葉的南丁格爾，爲照護克里米亞戰爭傷患所創立之人道服務，深具宗教精神，但附屬於醫療之下。百年後護理教育已普及於大學殿堂，並且設立研究所，不斷深化學科的理論基礎與專業實務。護理學者努力想建構自身學科的「哲理」，卻始終圍繞著傳統倫理德目而難以突破，直到關懷倫理應運而生，終於讓護理學術與實務找到有力的核心價值，那便是「關懷」之下的「關心與照護」。醫師也關心病人，但僅止於診療而不予照護；護理師則提供無微不至的專業照護，讓關心得以落實。時至今日，這套互補互利、相輔相成的衛生保健專業服務機制，已爲一般社會大眾所熟知。在我們的經驗裏，醫師負責療癒，護理師體現關懷，彼此只是夥伴關係，而非從屬關係。這種醫護

職場中的「女男有別」，正是女性主義意理不斷爭取而得。

 ## 醫療與照護

　　護理人員既關心也照護病患，可謂功德無量；但護理究竟是何種性質的活動，護理學又屬於何種領域的學科，大多數人並不見得瞭解。一旦缺乏瞭解，就容易被刻板印象所制約，甚至出現性別歧視，亟待通過正本清源以推陳出新。「護理」在古代西方的原意，是指對於家人的細心照顧，屬於人之常情；後來受到宗教慈愛的影響而推己及人，擴充至在外旅人和受苦病患身上，真正的重大變革則來自南丁格爾。她深切瞭解光有愛心並不足以讓患者康復，照護技能與公共衛生同樣重要；從此世間有了受過訓練的護理人員，以及由她所創辦的國際紅十字會，讓宗教的博愛精神流傳各地。就在十九世紀護理萌芽之際，醫療科技也在突飛猛晉地發展，兩種助人專業攜手協力以救助病患。時至今日，二者已構成醫療院所的標準搭配組合，相信大家在踏進診間時，便能充分體會。

　　正如醫療科技一日千里，護理專業也在與時俱進，從百餘年前的醫院附屬訓練班，陸續發展成獨立的護校、專科及大學科系，進而成立碩博士班，一應俱全。過去護理系多隸屬於醫學院，後來基於專業分工，自立門戶的護理學院也應運而生。然而無論是在醫學院之下或獨立設院，護理學作為一門科學學科自不待言；但若進一步追問它歸於何種知識領域，就不免出現爭議了。由於過去護理系大多列在醫學院之下，彷彿理所當然就算應用性的自然科學學科，其科學屬性也就會被要求一定的堅實與精確，但這其實跟護理本身的陰性特質不盡相應。事實上，當我因為要作研究而必須參考大量護理文獻時，發現大部分英文期刊都歸類在社會而非自然領域。進一步看，護理研究雖不乏統計量化文章，但少見實驗成果報告，近三十年來更出現大量質性研究論著，這些無疑皆

屬社會科學。

　　回顧人類知識發展的歷史，最早當然是哲學無所不包，科學革命後自然科學脫穎而出，逐形成自然與人文二元知識，至今歐陸仍可見此一傳統。但目前最爲人所熟悉者，乃是自然、社會、人文三分天下，其中社會科學正是模仿自然科學而生。但認眞反思，自然與社會雖然同列爲科學，其探究對象卻有著本質性的不同；簡單地說，自然明確針對「物」，社會卻擺脫不了「人」。放在醫學與護理學的分野上看，差異立見分明。醫學採用笛卡兒的身心二元觀，假設人體爲精密機器足以修補；護理學卻堅持人乃「身、心、靈」三位一體，不得拆解。在此種對於「整全的人」要求下，護理研究方法勢必會朝向外在的觀察或調查，而非走進實驗室。至於講究「意義詮釋」的質性研究，則更是向哲學靠攏了。這種情形和趨勢，頗類似於應用心理學的發展，使得護理學與心理學皆具跨領域特質。

 ## 通識教育

　　回顧我的學者生涯，雖然遲至三十四歲才取得博士學位，但九年後便升上正教授，在同儕中並不算落後。我的博士及教授論文皆屬科學哲學研究，但從未在哲學系專任教職，因此沒有機會一展所長，或許是此生唯一遺憾。我到底在學校教些什麼課？答案只有一個：「通識課！」雖然長期在研究所授課，目前仍偶爾爲之，我始終認爲自己所從事的乃是通識教育，更具體說則爲生命教育。不同於一些學界朋友把諸如生命教育或生死學，直接當作學術課題來研究，我一直認爲它們就是通識課；尋求教學方法的改善並無不可，一旦要從事研究，勢必就得深入各門相關基本學科。舉例來說，跨領域的生死學終究屬於泛論，要深入探討唯有分別從「生物、心理、社會、倫理、靈性」諸面向著手；這便是我爲生死教學與研究提供的「一體五面向人學模式」。

其實此一模式中的靈性面向，由於涉及宗教或民俗信仰的考察，對應的宗教學也像生死學，屬於跨領域學科，同樣得回到基本學科研究始不致掛空。說起通識教育，我在銘傳資管系代理主任功成身退，接下正式職務乃是新成立的「共同學科」主任；該科日後正名為「通識教育中心」，總算跟高等教育政策接上軌。通識中心師資陣容龐大，直屬學生卻無一人，主要任務便是為全校大學生開授共同必修課及通識選修課；二者大約占畢業下限一百二十八學分的四分之一，算算每位老師負擔的確不少。為因應教育部評鑑所特別針對通識課的部分，學校不敢怠慢，聘任大批專任教師，我便是其中之一；雖然曾因任務需要調入資管系、教育所、師培中心等單位服務，但自我定位為通識教師。畢竟這是哲學背景的我，在學校唯一長期可靠的歸宿；一群文人在其中相濡以沫，倒也感到溫暖親切。

在智育掛帥、科技當道的時代和社會裏，大學生選擇熱門的專門或專業科系就讀，著實無可厚非。但如今大學畢業生滿街跑，加上少子化效應下人人都有學校念，擁有學士學位絕對稱不上專家，想當專家就必須更上層樓讀研究所。既然專不了，又無法成為通人，這是高等教育的失靈；為挽救缺失，乃有通識教育之需要。考其歷史，1958年英國學者史諾對科學與人文「兩種文化」互相輕視的憂慮，於1977年促成美國哈佛大學設置「核心課程」，我國則於1984年將之引入，設計通識教育選修課程，規定每名大學生至少需選修八學分始能畢業。銘傳改制後不久，自行摸索出一套通識課程，記得其中有「佛學概論」一科，曾創下三百多人選課記錄，必須臨時改在大禮堂上課。只是佛學博大精深，並非如想像中的營養學分，一次期中考下來自然淘汰，終於趨於正常教學。

應用倫理學

　　銘傳商專改制升格後有四年過渡期，待末代五專生全部畢業，專科部遂功成身退。管理學院時代共歷經七載，終於在創校四十年之際改名為大學，全方位地多元發展。但學校係以商管起家，策略規劃始終走實用路線，連日後設立語文系所的名稱，都統一冠上「應用」二字。尤其當應用中文系通過設立時，通識中心內人數最多的國文老師，即將集體調至新單位，讓我們這些教歷史和哲學的老師羨慕不已。在心動不如行動的激勵下，還先後出現增設應用哲學系與應用史學系的提案，準備培養專業倫理及社區營造方面的人才；提案甚至列入最後審議，終因時機不成熟而功虧一簣。但努力並沒有完全白費，史哲教師還是以通識中心為平臺，打造出心目中理想的課程；歷史老師指引學生關懷鄉土，哲學課則推廣應用倫理，後者甚至有兩年列為全校必選。

　　應用倫理學是一九八〇年代興起於美國的整合型學科，將哲學倫理的分析與批判，用於社會所關注的實際問題上，主要包括醫學倫理、環境倫理和企業倫理三大面向。由於銘傳教學當時仍以商管為主，必選課的內容遂多講企業倫理。如此安排並非想當然耳，而是有其時代背景。因為美國商界長期以來不斷有重大弊案爆發，輕則影響公司員工，重則傷及社會大眾，不得不尋求防弊之道。立法嚴格控管固然有效，訴求道德良知亦同樣重要，於是像名校哈佛的高階及一般企管碩士學程，遂納入「企業倫理」一科，讓在職及未來的中高級經理人，在作決策時懂得反身而誠，以減少唯利是圖的私心。當時由於銘傳各系將必選的通識課安排在大二以前，學生對經貿商管並沒有完整的認識，向他們介紹企業倫理，不能一上來就講大道理，我就想起以前念過的個案分析，盡量跟同學講故事。

　　「講故事」的學術用語叫「敘事」，屬於質性研究方法之一，通常

71

是研究者準備好題綱，針對個案從事訪談，詳加記錄，事後盡量逐字謄錄訪談稿，在字裏行間找尋有「意義」的關鍵詞語，進行哲學性的「詮釋」。這是一套比較細膩的現場研究工作，若難以爲之，可以對個案展開重點式觀察與訪問，記錄重要現象與資料，回頭再予以分析解讀。總而言之，講故事只是描述事項，職場人群關係中的倫理規範，才是上課要介紹的。西方倫理學傳統上有德性論、義務論、效益論三大派，晚近則新增關懷論，這其中效益論比較貼近企業倫理分析所需。英國的效益主義和美國的實用主義，對資本社會的商品經濟，提供了一定的理論基礎，在倫理課上講授這些議題，是教導學生日後踏上社會進入職場，要懂得實踐「有爲有守，知所進退」，以免誤觸法網。

宗教學

我在銘傳規劃設計通識課程那些年，源自本土的生死學正好應運而生，自己立即排課披掛上陣，至今一教就是二十三載。這期間我曾應邀至空中大學開授此課，學習人數多達四千五百人，創下必修以外選修的最高記錄；有趣的是，排名第二乃是理財課，足見社會大眾一心所繫之二端。人們對理財與生死議題保持同等關注，充分符合我近年提倡「大智教化」的根本目的，即教人以「安身立命，了生脫死」；經濟生活至少達於無所匱乏，生老病死最好能夠無有恐懼。而在生死學興起之前，銘傳通識課最受歡迎的竟是宗教課；起初開授的「佛學概論」太深奧，後來改爲「佛學與人生」則較具彈性且引人入勝。我對此算外行，但眼見開課熱門乃姑且一試，不久便知難而退。然而一旦涉及宗教議題，又激起新的探究方向；最終成果便是我升等的參考著作，題爲《性愛、生死及宗教》。

這部伴隨代表作送審的參考作，是探討我曾經講授過三門通識課相關理論的結集，它們分別爲愛情學、生死學與宗教學；我後來選擇以

教生死學「安身立命，了生脫死」，但其他二者對人生仍至關重要。此三門都屬於跨領域新興學科，其中宗教學在西方歷史悠久，是由德國人類學家所創，已問世一百五十年；但它在臺灣為主流學界所接受，從而列入官方學科分類專門及研究補助對象，不過是近十餘年的事。尤有甚者，生死學的西方根源死亡學創始於法國也有上百年之久，至今卻仍妾身未明；至於源自在地的愛情學，似乎就更難進入學術殿堂了。宗教學探究人類文明最為重要的活動之一，為何遲遲不見容於我們的主流學界？可能原因恐怕是對學科內涵的誤解，以為一旦觸及這方面的議題，便不免要傳教。事實上，「宗教」只是一個普遍概念，傳教則來自個別的宗教系統，不可不辨。

簡單地說，宗教學是研究宗教信仰作為社會現象的跨領域學問，至少可分為人文學與社會科學兩方面進行探究；其中人文領域主要包括宗教史、宗教哲學、宗教文學、宗教藝術等，社會領域則含有宗教心理學、宗教社會學、宗教人類學、宗教政治學等。當然想全面把握宗教信仰，不可能只停留在現象層面；若要深入其堂奧，勢必得面對各宗教系統的獨特內容。根據宗教學者的歸納，任何宗教系統，大致都要具備「教主、教義、經典、儀式、皈依」五個條件；其中最關鍵者乃屬「皈依」，亦即「加入教團」。我經常表示，宗教為團體活動，信仰屬個人抉擇；人們可以選擇信這個教或那個教，也可以完全不信教。教團由神職人員或僧侶加上信眾所構成，多少具有排他性，因此一個人在同一時期內只能信一種教；「改宗」並無不可，但同時信多種宗教則顯得不可思議。

生死學

我跟生死學結緣至今二十三載，是否偶然的必然，或許蓋棺方能認定。生死學係由旅美哲學暨宗教學者傅偉勳所創，在他的心目中，生

死學乃是西方死亡學與中國生命學融會貫通後，「心性體認本位」之「生命的學問」。他去世於1996年，晚年先後以《死亡的尊嚴與生命的尊嚴》及《學問的生命與生命的學問》二書，於臺灣在地開創出「生死學」此一新興學科。新書暢銷帶動新學發展，他在辭世前不久，應邀至嘉義南華管理學院創辦生死學研究所，壯志未酬，設所大業竟意外落在我頭上，繼承前輩遺志，而於次年正式招生。南華後來改名大學，生死所也擴充為生死系，至今與北護生死諮商系，同屬國內僅有以「生死」命名的二系。「生死」雖然涵蓋生老病死，但仍令人有所忌諱；甚至連殯葬相關科系，也盡量以「生命關懷事業」或「生命事業管理」為名，避碰「死」字。

作為「生死學之父」，學界大多尊稱前輩為「傅老」；在傅老的遺著中，僅為生死學勾勒出一幅簡要的草圖，一旦設立新所，師生只好「摸著石子過河」，邊走邊學。南華生死所成立於傅老逝世次年暑假，我於同時離開銘傳南下出任所長；在其中服務的三年半期間，逐漸摸索出一套自家本事。心智結晶化為文字，初次體現為2001年秋季，為空中大學開課所撰寫的教科書之中；四年後擴版增修，內容更形完整周全。簡單地說，我以「生物—心理—社會—倫理—靈性一體五面向人學模式」，架構成生死學的上游理論構面，再納入「教育、輔導、關懷、管理」四門專業，打造出具體可行的中游實務構面。理論面主要參考醫學的「生物—心理—社會模式」，以及護理學對「身、心、靈」的關注，再加上必要的「倫理」考量；至於實務面則以國外專業執行為標準，希望建立證照制度。

生老病死無疑是科學與人文或宇宙與人生的重大議題，但在哲學界似乎未得到應有的關注；我在大學時，僅存在主義課聞及海德格「人乃向死存有」之說，此外就屬莊子討論最多。傅偉勳著書立說卻不敢掠美，尊奉莊子為「中國生死學的開創者」絕非偶然。我因為對存在主義及道家思想情有獨鍾，在銘傳教通識課正愁找不著主題，適巧傅老新作問世，立即借題發揮。由於他是宗教學者，不可避免地會在這方面大做

文章；我卻長期研究科學哲學，尤其著眼於生命及健康科學，遂對科學與人文進行科際整合，以形成自己的觀點。我的論述缺乏傅老的深度，廣度則相對周全，較適用於一般大眾，以及非哲學宗教的助人專業人員。因此我除了為空大編撰《生死學》教科書外，另外還寫了一本《醫護生死學》，並親自用此書去耕莘護專教五專生，但不知小女生對生死大事能有多少體會。

 ## 愛情學

對年輕人上生死課不容易有人一路捧場到底，大家最關心的乃是考試考什麼；但談情說愛或講些八卦，保證豎耳傾聽興趣十足。就像我去五專授課，專二護生大約十六、七歲，連一個病患也沒見過；百人上課坐在下面傳閱《蘋果日報》和《壹週刊》，完全置生死於度外。小女生和大女生關心情事甚或性事，乃青春洋溢之體現，教學與研究朝這方面去設計，看來頗具意義。何況佛洛伊德的理論大膽將愛神與死神並列，將生之欲和死之欲等量齊觀，看來除生死外實有必要涉足性愛議題。放大來看，哪個少男少女不思春，我們這一代臺北人的性教育，多半來自牯嶺街賣的「小本」；長大後所見日廣，終於得著較為全面的認識。但若要進一步走向教學與研究，絕不能僅憑常識之見。幸好我在作升等論文而研究護理哲學之際，不時會接觸女性主義思想，尤其是兩性間宰制與被宰制的關係。

女性主義自社會運動起家，十分強調「意識覺醒」的重要，必須跟男性在權力分配上鬥爭到底，以爭取平起平坐，包括床第之事在內。但是人世間男尊女卑的現象無所不在，因此女性主義必然有很長的路要走；而且既然是主義，就必須在學術圈落實紮根，「女性研究」或「女性學」遂應運而生。一旦有了「女性學」，則「男性學」、「性別學」、「同志學」便伴隨而至，但是始終未見「愛情學」的誕生。後來

我才發現，早在我拿博士學位前後，當代新儒家學者曾昭旭便出版了
《不要相信愛情》一書，首度揭櫫「愛情學」大旗。這是他在各地演說
愛情議題講稿的結集，以中華本土儒學的智慧，為臺灣在地身心靈需求
傳道解惑，愛情學實堪稱在地生命學問一大創舉。無奈它並未像生死學
一樣中西合璧，日後始終未見結合西方性學與中國愛情學的進一步發
展，不免可惜。

不過既然已見學者在討論情愛大義，應可試行將之發展成為課程
來講授；就在我為升等論文做最後奮鬥之際，通識課表上亦多了「愛情
學」一科。我講授兩年後離開學校另謀他棲，該課居然有人接替，足見
市場需求不小；相形之下生死學卻暫時束之高閣，直到四年後我回到銘
傳才重見天日。我的愛情學架構係仿效生死學「一體五面向人學觀」，
將兩性關係分列為「性欲、情愫、眷戀、鍾愛」四層次，分別探討「起
性、動情、結縭、成家」之妙諦；其中介紹西方性學新知、佛洛伊德
「泛性論」，以及女性主義論述，或可彌補儒家常保溫柔敦厚之不足。
平心而論，將愛情學納入通識課程，雖然受到學生歡迎，但多少予人不
足登上學術殿堂之感。不久後學校全盤重新規劃通識課程，「愛情學」
遂為「兩性關係」所取代；近年多元性別論述流行，該課則另行發展為
「親密關係」矣。

 ## 中國現代史

我曾於三所大專院校專任教職，前後二十五年半，其中有十一年
半兼任行政工作；那僅有半年的短暫歷程，代表我力有不逮遂知難而
退，此即在銘傳當主任秘書。此一職務日後改稱秘書長，屬於學校核心
一級主管，位高卻無權，基本上即是最高幕僚。其實就我的自了漢性格
而論，無權固合己意，幕僚則難以勝任；畢竟這必須要站在領導者的高
度審度全局，並提供制定決策的適宜參考。偏偏我天生缺乏這種視野，

往往顧此失彼，寫出來的擬辦意見不甚到位，還勞老闆逐一修正。在這種情況下，我做了不到兩個月，便萌生去意而遞上辭呈。但如此高位一時找不著人接手，事情就此拖延，我也只好勉強為之。直到有天一件意外事件，竟讓情勢逆轉；我不但在學期結束順利下臺，之後也未再兼行政，從此無官一身輕當陽春老師，全心全意從事升等研究工作，終於心想事成。

究竟是何偶發事件能夠讓我解套，說來大家也許不信，竟是政治上選邊站時靠錯邊。話說早年銘傳內主流政黨色彩濃厚，上下一心倒也眾志成城，抵擋外來雜音。但有回臺北市長選舉，市議員趙少康挾著廣大民意脫黨競選，期與在地勢力一較高下。當選舉日近時，出現教授聯署活動，我對此興趣始終缺缺。偏偏有回遇見一位史學大老邀我共襄盛舉，盛情難卻下以為簽個名沒啥大不了，不料卻在次日見報，而我更成為銘傳唯一代表，還被特別標明，茲事體大也。果然第二天上班便被長官召見，詢我何以有此一舉。我沒有充分理由脫身，遂再三致歉並再遞上辭呈，果然不久便批准。由於恢復自由身必須多排課，而半學年的課不易安插，只好暫以必修課充數，我就如此這般教起「中國現代史」來了。沒想到這番意外經驗，倒也可視為中國現代史發展到臺灣後的一段小插曲。

當年共同必修課尚有全年的「中國通史」與半年的「中國現代史」兩科，都備有標準課綱；後者係由鴉片戰爭講到當代，必須強調兩岸分治下，臺灣的政治經濟發展成果。我記得大一修此課，老師講的就是「中國現代化」；但等二十年後自己上臺講授此課，臺灣的政經情勢已大異於前，開始走向所謂「本土化」過程。事情至今又過了二十餘載，「本土化」之說早已積非成是轉為意識型態，然考其究竟，不過想走向「在地化」而已。蓋「本土化」實以民族文化為基礎，也以文化主體性為考量，不必也不應涉及政治層面。長久以來兩岸的主流都是漢民族的中華文化，沒有理由分家。至於政治上的分治，中華民國目前只能視為中國歷史上的偏安政權之一，與東晉、南宋、北元、南明的處境類似。

民國統治臺灣始於1945年，之前爲日治及清治，這是中國現代史必須正視的一頁。

 ## 生命倫理學

　　我的「六經註我」生命學問探索歷程，是從人文領域出發，通過自然與社會領域，終於達到人文自然的化外之境；其中「領域」是指知識薰習，「化外」則表示對大智大慧的體證。在這條從「漸修」到「頓悟」的途徑上，有幾座明確呈現的里程碑，指引我經由教學與研究次第轉化，逐漸型塑出今日之我。這些里程碑包括科學哲學、生死學、生命倫理學、生命教育，從而達於大智教化。其間關係簡言之：拿博士前長期研究「科學哲學」，專任教職後開始講授「生死學」，在外校研究所兼課涉足「生命倫理學」，轉換跑道接觸到「生命教育」，與之若即若離乃自創「大智教化」；本書即是對大智教化來龍去脈的回顧與前瞻，希望能夠更上層樓，止於至善。而在檢視自己的心路歷程時，每週駕車往返百里，去中央大學哲學研究所授課的景象便浮上眼前，跟高速公路兩旁風景交織如夢如畫。

　　在學術專業化的時代與社會裏，一旦置身於本行專業共同體以外地帶，便意味著不斷邊緣化的可能，我的生涯處境正是如此。畢業後未能進入哲學系所任教，而在圈外教通識課，就不免要跟本行脫節，但也會碰上意外的機會。像去北護兼課而發掘到極其冷門的文獻素材，竟促成我順利寫出升等論文了遂心願。也正是因爲我不斷在跨領域研究的夾縫中求生存，意外引起主流學界注意，進而邀我共襄盛舉，那便是中央哲學所有意發展的應用倫理學。該所在臺灣哲學界始終是一個異數，因爲它並未設立大學部，僅賴碩博士班維持發展；而受到公立學校資源分配的限制，必須不斷推陳出新，否則不進則退。於是在策略規劃下，決定打造「應用倫理學」的品牌與路線，以利永續經營。到如今該所不但

長期發行獨樹一幟的學術期刊《應用倫理研究》，更培養出許多相關人才。

一旦策略既定，就要廣結善緣，結識同道，互通有無。當時我正好在銘傳推動應用倫理學通識必選課，讓管理學院的大學生人人都具備哲學基本素養。此一創舉不久便傳到哲學圈，中央便主動邀請我去參加研討會並發表論文，我乃撰寫生死學中的生命倫理議題，從而以文會友，結交到一批主流學界的朋友。在志同道合的激勵下，對方進一步請我開課，講「生死學研究」；四十出頭的我，終於初次教到研究生。該課為選修，與必修的「應用倫理學專題：生命倫理學」相輔相成；日後所上設立碩士專班，我亦受聘講生命倫理課。中央哲學所像我的母系一樣設有博士班，學術資源豐富，對作研究相當有利。當時我正在努力撰寫升等論文，勤於動筆，並到處出席會議，最遠甚至去往美西洛杉磯。我正是在那兒重逢前輩傳老，承蒙他的引薦，參與南華生死所的籌建工作。

 ## 籌設新所

1996年夏天，南華管理學院正式成立招生，初期只有二系一所，並籌備於次年新增五所，生死所便屬其一。原本的一所為哲學所，重金禮聘傅偉勳教授提早退休由美返臺任教，並籌設生死所；不料開學一月後他竟在異邦往生，連授課都來不及趕回來。但此刻由他撰寫的設所計畫，已在教育部的審查流程中不停流轉，而於次年一月回覆學校必須修訂再審。由於原作者辭世，校長龔鵬程教授便緊急召我前往嘉義，當面託付修訂大業，並笑稱此乃過年期間的重要功課。我不負所望，於開學前呈上一本七千字的修訂計畫；三個月後該計畫通過審查准予招生，學校立即製作聘書邀我加入師資陣容，並接下所長一職。受寵若驚之餘，我才逐漸明白為何受此禮遇，原來傅老在其原始計畫中，將我列為唯一新聘儲備師資，餘由其他系所既有教師支援。新人新氣象，於我則是任

重道遠。

　　碩士班五月招生，九月入學，自八十考生脫穎而出的十五名新生，有醫師、律師、護理師、社工師、中小學教師，甚至法師；沒有想到新興的生死學，竟然成爲各行各業關注的焦點。由於生死學是嶄新學科，完全沒有前例可循；加上具有跨領域特質，生員背景亦呈現多元，師生們只好一道摸索，嘗試錯誤，教學相長。好在我長期從事跨領域研究，跟研究生倒也溝通無礙；只是到了學年結束前，大家要決定各自的論文寫作方向，並確定指導老師，竟一下出現無可適從的窘境。有此遭遇，一方面是因爲新學科的「學術典範」尙未建立，研究不易對焦；再者短短兩年訓練，也不易讓來自各方的專業人員成爲生死學專家，充其量只能將生死關懷的精神融入各人的專業。沒想到在困擾之際，竟意外出現一道曙光，那便是「生命教育」在臺灣應運而生，研究生大可在此一政策下各自表述。

　　南華係由佛光山教團所創設，成立生死所多少希望跟宗教信仰相輔相成，進而助人了生脫死。但此一理想在教學實踐上實有其難度。因爲「宗教」只是通稱，一旦要步入「信仰」，就需要涉及各大宗教系統；生死所必須兼顧跨領域多元論述，課程設計不可能面面俱顧，只能由同學運用生命教育借題發揮，「各自表述，各取所需」一番。但是就個人經歷來看，其實在接手籌設生死所之前，我已經花了三年半時間，爲中國佛教會所創立的玄奘人文社會學院籌設哲學系，但設系過程一波三折，到頭來竟因學生出路堪慮而遭否決，改爲籌創宗教學研究所，仍由我主其事。好在我因爲教通識課及寫升等論文的涉獵，對宗教學並不陌生，該所亦於南華生死所同一年通過設立，玄奘也誠邀我擔任創所所長。但我於兩相比較之下，覺得生死學較爲海闊天空，遂決定了未來生涯方向。

# 神州行

　　我於三十五歲進銘傳教通識課，九年後跳槽至南華，從事專門及專業知識的教學與研究，但始終認爲自己的學問道路博雜而不專精，更無心成爲別人心目中的學者專家。回顧既往，銘傳的確待我不薄，而我曾二進二出，原因一直是希望既安身又立命。專任教職的二十五年半之間，頭九年在銘傳，南下嘉義四年待過南華和大同商專，北返吃回頭草卻又提早退休。申請早退的最大動機，是被對岸廣大教研市場所吸引，無奈在個人理想與現實條件雙重落差下，終於知難而退，無功而返。值此入老之年，生涯機會成本歸零之際，反身而誠，是到了可以爲涉足神州二十六載的利弊得失做一總結了。四分之一個世紀不算短，記得1992年暑假首次由香港羅湖踏上中國領土深圳那一刻，不見興奮而是狐疑不安；畢竟反共教育深入我心，貿然進入「匪區」，焉能安之若素？

　　那趟旅程其實淺嘗即止，是藉著赴港抽空北上進行半日遊；而作爲改革開放樣板的深圳特區，其外觀幾乎完全像香港繁榮景象一個模樣，並不足以代表整個神州大陸的發展情況。進一步讓我看見「故土」原貌，是在五個月後的春節期間，隨銘傳與淡江合組的六十人大訪問團入境半月，暢遊大江南北的西安、北京、天津、上海、杭州五地，算是看見大城市古文化老百姓的平常樣態，但仍不夠全面，因爲尚未到過鄉下。觀察機會又於五個月後來臨，暑假初隨高雄中山大學中山所師生南北串連近一個月，才算眞正大開眼界。記得頭一站是吉林省會長春，抵達時已入夜睏而就寢，朦朧中聞人聲吵雜遂起身，見窗外市集一片熱鬧，看錶未及四點，以爲故障，未久立即恍然大悟，原來已經抵達高緯度地區；而晚間九點後才天黑亦屬奇觀，果眞不經一事不長一智。

　　那一個月我們上長白山看天池，至蒙古邊境觀丹頂鶴，登北嶽恆山騎毛驢，見大同街頭露天煤，加上進鄉間戲院看電影，場內有人推車叫

賣，以及長條便池和無門茅坑，在在予人新鮮之感。四十年來被教育成中國人的神州夢，一下子變成眞實畫面，卻來不及消化，只能事後從相片中慢慢反芻回味。眞正豐盛精彩的大戲還在後頭，1993年大陸國慶次日，我隨銘傳包校長赴北京出席全國婦女大會，承國家主席江澤民在人民大會堂接見。當年老校長高齡八十有五，江主席走到她跟前握手，親切地喚聲「老大姊」，相信這是她老人家一生中最光榮的一刻。身爲國民黨評議委員的包校長，不久又在我們的雙十國慶日，跟黨主席李登輝致意；試想海峽兩岸有哪一位風雲人物，能夠在三天之內先後跟國共兩黨領導人握手談話。如今一切是非成敗，已隨著我的中國夢轉頭空；俱往矣！

篇 三

轉：生命教育（45-55歲）

生命教育

　　反身而誠，我把人生分爲三階段：出生到就業在「生存競爭」，就業至入老屬「生涯發展」，其後則歸「生趣閒賞」；就我而言，生涯三十載又經歷「通識教育」、「生命教育」、「大智教化」三時期，今後則秉持「愛智慧見」死而後已。四十五歲前後有四年時間，我遠離臺北的家，南下嘉義追求理想，發展事業，先後在南華學院及大同商專兩校，創辦生死學研究所和生命事業管理科；前者無功而退，後者胎死腹中。而這四年的際遇，又可以「生住異滅」、「成住壞空」來概括，一切盡在不言中。雖然生涯一度遭挫，但是學習並未受阻，反而日益精進；尤其是升上教授遂無後顧之憂，大可海闊天空走自己的路。反映在職場上便是「道不同不相爲謀」、「合則聚不合則散」；後來我更發現自己對待「生命教育」的態度亦是如此，從媚俗靠攏到若即若離，終至自立門戶。

　　「生命教育」跟「生死學」一樣創始於臺灣在地，1997年省政府教育廳將所屬的國高中六年「倫理教育」改稱「生命教育」；兩年後因爲精省，這項地方政策便由中央接手並擴及全國。2000年首度政黨輪替，新政府訂定次年爲「生命教育年」，並編列大筆預算以推動四年中程計畫；計畫不斷修訂延續，至今仍在執行。值得一提的是，自2010年起，普通高中的學生畢業前，一律必選生命教育課，而與生涯規劃課搭配。雖然學生只需修一學分，但課程規劃卻設計了八科十六學分，篇幅洋洋灑灑，竟占去全部高中課綱的五分之一。由於此一課綱大多由具有特定宗教背景的人士執筆，曾引起學者質疑而訴諸報端，教育部還曾出面熄火。既然生命教育最初係由倫理教育轉化而來，可視爲「五育」之首的德育之延伸與擴充，理當面面俱顧，不應淪爲宗教教誨。

　　不過話說從頭，跟宗教糾纏不清也的確無可厚非，畢竟當初省政府

正是全盤借用天主教曉明女中的六年課程，加以改頭換面便普及推廣。但是後來中央接手此事，仍沿用之前作法便說不過去了。事實上，臺灣的生命教育政策制訂與執行，長期把持在兩派人馬之手，即深具宗教背景學者及其同路人，和出身師範系統的訓育輔導專家。這種現象曾引起哲學學者和教育學者的批判；前者認爲缺乏中華文化內涵，後者則指出其中僅在推動中產階級價值觀。我對此亦有所不滿，乃針對原初的課綱草案一一加以批判，撰成十餘萬字《生命教育概論》一書，副題則爲《華人應用哲學取向》，特別標幟出我的中華本土文化立場。我心目中的華人生命教育核心價值與人格典範，乃是以「後現代儒道家」爲宗的「知識分子生活家」，理當盡量淡化外來宗教的影響，向傳統文化認同回歸。

 ## 哲學與人生

生命教育既是特稱也是通稱，特稱專指官方政策下的系列課程，通稱則代表一份正視與尊重生命的終身學習規劃。由於高中生命課如今已正式施行多年，其課綱明確載有具體內容之大要，我在此先行依進階七科一一表述並予批判，同時記下「生涯」階段中「生命」時期的所見所爲、所思所寫，從而爲「大智」時期的靈性開顯鋪陳預作準備。官方制定的高中課綱從草擬至今已歷十餘年，雖經不斷修訂，但大框架及課程並未改變；其中「哲學與人生」一科列爲篇首，反映出德育跟哲理的關聯。它的教學目標規定「在於培養學生人生目標的設定、生命意義的探索並且對終極關懷的省思」，這正與我後來發展出「大智教化」論述，所揭櫫的助人「安身立命，了生脫死」目標相符。但我對「終極關懷」的認定與「了生脫死」的實踐，都盡量淡化宗教色彩，代之以「天然論哲理學」奧義。

哲學乃「愛好智慧」的學問，通透古今中外以探索「宇宙與人生」

之「眞善美」，後者正是由古希臘哲人所歸納。西方世界在十七世紀以前，幾乎所有知識盡歸哲學，其後始見科學一一分化；中土古典傳統則分爲「經、史、子、集」四部，其中儒家經學和百家子學，共同構成代表哲學的義理面貌。在如此眾多的愛智之學中，發現人生實踐的指導綱領，其實見仁見智，不必一概而論。像古代獨尊儒術，今日官方德育包裹宗教，皆屬一偏之見。改善之道在我看來，唯有「各自表述，各取所需」；這便是我長期講授生命課程之際，鼓勵學生努力從事自我教育的態度。此一開放態度，我在十餘年前便已提出，至今未改，且更加周全。記得課綱中有「態度必須公正，立場不必中立」之說，我願進一步修訂爲「態度必須開放」。蓋「公正」屬現代規準，「開放」則爲後現代包容，不可不辨。

　　哲學既然追求眞善美，用以改善人生的途徑其實不少；生命教育若能突破倫理教育的窠臼，將德育擴充至群育和美育，並予融會貫通，或許更有揮灑空間。講哲學與人生，當然希望學生找到自己的人生觀。小時候寫作文，免不了會碰到「我的人生觀」之類題目；當時老師都教導我們要有「正確」的人生觀，後來自己當老師才悟出應該代之以「恰當」。人生道路正確與否當下並看不出，唯有蓋棺方能認定；眼前只能就理想與現實的搭配，而找出最恰當的途徑。指引學生通過全方位的開放選擇，擇善固執走自己的路，才是我們做老師應該保持的態度。這並不像宗教教誨下「你跟著我信」，反倒是在愛好智慧的光照中「發現你自己」。哲學不是宗教，但可以是教育或教化。我出身哲學，相信人生哲學必須先於倫理學；先自我肯定，再安頓人倫關係，而非處處受到人際關係牽制。

 ## 宗教與人生

　　在討論這個議題之前，必須先說明我的宗教學認知，以利清楚

對焦，避免游談無根。首先我認爲「宗教是團體活動，信仰屬個人抉擇」；於信仰自由前提下，個人可以信這種教或那種教，也可以完全不信教。因爲每種宗教系統都有排他性，所以同時信一種以上的宗教，既不可思議又不見虔誠。「宗教」顧名思義乃「立宗設派，度化信眾」之意，有宗派便形成團體，個人通過「儀式」加入教團稱作「皈依」；教團由「教主」所創，教主基於靈動產生「教義」，記錄成「經典」用以流傳佈道。「教主、教義、經典、儀式、皈依」構成任何一種宗教系統的基本要件；舉目所見普世宗教固然如此，新興教派同樣適用。一旦信眾思想堅定，甚至可以眾志成城，進行重大革命；遠的不說，一個半世紀以前洪秀全創立「拜上帝會」，信眾由三百擴充至三百萬，竟然拿下中國半壁江山，震驚國際。

宗教信仰的一大特色是標榜「神聖」，不但神明與教主神聖，連教團及神職人員或僧侶也跟著神聖起來，彷彿高人一等。但後者明明入世，就必須接受「世俗」價值的檢視，不能形成社會特權。這種情況在臺灣早已造成宗教亂象，因爲無法可管。正是因爲各大小宗教挾著一批擔任民意代表的信徒，組成共犯結構，不但阻撓〈宗教團體法〉的審議，一拖二十年，而且在不用繳稅的優勢下，處處與民爭利。像募款無據、販賣塔位等，都亟待全民嚴予監督，令其合法化、正常化。這些都屬於正常生活中的宗教活動，中學裏開授「宗教與人生」的生命教育課程，必須從我們身邊的相關現象入手，訓練學生具備批判能力，先懂得分辨宗教與信仰、神聖與世俗、教團與信眾等等基本問題，然後才開始進一步涉獵教義及信諾之類「上層建築」觀點，而非本末倒置。

將人類生活分判爲基本的物質與經濟需求，以及作爲「上層建築」的文化與精神生活，是馬克思的睿見與貢獻。他和另外一位猶太人佛洛伊德，都將宗教信仰視爲人類精神的鴉片，可謂智者所見略同，但這些都屬於西方看法。身處東方臺灣，我們的生命課問道：「人爲何有宗教的需求？」答案爲：「面對現實人生必死的事實及各種有限與困境，所興起的終極疑惑與關懷。……面對浩瀚的宇宙，森羅萬象的人生，所興

起的探尋終極真實的需求。」這其中所觸及的「終極關懷」與「終極真實」，正是傅偉勳所指人生最高層面；它固然引起宗教性關注，也可以是哲學愛好智慧的探索。尤其在東方世界中華文化的脈絡內，宗教信仰並非必要選項，人生信念才是核心價值。當代哲學家如梁漱溟、馮友蘭、胡適等，都發現華人是「沒有宗教的民族」，看法相同絕非偶然。

 ## 生死關懷

　　高中生命課之中的「生死關懷」一科，內容基本上就是生死學。生死學正式問世於1993年夏天，傅偉勳在臺北出版《死亡的尊嚴與生命的尊嚴》，標幟出這門在地新興學科的誕生。由於新書暢銷大賣，社會上遂開始流行一股談生論死的風潮，同型文章與書籍亦源源不絕刊行。三年後南華管理學院成立，傅老應邀返臺任教哲學所，並積極籌設生死所；未料當年秋天他卻在美大去往生，學校便找我接手以完成其遺志及未竟之業。傅老是哲學暨宗教學者，對二者不但學有所專，而且充分融會貫通；我由其大作中讀到，他有意將二者與精神醫學及行為社會科學進行科際整合，「從美國現有的『死亡學』研究成果，再進一步配合中國心性體認本位的生死智慧，演發一種我所說的『現代生死學』」。他更明確表示，「莊子是心性體認本位的中國生死學的開創者」。
　　作為「生死學之父」的傅偉勳發現，「生死問題的探索與解決，乃是宗教所以必須存在的最大理由」，而「在中國的儒道二家，哲學與宗教的分際並不顯明。我們不妨就哲學與宗教融成一片的一點，暫且規定足以分別代表中國的生死觀的儒道二家，為志在建立具有高度哲理性的生死智慧的一種『哲學的宗教』或『智慧的宗教』，而與大乘佛學爭長競短，有別於西方單一神論的『啟示宗教』。」他更肯定「儒道二家的生死觀，基本上硬心腸的哲理性強過於軟心腸的宗教性，……它們的宗教性本質上是高度精神性，而不是彼岸性或超越的宗教性。這也部分

說明了，它們與耶教、印度教、佛教（尤其大乘佛教中的淨土宗）等等世界宗教相比，顯得曲高和寡，並不容易為一般大眾所接受。」正是在這一點上，我脫離了前輩的路線，花了二十五年時間，開創出「大智教化」愛智大道。

拿「硬心腸」跟「軟心腸」對照，是美國心理學家威廉‧詹姆士的貢獻；在我看來，「軟心腸」多少像馬克思所言，係吸了「宗教鴉片」的後果。當然有人天生心軟，但是當我發現在地生命教育，竟然希望學生常保一顆「柔軟的心」，總覺得渾身不自在，尼采的奴隸與鞭子形象立刻浮上心頭。人終不免一死，要能「置之死地而後生」，需要相當堅硬的心智力量才頂得過去，儒道二家的硬心腸路線，無疑是一條可取途徑。其實人生也不必孤高地一路硬到底，儒道融通的大智大慧，還是有其十分柔軟的一面，但非宗教信仰，而是人生美學。我心目中的「生死關懷」，正是「靈性開顯」下「獨抒性靈」式的文學性「生命情調的抉擇」；以莊子開其端，向下至少包括竹林七賢、陶淵明、白居易、蘇東坡、唐伯虎、公安三袁、林語堂等人，他們正是「大智教化」的人格典範代表。

道德思考與抉擇

長期以來，我都是官方生命教育的諍友；「諍」代表批判，「友」意味認同。在2004年出版的《生命教育概論》內，我就表示樂見哲學學者當家制定政策，只是對出爐的課綱明顯西化及宗教化，卻嚴重缺乏中華本土文化內涵而感到失望。從上世紀末生命教育問世至今的發展軌跡看，它幾乎完全取代了傳統德育在學校教育中的地位；傳統德育由於殘留不少「獨尊儒術」的餘緒，自「五四運動」以來便不斷受人詬病，甚至呼籲「打倒孔家店」欲去之而後快。國共內戰後兩岸分治，人民共和國藉馬列主義橫掃一切，終於引發「文化大革命」十年浩劫；改革開放

逐漸撥亂反正，進入本世紀開始提倡尊孔，並興起國學熱，果真「十年河東，十年河西」，風水輪流轉。相形之下，民國似乎轉得更遠，不但期望改朝換代，更不斷「去中國化」，全盤西化的「生命教育」意外成了同路人。

特指的「生命教育」是世紀初由科學家領軍所進行教育改革下的產物，改革目標之一係以「學習領域」取代學科教學，於是傳統上「生活與倫理」、「公民與道德」、「公民」等明確德育科目，一一從課表上消失；即使「生命教育」最初也只是綜合活動領域內的不顯眼議題，直到後來才發展為正式課程。而這其間的青黃不接時期，中小學生幾乎完全得不著德育的薰習，被不少學者譏為「缺德」教育。德育不彰固然有部分原因是科技當道、智育掛帥，但跟資源被稀釋也有關係；即使官方成功以「生命教育」取代傳統德育，但在轉型期間，一度差點被從事訓育工作的輔導諮商專家所收編，所幸有一批臺大加輔大的天主教哲學學者力挽狂瀾，終於讓高中課綱得以通過，生命課程正式登場。這批學者中有的打造「研發育成中心」，有的開創「哲學諮商」，從而出現新局。

推動中的高中「生命教育類」課程，進階七科分為三個面向：終極關懷、倫理實踐、靈性發展；以哲學和宗教因應生死問題屬於終極關懷，道德思考及應用倫理則歸倫理實踐，最後達於人格統整下的靈性發展，形成整全的人。「道德思考與抉擇」教的乃是西方基本倫理學，包括古代的德性論、近代的義務論與效益論，以及當代的關懷論；其中講究德目規範的古典德性倫理，於上世紀轉化出新興的品格倫理。課綱指示的核心能力，要求學生理解彼此的關係：「關懷倫理與德性倫理可以說是當代倫理學對於效益主義與康德倫理纏訟不休的一種反應與另類思考。」倫理學提出道德規範，希望教學與教材都秉持「態度應該公正，立場不必中立」的原則行事，教導「人應該持有立場，但對另類思想也應該保持傾聽的態度，並對自己所採取的立場保持一種允許反省的距離。」誠哉斯言。

性愛與婚姻倫理

「生命教育類」課程一旦列為高中必選，便需要大量師資投入，臺大和輔大就連續多年開設師資班，以供有志於此道的在職教師修習學分取得證書，一般列為老師的第二或第三專長。由於要修的學分多達三十餘，不可能一下子修完，而必須長期抗戰。我曾經多年應邀講授「生死關懷」一科中的喪葬議題，接觸不少受訓學員，大家公認基本倫理學最難念，而應用倫理學及生死學則興味十足。事實也是如此，基本倫理課教道德思考推理，紙上談兵，玄之又玄，非哲學背景者肯定吃不消，學分卻占得很重，反映出身為倫理學教授的主事者一片苦心。而應用倫理與生死關懷課大受歡迎，無疑是因為它們貼近生活，能夠學以致用。像「性愛與婚姻倫理」、「生命與科技倫理」這類題目，相信連學生也會大感興趣而積極選修；可是規定就只能選一學分，多少令人意猶未盡。

性愛與婚姻倫理是應用倫理的重要組成部分，本科課綱提出「性整全的人」行事三大責任：尊重、不傷害、真誠負責；用以培養學生三項核心能力：「探索兩性關係、友誼與戀愛的倫理議題」、「探索與瞭解合乎倫理的性行為與性關係」、「探索與婚姻有關的倫理議題」。年輕人懂得這些道理固然是好，但是環顧現實，會發現有越來越多的人，是循著「戀愛─性愛─婚姻」三部曲成長發展的，婚前性行為似乎已屬常見而非特殊情況。然而課綱作者對此卻不予認同，並表示「沒有法定的契約與合法地位，不被社會團體成員所承認與接納」、「會造成性愛倫理的問題，甚至阻礙了人的成熟發展」。此種保守看法在同志成家都已經合法化的臺灣，非但不合時宜，而且曲高和寡，難以被受教的下一代所接納。改善之道必須先從正視當前的多元論述著手，在批判中求進步。

平心而論，本科目一旦放在高中課表中，相信會引起大批未成年人

高度好奇與探索興趣。教師大可從善如流，以開放態度授業解惑一番；
但若想深入傳道，也就是讓同學們從事倫理學習，就必須先確認要傳授
哪些觀點，方能恰到好處且事半功倍。我的看法是先從關懷倫理入手，
然後擴充至對德性和品格的討論，行有餘力再處理義務論與效益論的爭
議，這才是應用倫理學該走的路線。何況關懷倫理對性愛與婚姻議題格
外具有意義，因為它是由女性主義學者所創立發展的人倫相處之道，具
有打破性別宰制、包容多元關係的特色；相較於那些既保守又過時的傳
統觀點，肯定會有效達成教學目的。其實任何教學活動都需要事先進行
策略思考，亦即「在做對一件事之前，先確定哪一件事值得去做」。生
命教育固然有其良法美意，但若跟廣大受教對象的知行脫節，倒不如不
教也罷。

 ## 生命與科技倫理

　　1982年美國哲學家杜明發表論文，題目為〈醫學如何挽救住倫理
學的命脈〉，標幟出醫學倫理的角色重大變革，並且宣示應用倫理學應
運而生。醫學倫理誕生於十九世紀初期的英國，百餘年來都扮演著督促
醫師在執行專業時，必須謹守道德規範；從古希臘的〈醫師誓言〉到近
代英美等國的〈醫師準則〉，皆為知行準繩。但是二十世紀以後醫療科
技日新月異，對社會與個人的影響也日益增加，醫學倫理的考量，勢必
要超出規範醫德的範圍，而擴及至外界各種條件。1975年一名女大生昆
蘭飲酒嗑藥導致重度昏迷，又錯過急救時機，只能靠著維生器材苟延殘
喘，結果一躺十年才去世。此事曾為是否應拔管而鬧上法庭，引起全美
矚目，遂形成一連串醫學倫理探討的擴充與深化；甚至跟生物科技研究
所引發的倫理問題相結合，共同組成「生物醫學倫理學」，或稱作「生
命倫理學」。

　　檢視生物醫學困境的生命倫理學、促進環境生態保護的環境倫理

學，以及規範企業組織運作的企業倫理學，是上世紀八〇年代興起的應用倫理學最初三大內涵。進入新世紀後，資訊科技所帶來的網路流通，引發出嶄新的倫理危機。此外還包括核能災害、戰爭武器、疫病流行種種前所未有的全球性威脅，讓應用倫理學關注的視野不斷放大，相關的教學活動也必須與時俱進，跟上腳步。高中「生命教育類」課程開設有「生命與科技倫理」一科，總共介紹資訊科技、生命尊嚴、醫療活動、科學研究、生態保育等五大課題，大致涵蓋前述各種具體課題，亟待通過倫理反思與哲學批判，予以深入檢視和推陳出新。但是應用倫理學並不止是基本倫理學的直接引申或思辨應用，而是在跨學科甚至跨領域探究下，尋求多元對話的可能，最終還是希望立法以改善現狀。

以資訊倫理為例，由於相關科技發展太迅速，影響也變得極其複雜，立法始終落後於變化，追趕得十分辛苦。遠的不說，像舉目可見的侵犯隱私、竊取個資、詐騙流行等，在在造成人心浮動，社會不安，有待從根救起，以防範於未然。另外像生命尊嚴議題，如要求安樂死立法，在知名人士如記者傅達仁、作家瓊瑤等的大聲疾呼下，總算引起人們正視和討論，但是距離真正的立法還有很長的路要走。其實臺灣的社會人心並非鐵板一塊，而且絕不保守，像同志成家議題引起大法官釋憲，竟意外造成我國在亞洲最先進的形象。既然有此先例可循，為安樂死立法並非不可能，但這並不止於修法而已。目前我們已有實施安寧療護的〈安寧緩和醫療條例〉，以及推廣預立指示的〈病人自主權利法〉，但是這些都不足以涵蓋人們期待「安樂善終」的積極作為，必須單獨立法規範才行。

人格統整與靈性發展

將作為德育的倫理教育或道德教育，轉化擴充為更形多元的生命教育，當然不能只介紹及討論哲學方面的倫理道德議題，而必須放大視

野，納入更多人文關注；若以此為標準看，現行高中「生命教育類」課程，至少已符合形式上的要求。高中生命課共規劃八門，除一門為概論外，進階課分屬哲學、心理學、宗教學及生死學；前二者為基本學科，後二者則歸跨領域學科。課程以終極關懷、倫理實踐和靈性發展為目標，其中又以後者最為關鍵；它希望「協助學生追求正向的自我觀念，增進人格與心靈的成長」，其用意則在於「將生命知識內化為生命智慧，使人能夠在『實踐』面『誠於中，形於外』，而將知情意行統整起來」。這不啻為德育的最高理想，亦即知行合一；但既然已轉化擴充為生命教育，理當打破德育壁壘，至少將促進團體活動的群育，以及激發美感體驗的美育一併納入。

靈性即精神性，人格與靈性課遂紮根於心理學；本科課綱要求學生能夠「瞭解心理學中精神分析學派、行為主義學派、人本主義學派與超個人心理學派對人性的基本假設」，但這些只是流行於美國的科學心理學「四大勢力」，並未及於歐陸及中國的哲學心理學議論。進一步看，本科其實包括兩階段進程，亦即由「人格統整」走向「靈性發展」；它對前者的解釋為：「是指一個人在道德上的知行合一，也指一個人在人格內部如身心靈或知情意行上的一致與和諧。」而人格統整則可以通過品格教育來實現：「品格教育是強調『人應如何生活？』這個問題比起抽象的道德原則或理論更為根本，目標是培養學生的價值、態度或德行。」心理學至此又回到倫理學，通過倫理實踐讓人格統整充分體現，從而進一步走上靈性發展的大道；只是本科採用超個人心理學路線，相當值得商榷。

「靈性發展」係以「第四勢力」超個人心理學為依歸，而這又來自「第三勢力」人本心理學家對自身不滿與不足的改革創新之道，尤其是提出「人類需求理論」的馬斯洛。課綱指出：「馬斯洛在晚年對於需求理論的修訂，增加了『靈性需求』為人類最高層次的需求。」其於生命教育的作用則為：「透過靈性發展，協助學生瞭解我是誰、對自我的探索與期待、對生命意義的建構與追尋，及對信仰的盼望等的追尋。」

就有關信仰部分，課綱的界定是：「傾向相信超越我們感官世界的經驗」，以及「對上帝、上天或終極存有的回應」；這是十足西方宗教信仰的看法，我表示尊重，但強烈建議應於在地生命課程中，納入中華本土文化的人文自然信念，讓學生有所反思，並做出妥善的存在抉擇。我所提倡的生命教育民間版稱作「大智教化」，主張「靈性即性靈」，將人生美學列為選項之一。

 ## 心靈會客室

　　將宗教信仰、民俗信仰以及人生信念，都視為美感體驗，而非不變真理或是行善指南，是我的一貫態度；既然古希臘哲人將真善美相提並論，把信仰與信念納入美，或許能讓生命更臻於和諧。我的態度雖來自長期生活閱歷，卻並非自以為是或空穴來風；民初哲學家暨教育家蔡元培便寫了一篇文章〈以美育代宗教論〉，闡述其中緣由。哲學分為本體論、認識論、價值論三大面向，前二者處理「求真」的問題，後者分別探討「行善」與「審美」；一般多認為宗教勸人為善，因此宗教主要便在行善。但是蔡元培卻看見其中潛藏的危機，因為世界上宗教不止一種，而每種教派本身又具有排他性，一旦擇「善」固執，互不相讓，便會引起衝突，嚴重時更發生戰爭，歷史上隨處可見。相形之下，美即和諧，美與不美見仁見智，雖可能各執己見，卻不易形成對立局面。

　　「求真」有經驗中的客觀真偽足以分辨，「行善」和「審美」卻牽涉到人心主觀的價值判斷；其中後者頂多分判美醜，前者卻要決定是非、對錯、好壞等等，情緒反應往往較前者來得強烈。一旦「義憤填膺」，每個人都認為正義站在自己一邊，動氣便容易引發爭執，審美便無此顧慮。雖同為價值判斷，當然善與美不可能隨處混為一談；但有些敏感立場若不同調，便容易爭論不休，尤其政治與宗教立場，還是少談為妙。如今政治歧見多訴諸選票，偶爾也會走上街頭陳抗；至於排他的

宗教原本即凸顯分歧，只能共存無法融合。這是很正常的社會現象，不同信仰的人彼此相安無事便好；不過如今國際社會上基於信仰的衝突不斷，像基督徒跟穆斯林對立此起彼落，不免令人懷疑各大宗教信眾的愛心善行究竟何在？既然行善仍產生對立，那麼退一步走向審美，有無改善可能？

「以美育代宗教」固然曲高和寡，但畢竟代表某種理想；尤其在「沒有宗教信仰的民族」為主的華人社會，開發一些人生美學，作為生命中值得去追求的信念，或許是可行的改革創新途徑。我正是在這種旨趣的引領下，開始從事文學創作之路，動筆寫哲理小品，用以「獨抒性靈」。時至今日，包括目前正在書寫這本，我已完成七部，它們大多以百帖千字文形式呈現。六、七百帖小品，「我手寫我心」，係從2001年初慈濟替我結集出版《心靈會客室》起步。那其實是一段偶然的因緣所促成，之前一年臺視老同事高雷娜到剛創辦的《人間福報》編副刊，邀請我寫專欄，每週一篇，標題就叫〈心靈會客室〉。我前後寫了十個月，共得四十餘篇，篇篇都是我見、我感、我思，「筆鋒常帶感情」，竟意外找回失落已久的詩情畫意，更改變了自己的生命情調。

 ## 醫護生死學

2003年我屆齡半百，在SARS的陰影中花了三個多月時間，獨力完成一部教科書《醫護生死學》，作為大專護生的生命課用書。三年後終於有機會親自上陣授課，在耕莘護專面對百餘名女娃兒暢言生老病死；沒想到小女生對我的書興趣十足，除了練習題方便她們準備考試外，真正吸引目光的則是全書十六章所附的三十二篇哲理小品，我稱為「情意教育專欄」，總標題都是〈心靈會客室〉，以承繼過去在報端開同名專欄一貫的性靈書寫精神。由於生死議題算是人們心目中「難以承受之重」，倘若能夠在「說理」之餘，對照一些「抒情」小品，跟知識性論

述相輔相成，或許更能啓迪人心。發現如此嘗試相當管用，我便在日後撰寫各種教科書時盡量沿用，「軟硬兼施」，對讀者的知情意行從事全方位教化。小品文寫多了，又意外結集出版，受到歡迎，我甚至考慮專事此類創作。

　　包括眼前這本，前後總共完成三十一部著作；沒有什麼著作等身、立言以不朽之類想法，純粹是我手寫我心，不吐不快。其實我因爲勤於反省，所以還會寫日記，學生時代連續記了十三年，晚近又不停書寫十載；反身而誠，理由無他，自我療癒安頓而已。神經質性格的我，待人處事往往患得患失；加上優柔寡斷，成事不足，眼高手低之下不時感到失落。倘若不是勤於動筆，又好爲人師，恐怕早已尋短去了。年輕時經常鑽牛角尖，的確曾經想過輕生，只是猶豫不決於如何減少痛苦得以好死，竟蹉跎活到今天。如今大抵已不再起心動念，但願能活完平均餘命，於願足矣。回想我是因爲研究護理學哲學，從而接觸到護理專業人員，進而涉足護理通識及專業教育。像我曾在嘉義崇仁護校爲老師講授「生死學」，以及耕莘護生的同名課，都被歸於專業課程。

　　我對護理人員所執行的專業，一開始並沒有什麼具體認識，頂多在醫院看見護理師和護士辛勞值勤，還有就是母親年輕時曾擔任軍護工作，甚至獲頒「准尉」軍階，有老相片爲證。白衣天使的照護形象，加上母親的戎裝英姿，令我對護理專業與人員保持相當敬意，進而樂於參與其中，提供教育訓練服務。我的教科書分爲生死關懷、生死抉擇、生死服務三篇，向科技專家施以人文教育；正是在此書中，我所建構發展的「生物－心理－社會－倫理－靈性一體五面向人學模式」得以全面落實，運用於所有章節中，成爲論述骨幹。日後我更將該模式不斷深化，使之成爲各種生命書寫的敘事觀點，從而對人的生命之把握得以面面俱顧，無所偏廢。回顧我的著作雖多，卻大多爲教科書，難以擲地有聲。不過在書中納入情意性的文字，卻逐漸轉化了我的寫作風格。

觀生死

2004年初我出版了兩冊套書,主題都是《生命教育》,副題分爲《倫理與科學》及《學理與體驗》,序言皆稱〈生命教育二書〉,結集了此前十年的生命書寫,當時生死學正方興未艾。2007年底我再度端出兩冊套書,主題分爲《觀生死》及《觀生活》,副題則是《自我生命教育》,序言各取〈心靈會客室〉和〈生命情調的抉擇〉,開啓了此後十年的大智書寫,凝聚出今日的「大智教化」論述。我所建構的「大智教化」,自視爲官方「生命教育」的民間版、成人版、擴充版與升級版,秉持「各自表述,各取所需」精神,彰顯「安身立命、了生脫死」宏旨。2016年中出版的《學死生》,反思了自2001年中《生死學》問世十五年以來的生死探問,拈出「向死而生、由死觀生、輕死重生」三部曲的哲理論述,此乃對《觀生死》「生老病死、生住異滅、生生不息、反身而誠」四部曲的常識深化。

第二批套書的誕生其實十分偶然,當時我在四年之間連續寫成七種教科書,篇章之後都附有〈心靈會客室〉專欄,共得百餘帖。專欄的柔性訴求得到學生廣泛認同,詢以是否能夠結集出版單行本,予我相當激勵作用,遂動手整理修訂舊作。與此同時,一家知名出版機構正在規劃通俗心理學叢書,邀我共襄盛舉,我當然樂於參與其事,於是選在2007年大年初一開春動筆。或許是樂在其中,意志集中,力量也集中,居然在十六天內便完成百帖千字文:平均每日六、七千言,大約跟當年在電視臺當雜誌記者的功力不相上下,二十五年下來寶刀猶未老,頗感欣慰。只是這種快樂與欣慰,不久之後就被編輯當頭潑冷水,全書退稿啦!原來我把人家設計的生活心理學通俗著作,寫成了人生哲理系列表述,當然不符所需。但是已經簽約領錢,不能不有所交代,只好另外再寫一本交差。

　　別人不要的那本放著可惜，正好小品文結集已經成形；反正都是百帖千字文，就乾脆搭配在一道，編成套書出版。如此一來，既屬意外收穫，也算圓滿結局；事後想來，不禁莞爾一笑。生死與生活可以對照地看，非死即活；新的套書從死之觀照寫到生之哲理，預示了日後三部曲論述的方向。平心而論，《觀生死》寫得比《觀生活》來得活；雖同為小品文形式，但前者來自散布各書的多元專欄，後者則屬一氣呵成的系統表述。專欄文章當然依於不同教科書的主旨而寫，它們分屬生死學、醫學倫理、生命教育、教育哲學、教育學、殯葬學、殯葬教育。面對如此多元的論述，我在編修專欄文章之際，採取的乃是「異中求同，同中存異」的原則；幾經調整纂輯，終於浮現相互參照、前後呼應的理路，閱讀起來非但不感吃力，反而還會發現其中的連貫性，這是我引以自豪之處。

 觀生活

　　《觀生活》無論如何也算是我頭一部人生哲學著作，但它既未呈現為學術論著，亦不屬於教科書，而是有其一貫內在理路的百帖千字文。採取小品文形式鋪陳我的人生觀，其實是想用「生命敘事」或「生活故事」的情意書寫，來體現活學活用的效果。回想我曾在空中大學擔任「人生哲學」一科的面授教師，見考試居然用非對即錯的是非題，來評量學生的人生觀解，令我深感無奈。後來在銘傳開同名通識課，就想到用小文章來談大道理，只可惜當年還未動筆，只能拿些坊間的美文借題發揮一番。用小品來表達哲理，是我在南華任教的事；之後再回到銘傳，手中已有自己的心得了，就讓學生同樣寫心得當作業繳交評分。這是一種情意教育下的體驗工夫，評量標準就看年輕人有沒有參與感，真正做到「我手寫我心」，而非拿別人的文章搪塞，但不幸還是發生了小小憾事。

事情是這樣的：我請同學繳交心得作為平時成績，有人全力以赴很當一回事，有的便草草寫幾行虛應故事一番，等而下之則是用抄襲拼貼交差了事。最令我惱火的是，有個小伙子抄了一篇討論為學與做人的文章，居然是從校報的社論下載的；他大概以為我不會讀學生報紙，偏偏那篇社論的作者正是我，這下子摸魚摸到大螃蟹啦！我當即罰他抄寫原文一百遍，否則該科當掉；後來於心不忍，輕判抄十遍算了。其實退一步想，一種米養百樣人，每一班都有用功的和打混的學生；而我教的又是大家心目中的「營養學分」，只能盡可能提供年輕人一些心靈養分，吸收不吸收得了，就看他們用心與否了。我常苦口婆心表示，上大學不像中小學是義務教育，而是權利教育；大家都有求知的權利，自願放棄不是賺而是賠。當然這還是要看同學們怎麼想，想我大學時代也不是用功的好學生啊！

《觀生活》所展現的人生哲理，前半部是採取我在建構生死學時所使用的框架，只是將「生死學」轉化為哲學性的「人學」，再依理論面的「生物、心理、社會、倫理、靈性」，與實務面的「教育、輔導、關懷、管理」，總共九大面向加以引申闡述；至於後半部則以「修身、齊家、合群、治國、入世」鋪陳「生活的開展」，再取「真、善、美、聖」觀照「生活的本質」。對此我自認為已於人生諸般面面俱顧，無所偏廢；後來為了要償還出版商的書債，遂另外創作一本生活心理學通俗著述，由「生活的開展」倒著講，倒也頗能自圓其說。在《觀生活》的末尾，我再度拈出自己的哲學觀點，此即之前三年於《教育哲學》一書中所揭櫫的「後科學人文自然主義」；十餘年後的今天，我已將其深化，稱之為「天然論哲理學」，以作為「大智教化」的哲理基礎。

 ## 從常識到智慧

我念人格心理學，讀到性格或個性決定了一個人的潛能和限制；

反身而誠，發覺此言不虛。我這個人不算拘謹，卻顯得處處拘泥，有時甚至會陷入所謂「強迫症」，待人處事彷彿「非如此不可」才安心，其實正是不安全感的焦慮所導致。我想這也是爲什麼自己如此鍾情於「獨抒性靈」的寫作風格與人生境界，因爲我做不到；雖不能至，遂心嚮往之。性靈書寫在於信手拈來，當行則行，當止則止，無過與不及，純屬自然流露。照說小品文寫作對此最爲適當貼切，當代小品文大家周作人認爲，文章以五百至千言最佳，我自忖有此能耐，亦深有同感，乃朝此多予嘗試。近年心有所得發爲文字，抒情五百足矣，說理則以千字文爲限。然而一旦決定篇幅大小，拘泥毛病便隨之油生，以至文章皆以三段呈現，看似段落分明，反倒難以隨興所至、揮灑自如，不免感到悵然。

我的框架式書寫，對自己而言至少便於把握，寫慣了以爲讀者也吃這一套；沒想到《從常識到智慧》出版後，卻在對岸大陸踢到鐵板，得到「矯情」二字的嚴厲評語。這部書雖然勉強算是我的另一部人生哲理作品，形式上卻不似小品，而歸散文或雜文；由於受到叢書編輯的要求，每篇皆在兩千字上下，如此一來勢必要計劃寫作，而非信手拈來。正是因爲各章篇幅較我所習慣的多了一倍，所以寫來不免更講究，也顯得更拘泥。該書副題爲《生活8×5》，分別對生活的「感受、領略、執著、沉淪、規範、態度、關係、開展」八方面向，各列出五個題目加以闡述；八五四十，每篇兩千，全書八萬字正符所需。由於列爲叢書之一，並非單獨立論；且該叢書性質僅限於「心理學、醫學、輔導、教育、社工等各領域」，沒有我所熟悉的哲理方面，只好從善如流，盡力而爲。

《從常識到智慧》是我自訂的主題，一方面反映出我對波普「常識」哲學的認同，另一方面也希望彰顯哲學愛好「智慧」的特性；從常識走向智慧，雖然可以通過知識的漸修，卻不能就此劃地自限，而必須有所頓悟，從而達於海闊天空之境。這個過程以宋代青原惟信禪師說得最爲傳神：「老僧三十年前未參禪時，見山是山，見水是水；及至後來親見知識，有個入處，見山不是山，見水不是水；而今得個休歇處，依

前見山只是山，見水只是水。」這其中「知識」二字，指的就是「師父引進門，修行在個人」；學生到學校求知學習，在老師的悉心指導下，把既有的常識之見，逐漸轉化為智慧觀解，活學活用於生活之中。長期以來，寫書目的無不是想把我所觀解到的「愛智慧見」推己及人，用以助人「安身立命，了生脫死」。如此「大智教化」的理想，即使有些矯情刻意，卻真正是我由衷所願。

 ## 教育哲學

　　我的正式教學生涯從三十五歲開始，至花甲耳順屆年退休，僅得二十五載；先後服務於三所學校，在其中兩家帶過研究生，即南華生死所和銘傳教育所，彼此的交集正是生命教育，而我目前還在後者兼授生命課。2001年中我帶著疲憊的身心，自嘉義搬回臺北，進入教育所重啓生涯，十二年後自願退休。印象裏這些年間在所上只教過四門課，即「生死學」、「生命教育」、「教育哲學」、「教育倫理學」，當然每科後面都要冠上「研究」二字以示進階。其中前兩門基於南華經驗游刃有餘，後兩門原本完全是外行，但既然棲身教育所，只好力行自學方案，土法煉鋼一番，沒想到還真的有效。我的做法是埋首寫教科書，以此開創自家本事。2004年秋《教育哲學》出版，一年後《教育學是什麼》問世，可視為我向教育學求緣的心得書寫；所幸後來得著教育學界認同，苦心總算沒有白費。

　　我雖以教授身分受邀任職於教育所，其實心知肚明這始終是寄人籬下，因此謹守分際，與人為善，倒也相安無事。不同生死所無先例可循，師生皆來自各行各業；教育所則是典範明確、專業紮實。我之所以有機會跨行授課，情況竟跟當年教「國父思想」的情況類似，係托一人之賜，那便是杜威。杜威是一位如假包換的哲學家，但同時也是舉世聞名的教育家，教育哲學正是由他所創。由於他曾於「五四」之後來華講

學，停留長達兩年之久，深深影響了民國時代教育學術及實踐的發展，此後師範教育課程遂出現「教育哲學」一科，列爲各級教師資格檢定必考，至今猶然。正是有此因緣，我曾一度擔任中等師資考試閱卷人員，甚至更上層樓，應聘至國家教育研究院成爲命題及審題委員；如此一來，連我的教科書也水漲船高，列入考試參考書，令我受寵若驚，亦感責任重大。

我曾至圖書館查閱，發現以「教育哲學」爲名的教科書不下二十種，我的著作列於其中，究竟有何特色？首先這是頭一本由哲學學者而非教育學者所撰寫，其次我的寫法採用哲學分類而非教育學分類，都讓它獨樹一幟。回顧既往，這本書的創作期間，正是我的心智與人生進行重大轉換的時刻；它跟同年先後出版的《醫學倫理學》及《生命教育概論》，均明確反映於副題《華人應用哲學取向》之中。那陣國內剛經歷總統大選的族群撕裂危機，國家認同受到空前衝擊，也令我開始認眞深入檢視反思中華本土文化的意義與價值。這種「意識覺醒」心境，呼應著由強調「意識覺醒」的女性主義教育學家諾丁斯所撰寫的《教育哲學》，竟巧妙地讓我發現書寫的最佳參考指南。她不隨俗運用傳統教育學架構，改以哲學史加哲學概論爲架構，予我極大激勵，遂發心動手寫書。

教育學

人生到處知何似，我跟教育學與教育專業的結緣純屬偶然，一旦偶然成爲必然，它便深深影響及我的生涯方向了。總結自己二十五載的正式教學生涯，可明確分辨出三個段落，各有其主軸：第一段銘傳九年，教通識課；第二段嘉義四載，分別在南華和大同推生死與殯葬；第三段回銘傳，以教師教育及生命教育安身立命。「教師教育」是英文的直譯，大陸採此用語，分入行「培養」及在職「培訓」 兩部分；我們稱

作「師資培育」，僅限於職前的培養。一九九〇年代臺灣步入後解嚴時期，對於威權體制的解構衝撞此起彼落，教育變革亦不落人後，長期以來的師範教育寡占局面也被打破，經過修法准予各大學設立「教育學程中心」，以培養中小學及幼教和特教師資。正是在這種百花齊放的風潮下，改名大學未久的銘傳為求多元發展，也在商管為主的傳統中不斷追求創新。

「教育學程中心」即後來的「師資培育中心」，屬系級單位，類似「通識教育中心」設有編制，少數專任教師負責上百名師資生的教學與實習，而選學程課就像在修輔系。此一新制實施後效果顯著，為使中心人力創造更多附加價值，教育部乃鼓勵各校在此基礎上設立教育研究所；套句對岸用語，「兩塊招牌，一個班子」，亦即系所一家。2001年銘傳從善如流辦起教育所，我剛好在那年北返吃回頭草，被編入教程中心及教育所，講授「生命教育」、「教育哲學」等課，意外延續了此前涉足生死流轉的慧命。師資生必修教哲課，是因為教師檢定必考；沒想到研究生也讀過教哲，原來入學必考，考生們大多去補習班臨陣磨槍。後來我進一步發現，無論師資生或研究生都不止要念「教育哲學」，而是包括「教育史」、「教育心理學」、「教育社會學」一整套課程，它們共同構成「教育學」的基礎。

教育學是一門有著兩百多年歷史的跨領域中游學科，它是由德國哲學家赫爾巴特在十九世紀初出版《普通教育學》一書開其端。他主張以倫理學為教育賦予目的、以心理學為教育提供方法；當時心理學仍屬哲學一支，因此赫爾巴特所創立的其實是哲學教育學，至於科學教育學的發展，就像科學心理學一樣，大多是進入二十世紀以後的事情了。上世紀六、七〇年代，有位深受科學哲學影響的奧地利教育學者布列津卡，明確區分「教育科學、教育學、教育實踐」三者；他這種「劃清界線」的作法係受波普影響，予我相當啟發，剛好有出版社邀我寫入門書《教育學是什麼》，我乃發心先入門一探究竟。但是當時我已年過半百，心智及生命正在經歷「意識覺醒」，從西化科學知識走向中土人文學問，

遂把新書寫成一部哲理性的「華人教育學」著作；雖然曲高和寡，終屬自家本事。

 # 師資培育

　　我自幼是個不用功的孩子，經常被老師修理，因此總是敬而遠之，從未想到要當老師，至少在三十一歲進博士班以前依然如此。此前我在傳媒界工作，影視圈的風花雪月不時吸引著我，要放下捨得還真的費了一番工夫。一旦走向學術之路，大抵也就選擇了傳道授業的教學生涯。我至今已做了三十五年專兼任教師，其間包括服役當教官；那其實就是我的生涯之始，只是淺嘗即止，未曾發心。在漫長的教師生涯中，有二十一年半身分是職等薪級最高的正教授；回頭看中小學教師，彷彿天壤之別，直到開始教師資生，以及後來帶在職生，竟深感慚愧不已。原來專科以上的老師統統不夠「格」，因為我們從未受過教師專業訓練，不曾獲頒教師證；講師、助理教授、副教授、教授證書，充其量只算認證學歷及學位，完全無關於教學專業，這才是我的心虛之處。

　　我在寫《教育學是什麼》的時候，才發現教育學的核心學科不是歷史、哲學、心理學、社會學等外緣知識，而是完全屬於自家的課程論與教學論。此二者主要在指引老師如何從事課程規劃與教學設計，我在當了十八年老師後，才真正見到它們是如何傳授和運作的。2001年秋季我初次教到師資生，當時他們甄選嚴格，進入學程修業兩年再加實習一年，往往必須延後畢業，但同學們都認為相當值得，因為實習時每月可領公費八千，待遇不差。銘傳屬中等教育學程，出路包括國、高中及高職，實習學校可由學生自選，報到後在各行政單位輪流服務，教學則上學期見習、下學期親自上陣。我除在校授課外，還身為責任區域內的實習輔導教師，一年至少必須到所屬實習老師的服務學校去訪視兩回；上學期通常是拜訪校長及主任，下學期則參與實習老師教學演示，並擔任

總評。

正是於走訪師資生實習學校，在其教學演示的課堂上，我才算體認到課程規劃與教學設計的實際運作，等於給自己補課，著實汗顏！面對自己的學生在講臺上一絲不苟地戰戰兢兢進行演示，投影片加各式教具一應俱全，課桌椅的擺設，以及聽課學生的活動參與和反應對話，無不在設計之列，更不用說我手邊一冊印刷精美、內容充實的教案。待演示結束後，先由旁聽的其他老師提問，再請該校帶實習的指導教師講評，最後由我這個遠道而來的輔導教師做總結，兩節課下來等於一場大陣仗。看見二十幾歲的年輕人為追逐教師夢，竟然願意接受如此嚴苛的訓練，目的正是想以作育英才來安身立命；相形之下，我之所以走上當老師的路，的確顯得太不經意也太不夠專業了。我的實習訪視最近距住家十分鐘，最遠去到雲林西螺，都是寶貴的教學相長之旅。

 ## 碩士專班

1991至95年我因工作需要，去政大企管所上科技管理研究班，花了三年半時間，自費十一萬元，修完MBA所需整套四十四學分，卻沒有機會取得學位，僅獲頒結業證書，但仍然深感值回票價，且與有榮焉。不發學位的理由是未辦入學筆試，於法不合；但我當年是以檢覈甄選方式入學，一百二十五人僅錄取三十，競爭激烈。八年後政策出現大轉變與大開放，在一位有遠見的教育部長林清江積極推動下，「碩士在職進修專班」像雨後春筍般在全國到處開設。那時剛成立兩年的南華生死所躬逢其盛，立即設立專班，在幾乎沒有宣傳的情況下，首屆於一百八十名競爭者中錄取三十名。由於上課在嘉義，利用週六下午至週日下午排課，同學們每週由東南西北聚集在中部，不久便培養出同舟共濟的革命情感，而這正是我對在政大學習期間，最難以忘懷的美好經驗。

碩士專班屬於新興在職進修管道，一開始便每年替國內新增七千

名碩士，爲成人教育「終身學習」的理想踏出了一大步。由於在各校歸進修推廣部門管理，完全運用研究所碩士班現有資源，且由教學單位自負盈虧，只要生源不斷，學校穩賺不賠。其最大吸引力來自學位授予，以在職教師爲例，投資兩年辛苦進修，畢業後年資可連升四級，每月薪資多領四、五千元，何樂而不爲？但撇開實質效益不談，從個人體驗反思，我認爲彌足珍貴的還是「在職進修」的「綜效」，包括與時俱進、學以致用、人際關係等等，都不是讀正規班一步一腳印可以企及的。其中尤以人際關係最爲難得，猶記政大企管所設立的「企業家班」，只錄取副總經理以上人士，簡直就是「老闆俱樂部」，對各行各業的互通有無，創造出無限可能的契機。退一步看，中年當學生的經歷更是終身難忘。

我曾教過三家在職專班：南華生死所、銘傳教育所、中央哲學所；後者爲兼任，奇怪的是該所從未招滿過，或與修業三年的限制有關。其中南華的生源最多元，在先修的學分班當中，從二十七歲的年輕護士到七十二歲的退休國小校長都有；第一屆入學者，尚包括未來的消防署長，他們都不畏生死，定時「出生入死」來校上課。至於銘傳的專班生來源則相對穩定單純，主要爲中小學校長、主任及老師；有時甚至會糾衆報考，既是同事又成同學。教育所對各校教職員誘因不小，我們從臺北班擴充至桃園班，還曾經有兩屆馬祖連江班，目前則包括金門班。這些老師們大多三、四十歲，以女性居多，算得上我的下一代。我不曾生養子女，跟她們交流溝通，無形中增添不少代際瞭解。甚至有一年當上班導師，還曾爲三位女老師的終身大事操心過，直到她們都順利出嫁，才覺得踏實。

殯葬學

我曾在銘傳碩專班連續任教十年，提前退休後去神州大陸闖蕩四

載，身心俱疲，深感一動不如一靜，遂返臺定居，以學校兼課和醫院志工安度餘生，同時推廣「大智教化」。志工屬於社會服務，人溺己溺，感同身受，歡喜做甘願受，如是而已。兼課至今已屆入老，機會成本打平，也可視為貢獻於社會的志工。任教三十五載，五專生、三專生、大學生、碩士生都屬年輕族群，我越老越有代溝；在職生則稍有不同，無論老少，社會閱歷都是可以交換的經驗。在我教過各式各樣的在職人士中，殯葬業者可以算是最為獨特的一群；他們的職業特殊，體驗獨到，讓我覺得「三人行必有吾師」，一旦涉及專業服務，我還得向他們請益學習。要說跟殯葬業者結緣，還得從南華生死所談起；當初所上設計的四大專業之一「生死管理」，正是指的「殯葬管理」。

「殯葬管理」是官方正式用語，法規名為〈殯葬管理條例〉，政府從中央的內政部民政司殯葬管理科，到各級地方的殯葬管理處及殯葬管理所，一應俱全，偏偏學校沒有同名科系，有的只是「生命關懷事業科」、「生命事業管理科」，就是不願碰「死」，看來移風易俗還有很長的路要走。目前殯葬專業科系僅屬專科層級，頒授副學士學位；至於兩所大學以「生死」為名的學系，殯葬專業教育只占一部分；另外還有學校設置學位學程，教學資源相對就顯不足了。回顧歷史，殯葬教育真正出現於大學校院，還是南華管理學院首創。1998年學校開設「殯葬管理研習班」，利用各系所資源，吸引大小業者來校進修一學期，形式則為每月密集上課一週，學成後由推廣部頒發學分證明及結業證書。這項創舉不但開風氣之先，更將日後殯葬改革向前推進一大步。

臺灣的殯葬改革正式啟動於2002年，政府頒布〈殯葬管理條例〉七十六條，除總則、罰則、附則外，以四章分別規範「殯葬設施之設置管理」、「殯葬設施之經營管理」、「殯葬服務業之管理及輔導」、「殯葬行為之管理」，將軟硬體和業者所為一網打盡，統一列管，從此讓一門古老行業逐漸步向現代專業。但要升級為專業，必須有產官學三方面的配套措施方能實現，教育訓練的提供遂成為重中之重。問題是當時非但沒有專業科系，連專業學科及專書都未見，足見萬事起頭難。為

儘快促成專業條件的成形，內政部於2005年春召開會議，邀請相關學者專家商討教育訓練的基本架構。我忝為三名提案者之一，有意打造一門跨領域的中游應用學科「殯葬學」。草案幸獲與會人士表決通過，激起我寫專業入門教科書的意念，遂於暑假揮汗全力以赴，終於一個月後大功告成。

 ## 殯葬與生死

我之所以涉足殯葬教育與實務，多少仍屬偶然中的必然。當初傅偉勳創立生死學，走的還是哲學與宗教路線，屬於「上層建築」；後來因為接觸民間信仰，才逐漸落實到禮俗活動上。2010年暑假我應邀去北京演講，面對近百名殯儀館長、公墓主任以及一群職工，大談我所發明的「殯葬學」；聽眾下午昏昏欲睡，直到晚間上了餐桌開懷暢飲才精力旺盛。好在那是一場「務虛」的教育訓練活動，空談理論倒也不算離題，只是業者通常不知所云罷了。「務虛」是大陸獨特的說法，意思大致與「務實」相對，主要就是討論一些上層的哲理，但在對岸絕口不提宗教。返臺後我和幾位南華及大同的老同事，去跟一家大企業創辦的技術學院，商談設立殯葬管理科系的事，最終仍以大老闆忌諱死亡而不了了之。不久倒是一家醫護專科學校有興趣成立二專在職進修班，事情總算出現轉機。

不是我自誇，臺灣第一家生死和殯葬的教學單位，都出自我之手。1997年接下傅老未竟之業創辦南華生死所，固然水到渠成；十年後為空中大學進修專校設立「生命事業管理科」，也算功德一件。當時內政部已規劃要頒授「禮儀師證書」，規定須修滿大專以上專業課程二十學分；課程架構係由我所擬，但專業科系卻遲遲不見蹤影。空專有鑑於此，遂請我去擔任兼職科主任，負責規劃專業課程，以利業者進修。我當即依架構規劃出十一門課二十二學分，邀集相關學者專家分頭撰寫各

科教科書；入門的《殯葬與生死》由我執筆，以廣播形式放送。意外的事情是，一方面我對相關主題十分嫻熟，另一方面在播音間錄音不像上電視拘謹，我便樂得高談闊論，暢所欲言。大概過去從未有老師如此揮灑自如，竟讓我得到學校教學節目「金環獎」特優的首獎鼓勵。

其實之前我就在空大創下選課人數最多記錄，看來與之結緣還是獲益良多。但真正重要的是，我在此有機會利用隔空教學的平臺，將自家本事展現無遺。空大開授每一門課，都要求主講教師自撰教科書，我因此有機會將理念化為文字，並進一步編成腳本，用以製作廣播或電視節目。其中續開的「生死學」因為從兩學分擴充為三學分，曾錄製兩套節目；至於「殯葬與生死」兩學分，則分生死學與殯葬學兩部分引領同學入門。相對於殯葬專業的務實，生死探問不免務虛；但虛學仍具有替實學樹立指標的作用，不可不識。當初我為「生死專業」提出「教育、輔導、關懷、管理」四大面向，前三者都有成熟得體的專業可以靠攏運用，唯有殯葬專業在華人社會尚未成型。當生死學偶然地把發展重心轉向殯葬學開創新局，就必然地要為一門新興學科和專業負起領路的責任。

 ## 殯葬倫理學

念哲學的我是個「坐而言」勝於「起而行」的典型文人，談玄說理之餘碰上生死議題，竟然還是紙上談兵，直到接觸了殯葬行業，開始推動專業教育，才不得不把觸角伸進人家的實務內一探究竟。若是從當年在南華設立「殯葬管理研習班」算起，至今剛好跟殯葬結緣二十載；回顧既往，「建構專業知識、撰寫系列著作、首創相關科系、主編成套專書」，可視為我對殯葬專業的貢獻。如今階段性任務早已完成，可以功成身退，回到「愛好智慧」初衷，持續推動「大智教化」以終老。提早離退有大半因為常跑大陸，甚至在對岸常住以任教任職，因此辭去內政

部與臺北市的殯葬評鑑委員工作，從而與殯葬教育和專業漸行漸遠，有時不免悵然；畢竟自己曾經擔任過臺灣殯葬改革的重要推手，但終究是非成敗轉頭空，日久乃為之釋懷。

我的「殯葬四書」依序為《殯葬學概論》、《殯葬與生死》、《殯葬生命教育》，以及《殯葬倫理學》，寫第四種書是為考試教學所需，要有教科書上課及應試參考。話說內政部在法規中明訂設置「禮儀師」一職，且列為與醫師、律師、護理師、心理師、社工師同等級的「專門職業及技術人員」，如此一來就必須通過國家考試方能授證。問題是其他各「師」均設有專業科系所，以培養業內人才，唯有禮儀服務人員，連個對應科系都不具備；資格既不符，因此就被舉辦國考的考選部拒於門外。面對此一困境，內政部又必須兌現法規所訂，窮則變、變則通之下，只好先請勞委會陸續開辦丙級和乙級「喪禮服務技術士」技能檢定，再以乙級技術士證、兩年工作經驗，加上二十學分等三大條件，作為檢覈取得由內政部頒授的「禮儀師證書」，前提是列為非專技人員，就不必參加國家考試。

雖然沒有考選部的國考授證，但內政部仍屬中央政府部門，同樣具有國家威信，因此禮儀師證書依然被殯葬從業人員視為最高層級專業認證。由於取得證書的先決條件之一，是先考取乙級技術士證，而此一考試的難度相當高，既有術科操作，更有學科筆試，也為禮儀師的專業能力提供最佳保證。學科筆試的涵蓋範圍甚廣，係根據我所規劃的自然、社會、人文三大知識領域而設計，其中人文領域必考殯葬倫理，從而乃有參考教科書的必要。為因應大量業者的需求，除了到空專修課的管道外，許多大學都紛紛利用推廣部開設學分班，我偶爾也會應聘到各處授課。此時我便帶著自己的著作現身說法，將抽象理論應用在業者所執行的專業實務上面，兩相對照，各得其利。那些年間我經常跟業者互通有無，還真的印證了「三人行必有吾師」的道理，也算是一種終身學習。

篇 四

合：大智教化（55-65歲）

文學與哲學

　　活至六十有五，屆齡入老，反身而誠，回顧一路行來的時代與社會角色，可以坦然自我定位爲一個「中國傳統文人」。過去十年間，我不斷朝中華文化認同回歸，甚至因緣際會當上國學院院長，但是我心知肚明不是那塊料。因爲我是搞西學出身，中學膚淺得很，幾乎沒有任何底子，不過還是自許「雖不能至，心嚮往之」。我嚮往古代文人的「審美生活方式」，從五十四歲開始，在生活出現兩大變故的情況下，逐漸走向尚友古人的道路，從而做出重大「生命情調的抉擇」，由哲學走向文學。那年先是奉派接任高階主管，爲高教評鑑打拚了一年半載；再則遭逢繼父辭世，由是接手贍養老母。然而就在動盪不安之際，我意外讀到由社會學者羅中峰寫的《中國傳統文人審美生活方式之研究》；就像當年邂逅林語堂《生活的藝術》一般，予我極大醍醐灌頂的清涼效果。

　　我雖然從頭到尾讀哲學，進的卻是文學院，拿到的三個學位分別爲文學士、文學碩士、文學博士；換句話說，我是個不折不扣的文人。但是根據我的理解，此處所指「文學」，恐怕跟人們想像的大異其趣。大家心目中的文學應屬文藝或藝文，而此處所指其實是更大範圍的「人文化成」，包括受到傳統文化薰習的審美生活方式。它們通常是由古代文人行止及其作品所彰顯，代表著一套獨特的人生美學，如今我將之視爲「大智教化」的核心價值。經歷了前面三十年的知識旅行和生命探問，若將自己的哲思心得，總結成波普式的「主義」表述，可稱之爲「後科學人文自然主義」；它蘊涵著「儒道融通」的人生哲理，不斷被一群相仿類型的古典文人，在其作品中揮灑流露。此般作品在我看來有三位文人最具代表性，他們是陶淵明、白居易和蘇東坡，居後者皆對前人景仰有加。

　　我自忖過去十年讀的文學書比哲學書多得多，但是所受的哲學訓練

畢竟根深柢固，唯一有所轉化的作為，是我越發喜歡寫哲理小品，而非學術論文。然而我的哲思靈性無時不在作祟，因此小品寫起來仍不脫文以載道，總覺得剪不斷理還亂。後來讀到大陸學者喻大翔寫的《現代中文散文十五講》，將我這種書寫稱之為「學者散文」、「學者隨筆」、「學者雜文」，總之還是屬於文學創作，心裏遂覺得踏實些。我曾經因為有人批評我的文以載道太矯情而感到受挫，後來轉念一想，人各有志，話不投機半句多，道不同大可不相為謀；只要能夠我手寫我心，盡量放手順心去寫，不亦快哉！回想早年受到存在主義文學作品影響，發心要念哲學；半個世紀過去了，苦悶少年已成閒適老年，我到底有沒有長進，其實已不重要。如今重要的是什麼？留得青山在，行大智教化是也。

人生美學

我受神經質影響而生性鄙陋，舉止粗魯，一點也跟美感沾不上邊；事實上我除了愛看電影外，對其他形式藝術作品一概不察，所以沒什麼資格來談美。但是最近這十年，我卻越發對人生美學感到嚮往，更覺得感同身受；與其說是談人生美學，不如開始過美感人生。根據我的粗略認識，美感體驗大致指向三方面：藝術美、人生美、自然美；一般人多以前者為度，我獨鍾情於後二者，尤其結合二者的自然人生美。「自然」有「大自然」和「自然而然」兩種解釋，大自然像藝術作品一樣，足以駐足欣賞，「萬物靜觀皆自得」；自然而然則是一種順其自然的待人處事態度，真情流露，不事造作。但這種態度對我而言何其難！拘泥的個性就不允許我放開手做，而總是在過與不及中來回擺盪，以致蹉跎時日，一事無成。不過我始終認為人生本虛無，如今入老一切歸零，也就沒啥好計較的。

我曾經說過，自己活在世上就像叔本華一樣，不斷為個人存在找理

由。從十五歲浮現懵懂意識開始，經過四十載的自我教化，於五十有五前後，看見大智大慧的光影在眼前若隱若現；又通過十年沉潛醞釀的歷程，終於在入老之際肯定了自家本事，此即本書所揭櫫「六經註我」的「愛智慧見」。簡單地說，它就是一套足以自度的「安身立命，了生脫死」大智慧，用以善處生活行止，超越生死迷障。生活中有太多不確定性，讓人們疑惑擺盪，連聖人孔子都要到四十才「不惑」，何況凡夫俗子，像我就是在這十年間才算勉強開竅的。至於生死關卡，首先來自父母辭世，接著就是自己逐漸走向身心俱疲、力不從心的老化地步，此即生命之限度，或稱作「命」；孔子五十「知天命」，我又比他晚十年覺悟。但無論如何，我還是很慶幸自己有所得，乃爲之記，以示有緣人。

閱讀個人半世紀以來的「生活故事」，我感到冥冥中有一股動力，把我推向愛智探問的哲學之路，一去數十載，靠著它安身立命，以成就今日之我，倒也甘之如飴。回想上大學之前的苦心焦思，甚至讓高中階段蹉跎兩年，終於做出自認妥當的存在抉擇，擇善固執去讀哲學系，一路竟讀成哲學教授，至今仍在母系授課，教「生死哲學」及「生命教育哲學」。我把這些課當「人生哲學」或「人生美學」來教，是想推動廣義的美育，用以涵蓋德育與群育。我曾提過，此一教育理念係受到蔡元培〈以美育代宗教論〉一文的影響；但是他心目中的美育乃指向藝術美，我則嚮往人生美。說得更準確些，是以「後現代儒道家」爲依歸的「知識分子生活家」理想人格典範。以下將以「六經註我」之姿，次第介紹我心目中的八組先賢，一以貫之的正是道家式人生美感體驗。

 ## 莊子

有回我自發去一所國立大學旁聽學術研討會，主題爲「莊子生死觀」；懷抱虛心受教，希望能夠從多篇論文的字裏行間，讀出足以了生脫死的大智大慧，便將不虛此行。結果一個上午下來我迷惘了，學者們

的引經據典、咬文嚼字，希望「論證」莊子對生死的觀解，我想他老先生如果在世，聽來也許會自嘆不如，甘拜下風。不是對於學者專家的不敬，我當然知道這是學術圈內的遊戲規則；但是我仍不免懷疑，像莊子或齊克果的感性的書寫風格，肯定拿不到博士，然而支解研究他們的文字，卻足以學位到手。面對此般弔詭多年後，我突然領悟「六經註我」的可能。其實我早就不自覺地走上這條路；我欣賞詩意，卻走向科學，就是認爲前者「不可說、不可思、不可議」，但可以通過人生閱歷而反思體證。如今我揚起「安身立命，了生脫死」的大纛，接下去就請八組先賢爲我齊擂戰鼓。

聖人高不可攀，賢者才德可取；但我寧取美德而非道德，道貌岸然煞是可笑。這些先賢當中，有人重視生活的安身立命，有的對了生脫死獨具慧眼，後者第一人無疑就是莊子。傅偉勳將莊子封爲「中國生死學的開創者」，是因爲「生死觀與解脫觀在莊子的哲學佔有很重的份量」，也「祇有莊子，不但並談生死，更能直接凝視死亡，體驗死亡，把自己整個生命投入生死問題的實存主體性探索，藉以發現一條不依傍任何外力外物的大徹大悟、精神解脫之路。」莊子自己說：「生也死之徒，死也生之始，孰知其紀。人之生，氣之聚也；聚則爲生，散則爲死，若死生爲徒，吾又何患。」以及「萬物皆出於機，皆入於機。」這裏指的就是自然天機，於是我們可以相信，道家莊子是一個不折不扣的「自然主義者」；相對之下，儒家孔子所代表的則是「人本主義」或「人文主義」。

傅偉勳明確指出：「儒家倡導世俗世間的人倫道德，道家強調世界一切的自然無爲，兩者對於有關（創世、天啓、彼岸、鬼神，死後生命或靈魂之類）超自然或超越性的宗教問題無甚興趣，頂多存而不論而已。……佛教除外的中國思想文化傳統，並不具有強烈的宗教超越性這個事實，在儒道二家的生死觀有其格外明顯的反映。」前輩傅老這席話，充分爲我所提倡的「大智教化」核心價值做出最佳註腳，那便是非宗教的「現世主義」。我認爲生死學有三問：「我從哪裏來？我往哪裏

去？活在當下如何安身立命，了生脫死？」任何宗教系統都嘗試回答前兩問，但答案只對自己的信眾有意義；像「往生」一辭僅適用於佛教，基督徒相信的則是「永生」。既然眾說紛紜，還不如好好活在當下，莫想生前死後之事。「現世主義」絕非劃地自限，而屬自知之明。

竹林七賢

「竹林七賢」係指魏晉交替時代聚集在河南地西北方一處竹林內談玄說理、飲酒作樂的七位名士，他們是阮籍、嵇康、山濤、向秀、劉伶、阮咸及王戎。七賢才氣縱橫、特立獨行，加上率直由眞，跟當時政治上的高壓氛圍形成強烈對照，遂予後代文人極多好感與認同，從而被視爲魏晉時期頗具代表性的「文化符號」。當然七人年齡、出身、修養、志趣不盡相同，卻能聚集在一起論道談心，雖被史家評價爲「豪尚虛無，輕蔑禮法，縱酒昏酣，遺落世事」，卻能夠名垂千古，成爲不朽人物，只因爲有一項共通點，也就是嵇康所說的「**越名教而任自然**」，充分表現出任情與率性。七賢的故事後來因爲《世說新語》栩栩如生的精彩描繪更加形象化，終於成爲此後華人社會的集體記憶。如今無論政治風向如何轉變，高雄市長久以來就有一條「七賢路」，而與其他九條馬路並駕齊驅，絕非偶然。

七賢既然傾向「越名教而任自然」，當然是遠儒家而親道家的；而竹林所反映出來的「寒風不變終身節」象徵意義，更強化了這群才子名士擇善固執的風骨。他們之中有人不事強權終遇害，有人戰戰兢兢過餘生，有人官運亨通得幸福，有人混吃等死卻享天年；照說不盡符合儒家的風骨，倘若以道家視之便無所窒礙了。因爲他們即使入朝爲官，亦以道家風骨自持，終能絕處逢生。這種有所堅持又能夠務實的處世態度，在後人白居易那裏得到了發揚光大，那便是「中隱」之道。中隱亦官亦隱，明哲保身；嵇康卻不願同流合污而「小隱隱山林」，但名士風流太

高調反而招忌，不免惹禍上身。七賢之中講才情當以嵇康爲上，而論學養又以阮籍爲高；此外好飲善酒也是群體特色，其中劉伶更以一篇〈酒德頌〉流傳百世，至今大陸上仍有「劉伶酒」以招徠酒客。

究竟「竹林七賢」能帶給「大智教化」何種啟示？我想「越名教而任自然」最具吸引力。大智教化雖主張「儒道融通」，但明確界定「儒陽道陰、儒顯道隱、儒表道裏」，道家思想才是核心價值，儒家則居於外核，此即「人文自然主義」之真諦。阮籍有言：「天地生於自然，萬物生於天地。自然者無外，故天地名焉。天地者有內，故萬物生焉。當其無外，誰謂異乎？當其有內，誰謂殊乎？」這是一種「自然一體」、「萬物一體」的思想，無疑源自莊子。進一步看，自然在此就代表生命的本性與真情，非但不應壓抑，更要因勢利導。嵇康指出：「六經以抑引爲主，人心以從欲爲歡。抑引則違其願，從欲則得自然。然則自然之得，不由抑引之六經；全性之本，不須犯情之禮律。」此處「六經」代表儒家之名教，千百年來壓抑文人要「我註六經」，如今是到臨該以「六經註我」的時候了。

陶淵明

我把「大智教化」定位爲「成人生命教育」，通過個人的體證工夫，將之建構爲一套自度度人「安身立命，了生脫死」的生命學問。其中隨緣「教化」乃相對於制式「教育」而言，強調反身而誠、自我肯定的工夫，不假外求；至於「大智」則代表生命學問裏的大智大慧，其核心理念爲「後科學人文自然主義」，屬於人生哲學信念，而非宗教或民俗信仰。此一信念將某些中西思想家的睿智融會貫通，以「六經註我」之姿，打造出「大智教化」的具體內涵。我所尙友古人的思想家，在西方有叔本華、齊克果、尼采、佛洛伊德、海德格、波普、沙特及莫諾，在中國則爲莊子、七賢、陶潛、樂天、蘇軾、唐寅、三袁和語堂；

另有羅蒂及傅老可歸晚近人物。他們之中除齊克果與林語堂爲基督徒外，其餘都擁抱現世主義，「向死而生，由死觀生，輕死重生」，活出眞正的自己。

在這一群「精神導師」中，最感到親切近人的，就是我的小老鄉九江人陶淵明；他的一句「縱浪大化中，不喜亦不懼；應盡便須盡，無復獨多慮」，爲大智教化「了生脫死」哲理，寫下了最妥貼的註腳；至於「安身立命」之所繫，則以「歸去來兮，田園將蕪胡不歸。既自以心爲形役，奚惆悵而獨悲。悟已往之不諫，知來者之可追；實迷途其未遠，覺今是而昨非」之句，做出了最傳神的教誨。放在今日現實處境來考量，他的生死豁達足以效法；「應盡便須盡」正是自然死及安樂死的基本訴求，苟延殘喘實無必要。生死問題向陶潛請益沒有懸念，生活問題則必須考慮時空脈絡因素，「看情況」而定。他所處的晉宋之交政治極不安定，三出三處容或身不由己，小隱雖得田園之樂，卻可能落得食不果腹，何況還有五個孩子要養。後人在羨慕他反璞歸眞之餘，有必要考慮其他可行之計。

在二十一世紀的今天，當我們讀到不朽詩人寫下「環堵蕭然，不蔽風日。短褐穿結，簞瓢屢空，晏如也。常著文章自娛，頗示己志。忘懷得失，以此自終」的自況，雖然感慨良多，肯定不會羨慕，更不用提效法；畢竟此一時、彼一時也。陶潛所處時期爲古代，不入朝爲官就得自食其力；此乃受社會結構所制約，實無可奈何。現今則屬後現代，在「晚近資本主義文化邏輯」支配下的後現代處境，允許人們「質疑主流，正視另類；肯定多元，尊重差異」，加上各類職場生涯令人衣食無缺，至少過上小資生活不成問題。兩相對照之下，大可不必委曲求全。不過話說回來，是非成敗轉頭空，陶淵明在〈自祭文〉中所體悟的「廓兮已滅，慨焉已遐，不封不樹，日月遂過」，可是爲後世「環保自然葬」的嚆矢，也爲「輕死重生」的大智大慧平添一段佳話。

白居易

　　2017年暑假我去北京自學之旅，購得一書《白居易與〈莊子〉》，細讀之下恍然大悟，原來我仰慕了十年的白樂天，竟然「**自顧庸且鄙**」，對於新官上任，「**置懷齊寵辱，委順隨行止**」，自願離京外派，「**因生江海興，每羨滄浪水；尚擬拂衣行，況今兼祿仕**」，果眞「中隱」之道的實踐者。該書作者鮑鵬山從頭到尾都對白居易企圖攀附莊子的道德高度，卻落得東施效顰而頗不以爲然，稱之爲「從愧疚自省到沾沾自喜」的「士大夫精神失落」，更引用清儒王夫之對白居易及蘇東坡等人的批評，「**此數子者，類皆酒肉以溺其志，嬉遊以蕩其情，服飾玩好書畫以喪其守**」，一時令我陷入沉思，心想「儒道融通」的分寸拿捏何其難；古代文人在憂患意識與閒雲野鶴之間何去何從，無論有爲有守都可能遭人物議。倘若大智教化有意推廣中隱之道，這將是無可規避的問責。

　　白居易於五十七歲那年在洛陽做閒官，對自身處境歸結出一套「中隱」之道：「**大隱住朝市，小隱入丘樊；丘樊太冷落，朝市太囂諠。不如作中隱，隱在留司官；似出復似處，非忙亦非閒。……人生處一世，其道難兩全；賤即苦凍餒，貴則多憂患。唯此中隱士，致身吉且安；窮通與豐約，正在四者間。**」這首詩替後世歷代任職爲官者，樹立起一座足以模仿效法的標竿，至今猶有足資參考的價值。中隱之道容後再予闡述，現在先行檢視樂天七十有四的一生，兩千九百餘首詩作，於「安身立命，了生脫死」兩項，究竟有何值得大智教化反思深化之處。我想關鍵在於古典儒道二家的思想，如何在後世與時俱進地相互融通；同時還要有意地發展出不墨守成規的批判規準，用以更周全地針對文人言行加以包容與瞭解。白居易畢竟是傳統士大夫，他的視野與心境肯定不同於莊、陶二人。

樂天是唐代詩人中最勤於動筆的大家，一生創作近三千詩文；他於五十二歲自編詩文集，得詩近一千四百首，分為諷諭詩、閒適詩、感傷詩、雜律詩四大類。雖然最終已不採用此等分類，但後人至少仍以前兩類作為考察其詩作的標準。簡單地說，諷諭詩秉持儒家經世濟民的胸懷而寫，閒適詩則逐漸走向恬淡自處的道家境界；今人粗估後者約占七成，或許可以反映出其人生際遇與由儒入道的相關性。觀其一生，以其自負的「富貴閒人」視之似乎不差。他在古代文人中算是高壽，僅得老人病而無惡疾，雖不時掛心老病死，卻又快活自適。去世前八年模仿陶淵明〈五柳先生傳〉寫下〈醉吟先生傳〉，表示「鬚盡白，髮半禿，齒雙缺，而觴詠之興猶未衰」；接著說「今之前，吾適矣。今之後，無不自知其興如何」，似乎仍對酣酒吟詩一往情深。

蘇東坡

　　如果說蘇東坡是所有中國人的老朋友，應該不為過；除了茹素者和穆斯林外，大概人人都嘗過「東坡肉」；而電影「赤壁」至今仍不時會在電視中播出。他是天生的詩人，文字信手拈來組成詩詞，讓後生朗朗上口，更足以感同身受。而其父親與弟弟也不遑多讓，一家三口列名「唐宋八大家」，實屬空前絕後。但即使是如此立言以不朽的偉大詩人，其一生遭遇卻只能以「坎坷」來形容。身處北宋黨爭時代，新舊黨彼此相煎，只要風向一轉，無論何黨都有人要遭殃。蘇軾像樂天一樣多次遭貶，而其流放期間的際遇，又頗似陶潛般困頓，於是令他對二人產生高度認同。尤其是對陶淵明，在其留存的兩千七百多首詩文中，竟有一百多首「和陶詩」，足見他對前賢的敬重。至於他對白居易的「互文」，主要包括流放期間的「人生如寄」，以及老夫少妻的「紅顏知己」。

　　東坡的愛妾朝雲的確稱得上是他的紅顏知己，因為小女子一針見血

地指出大男人的性格特質：「一肚皮不合時宜」。率眞性情加上才氣縱橫，使得他在官場上不斷跌跤；但也因爲如此，一旦身處逆境，不朽佳作便會源源流出。事實上，就連「東坡」這個自號，也是在謫貶黃州時苦中作樂之所得。他稱自己「我似樂天君記取，華顚賞遍洛陽春」，以及「我甚似樂天，但無素與蠻」，都是尚友古人的眞心寫照。至於「和陶」則更爲積極，包括〈和陶桃花源〉及〈和陶歸去來分辭〉；在後者中他從「知命」走向「安命」，寫下「吾生有命歸有時，我初無行亦無留。駕言隨子聽所之，豈以師南華而廢從安期」之句，既追隨陶潛更上效莊周，可見道家思想在其心目中的地位。這種思想上的影響，在他臨終之際表露無遺，由是拒絕佛教上西天迎來生的妄念，這正是「由死觀生」的大智大慧。

四年前我曾在〈大智教化的理念與實踐〉一文中寫道：「歷史上三蘇的『蜀學』與二程的『洛學』處於同一時期，卻對於心性問題的關注大有出入；前者以人情爲本，反對理學家的性善情惡觀。平心而論，哲學家不妨多從文學上去品味蘇東坡説了些什麼。」尤有甚者，「他最具戲劇性的揮灑，則見於臨終前的一刻。當法師爲他接引西方，他表示『西方不無，但箇裏著力不得』。友人接稱『固先生平時履踐至此，更須著力』，最後遺言竟是『著力即差』，眞正空谷足音！」林語堂著有《蘇東坡傳》，對這段臨終對話的詮釋是：「這是他的道教道理。解脫之道在於自然，在不知善而善。」道家將自然之道體現於人的本心本性，形成合乎人情的處世態度；東坡面對死亡時的眞情流露，不但可上溯至樂天、陶潛及莊周，連七賢也足以充分呼應，其後的唐寅、三袁更係如此。

唐伯虎

2016年秋天，我去蘇州訪友旅遊，意外發現一條「鈕家巷」；曾

聽家人說，我們江西鈕家係由江浙一帶分出，沒想到這竟是一趟溯源尋根之旅。但我此行還有一個目的，就是按圖索驥去尋訪一處小小的心靈「桃花源」，那便是明代中期江南才子唐伯虎為自己所打造的「桃花塢」。地點所在沒多久就找著了，映入眼簾的先是一條「桃花塢大街」，在其中小巷內發現一處院落，已經過修繕，但並未開放參觀，僅由蘇州市文物局立牌告示。雖然不得其門而入，但在門外駐足觀望一番，拍幾張相片留念，也算不虛此行。就像之前兩年我去洛陽龍門，在醉吟先生的墓前灑上一罐小酒，向我尚友古人的精神導師致上一份敬意。唐伯虎也是我所欣賞的文人之一，其詩文中透顯出來那股虛無意識，令我倍覺震撼。才子不曾點過秋香，卻對生命奧義做出了沉痛的提點。

「桃花塢裏桃花庵，桃花庵裏桃花仙；桃花仙人種桃樹，又摘桃花換酒錢。酒醒只來花前坐，酒醉還來花下眠；半醒半醉日復日，花落花開年復年。但願老死花酒間，不願鞠躬車馬前。車塵馬足貴者趣，酒盞花枝貧賤緣。若將富貴比貧者，一在平地一在天。若將花酒比車馬，他得驅馳我得閒。別人笑我忒風騷，我笑他人看不穿。不見五陵豪傑墓，無花無酒鋤作田。」這首〈桃花庵歌〉如今已刻作一塊石碑，懸掛於小巷入口處，人來人往，看盡世事無常。唐寅的虛無感慨尚不止於此，〈七十詞〉道是：「人年七十古稀，我年七十為奇。前十年幼小，後十年衰老；中間止有五十年，一半又在夜裏過了。算來止有二十五年在世，受盡多少奔波煩惱。」如此對人生無奈的白描，正是唐寅一生乖違的基調。他沒有蘇軾懂得逆來順受、苦中作樂，只好鬱鬱以終，享年五十有三。

詩人畫家的一世連七十都未滿，五百年後的今天，他卻在華人心目中永垂不朽，何以致之？除了畫風直追唐宋外，詩文亦不落前人之後。當然他只是文人藝術家，不作哲理思索，但他能夠下筆就事論事，予人深層思考，也算有所啟示。再看一首〈一世歌〉：「人生七十古來少，前除幼年後除老；中間光景不多時，又有炎霜與煩惱。過了中秋月不

明，過了清明花不好。花前月下且高歌，急須滿把金樽倒。世上錢多賺不盡，朝裏官多做不了；官大錢多心轉憂，落得自家頭白早。春夏秋冬撚指間，鐘送黃昏雞報曉。請君細看眼前人，一年一度埋芳草；草裏高低多少墳，一年一半無人掃。」這其實正是今日殯葬現象，無論入土晉塔，三十年後終成孤魂野鬼，何不力行環保葬。至於臨終呢？且看他的〈絕筆詩〉：「一日兼他兩日狂，已過三千六百場；他年新識如相問，只當漂流在異鄉。」

公安三袁

　　「公安三袁」是指晚明時期來自湖北公安的三位袁氏兄弟，他們共同發展出一種文學流派，後世稱為「公安派」，其寫作風格講究「獨抒性靈，不拘格套」。「三袁」依序為袁宗道、袁宏道、袁中道三人，他們都曾在朝為官，卻熱愛文學創作；或許是家族遺傳所造成的體質虛弱，老大老二皆於四十出頭早逝，小弟也不過活至五十有四。我之所以認識三袁，是經由年少時讀林語堂《生活的藝術》而得知，他指出：「三袁兄弟在十六世紀末葉建立了所謂『性靈派』或『公安派』；這學派就是一個自我表現的學派。『性』指一個人之個性，『靈』指一個人之『靈魂』或『精神』。」四十年後，當我在醞釀「大智教化」而推崇陶、白、蘇三人的精神傳承時，竟意外發現他們也是「三袁」的精神導師；其中尤以袁宗道最甚，他自號「白蘇居士」，書房稱「白蘇齋」，文集則名為《白蘇齋類集》。

　　袁宗道對白蘇二人情有獨鍾，進而也促成了「公安派」的誕生，後人朱彝尊說：「自袁伯修出，服習香山、眉山之結撰，首以『白蘇』名齋，既導其源，中郎、小修繼之，益揚其波，由是公安流派盛行。」伯修、中郎、小修是三兄弟的號，香山、眉山則分指白、蘇。這種「尚友古人」的心心相印，林語堂說得頗為傳神：「有許多學者似乎生活

於不同的時代裏，相距多年，然而他們的思想的方法和他們的情感卻那麼相似，使人在一本書裏讀到他們的文字時，好像看見自己的肖像一樣。……例如有人說蘇東坡是莊子或陶淵明轉世的，袁中郎是蘇東坡轉世的。」今人范嘉晨等則表示：「在公安派看來，蘇白之文字主張與自己有著不謀而合的一致，說得更直接一些，蘇白是公安派眼中的蘇白，套用『六經註我』的模式則可稱之爲『蘇白註我』，……歸根到底還是要樹自己的一派。」

當然不是人人都欣賞公安派所主張的「性靈」開顯，今人易聞曉便看出其中的弊端：「晚明的時代之學實際上就是佛禪之學，它的否定一切的根本思維方式和追求解脫的自適精神滲透到心學、文學等各個領域，造成儒家『君子』之學的消解、道家自然精神的棄失和文學審美理想的淪降……。」三袁雖然通過科考而得爲官，但身心狀況都不甚理想，追求佛禪等出世思想實無可厚非。尤其袁宏道更道盡爲官之苦：「弟作令備極醜態，不可名狀。大約遇上官則奴，候過客則妓，治錢谷則倉老人，諭百姓則保山婆。一日之間，百暖百寒，乍陰乍陽，人間惡趣，令一身嘗盡矣。苦哉！毒哉！」這是指他擔任蘇州府下隸吳縣縣令七品芝麻官的實況，而他竟辭官七回才達成目的，可謂「人在江湖，身不由己」的眞實寫照，也對大智教化中有關「安身立命」的職場生涯抉擇多有啓示。

林語堂

在我尚友古人而私淑的一大群精神導師中，林語堂其實算是當代文人，卻屬於我最早較爲全面地接觸的思想家。考大學之前患得患失，心頭七上八下，有天在牯嶺街舊書攤購得一冊眞正的「舊書」，是大陸時期出版、全書泛黃、紙張一扯即破的林語堂名著《生活的藝術》，細心閱讀之下，頓生醍醐灌頂之效，得失之心遂稍得釋然。從來沒有人會

將林語堂視爲哲學家，他的本職是語言文字學家，當過大學校長，晚年全力編纂《當代漢英詞典》，但最爲人所津津樂道的，還是他所撰寫的小品文及小說，後者甚至讓他提名諾貝爾獎。《生活的藝術》是一部向西方人介紹中國思想的入門著作，以英文寫成；根據作者自己表示，最初想到的書名乃是《抒情哲學》，用以彰顯中華文化「抒情」特質，而與西方「講理」傳統相對照。本書出版於抗戰軍興的1937年，讓西方得以正視中國。

　　寫作本書時林語堂四十二歲，人生剛好過半，貫穿全書的基本精神乃是道家思想，這與他的基督徒身分大異其趣，於是他在書中以一節篇幅〈我爲什麼做異教徒〉寫道：「依道家的説法，這就是在『道』中生活著，而依西洋人士的説法，這就是根據自己的見解，以眞誠對待自己和宇宙。……感到安閒自在的人就是生活在天堂裏。在我看來，做異教徒就是順自然。」1959年林語堂六十四歲，又出版一部《信仰之旅》，英文原名《從異教徒到基督徒》，爲其作序的周聯華牧師表示，這是指他「從基督徒到異教徒再成爲基督徒」，並稱讚他像齊克果一樣，是位「存在的」基督徒。此刻他是如此看待道家和基督教：「莊子可正確地被稱爲神祕主義者，……莊子智慧的美在於當他到達道的邊緣的時候，知道在什麼地方及什麼時候『停止及休息』。基督教神學的愚蠢在於不知道何時何地當止。」

　　因爲林語堂出身基督教家庭，父親爲牧師，而他年輕時也立志要當牧師，所以雖然一度成爲異教徒，最終還是回到基督教。這段經歷其實正是他自稱的「靈性大旅行」，過程包括儒家、道家、佛家，以及西方的理性主義和唯物論，結果面臨虛無；他發現「這是我們已到達的虛無。……而我們知道大自然痛恨眞空」，於是選擇回到「大光的威嚴」之中。這種存在抉擇若以美感體驗視之，會讓異教徒產生同情的瞭解，我就是用這種包容的態度來建構「大智教化」。回顧我的前半生，曾經沐浴在基督的慈愛和天主的光照中，也一度衷心親近佛祖，但是半百之後卻重拾中土文化，尋回自我啓蒙之初，伴隨存在主義而進入我生命

的道家思想，終於發現「後現代儒道家」的靈性開顯，以及「知識分子生活家」的生命情調。在此衷心感謝上述八組賢人爲我所捎來的大智大慧。

 ## 知識分子生活家

　　爲人師表三十五載，除了兼任行政工作偶覺身不由己外，大多數日子都過得相當閒適，這是我要向社會感恩的地方。這種感受，在社會學者葉啓政2007年退休感言〈臨別前的告白〉中，尋得十分準確的呼應：「作爲大學教授，尤其，處理有關人文與社會現象的教授，過多的知識分子的期許，……容易冒失地扦格到『嚴守分際而不具煽動蠱惑作用』的基本倫理要求。……一個教員就是一個演員，……讓觀眾……感動一下而對生命有著進一步的憧憬、啓發與感應。……能夠以在大學教書與寫作作爲一種職業，……讓我得以有機會細細而安心領略生命脈動的特殊際遇，也有了條件經營一種自己屬意的特殊生命態度與生命方式。……讓自己能夠享受過去之貴族才有的優閒生活，當然是一種殊遇。」葉啓政及其門生羅中峰，也算是我的靈性之友，讓我對安頓「群與己」有所領悟。

　　我的天生自了漢心性，加上神經質人格，使我年輕時會對「別人」尤其是「社會」，保持若即若離的間距。沙特曾說「別人就是地獄」，我雖無有如此恐怖，卻總覺得面對陌生「他者」的不自在，偏偏後來走向站上講臺作育英才的生涯道路。奇妙的是，長期傳道授業下來，竟然逐漸療癒了我的隱疾；近年甚至因爲悟出「大智教化」之奧義，更急切「好爲人師」以宣揚其真諦。而我所醞釀多年的教化內容，有一部分正是探討如何拿捏「群與己」的分寸，以利「安身立命，了生脫死」。社會學舊稱群學，與心理學及人類學相伴，構成「行爲科學」。社會體現人群關係，心理反映自我觀照；如今個人已難以完全脫離社會，卻可以

自覺不被社會所異化及吞噬。作爲教師，我選擇的社會角色乃是「知識分子生活家」，類似葉啓政所言；而其理念支撐則爲「後現代儒道家」。

我雖然是純種哲學生徒和教師，受的專門訓練實偏向西方科學哲學；半百之後反身而誠，有意向中土文化補課，多所涉獵卻是中國文學而非哲學。我的中哲程度始終停留在拿博士以前修課的基本素養，沒有進一步深造，因此即使談到儒家道家，也不具備相關的學術旨趣，頂多反映出自己對傳統「生命學問」的嚮往。眼前所言「後現代儒道家」，與其說是一套嚴謹論證的哲理思想，不如視爲可以實踐的生活態度；在我看來，討論學理不妨稱作「儒道學」。至於「後現代」表述，也不過在於彰顯它那「海闊天空」的時代精神。我自許的「後現代儒道家」乃屬常識之見，主要是爲推廣一種「知識分子生活家」的社會角色及生活。這對各級教師最爲適用，因此我將之建構爲「教育倫理學」核心論述；後來則更進一步擴充爲「成人生命教育」的基本訴求，以下分別紹述之。

 ## 教育倫理學

2009年暑假，我卸下了銘傳社科院院長的職務，憑著學術著作加行政工作的積分，意外申請到一整年休假研究的機會，前往大陸進行訪問及自學。這種模仿美國大學的制度，主要是讓教師有機會暫時擱下教學或行政負擔，全心全力作研究；它原係專爲正教授而設，其實副教授以下更需要休假研究以利升等。此於公立學校行之有年，私校一般難以全面落實；銘傳當時正面臨高教評鑑大關，各種應有制度一次到位，我專職院長及獲准休假，似乎皆拜評鑑之賜。而休假考其源頭，更可上溯至猶太教教誨，爲妥善運用農地，乃有耕作七年休耕一年之舉。次年我銷假返校，無官一身輕，但必須恢復陽春教授上課時數；爲展現研究成果

並突破創新，遂決定另外開授新課，在所上課程架構中，挑了一門從未開過的「教育倫理學研究」，而於第二學期列入課表，予我新的揮灑空間。

　　為此我上網去查閱，發現大多數教育所皆未設此課，唯有臺師大規劃為博士班課程，屬於「教育哲學研究」的進階與深化，伴隨的尚有教育形上學及教育知識論。形上學、知識論和倫理學乃是哲學的核心分支學科，師大有很堅強的師資陣容，以及很深厚的研究旨趣，才會開設如此理論性課程；銘傳教育所走應用路線，又只有我一個教育圈外的哲學教師，講倫理學絕不能閉門造車，更必須與時俱進、推陳出新。為吸引研究生選修此課，我靈機一動，將之設計為「生命教育研究」的配套科目，彼此相輔相成、相得益彰，但二者皆可單獨選修。我所構想的原則是，生命課講學生生命教育，指引在職及未來的教師，去中小學推動生命教育；倫理課學教師生命教育，讓老師或準老師反身而誠，從事自我生命教育。事實上教育倫理學的先驅乃是杜威，他的倫理著作較哲學專書更早問世。

　　考其歷史，現代教育學誕生於十九世紀之初，赫爾巴特主張以倫理學為教育活動提供宗旨，其中就包括規範教師於教學時有為有守的「師德學」；無獨有偶，同樣出現於十九世紀初期的「醫學倫理學」，同樣偏重「醫德學」。既然有此傳統，而今日臺灣生命教育的功能正朝向取代德育而設，官方生命教育的內容更以倫理教育為主；我將倫理課建構成生命課，乃有一定的合法性與正當性。為此我於結束休假返臺後的暑假，立即著手撰寫論文〈教育倫理學本土化重構〉，通過「中體西用」的理念立場，從對西方教育倫理文獻的檢視，一步步開創本土化論述，再據此樹立專業倫理與職業道德。我以外爍的「主體性溝通」教師倫理，以及內斂的「萬物靜觀皆自得」人生美學，為專業教師的「群與己」做出如何安頓的建議。該論文於次年秋天在北京師範大學發表，與對岸專家互通有無。

成人生命教育

　　作為中游應用學科的西方教育學，受惠於哲學中的倫理學與心理學，誕生在兩百多年前的德國；但是如今在華人社會所傳授的教育思潮與知識，則大多來自英美國家。由於西方式的現代教育體制已遍及全球，小學、中學、大學、研究所一應俱全，學生批量地入學和畢業，流程彷彿工廠生產線，教育成為製造業。它的優點是可以複製與普及，缺點則為培養出來的多為扁平化的人。制式教育有學習期限，臺灣通行的是六三三四制，六足歲入學，十六年後大學畢業進入社會；在如今少子化情況下，高等教育已供過於求，幾乎人人有大學念。不少人踏入職場後便一輩子不再碰書本、不會進教室，憑著常識和經驗過日子，倒也扁平無礙。不過人生並不止是過日子，講究生活品質，或許能讓人更覺快樂幸福，也更有價值感。要達到此目的，「終身學習」理當受到重視。

　　「終身學習」是相對晚近的說法，以前人們常講「活到老，學到老」，政府和民間也不斷推廣成人教育。成人教育注重自我導向學習，希望通過不拘形式的實務取向，以激發成人學習者的自動性與自我指引；當然其前提還是要能夠自動自發，誘因就顯得很重要。事實上一項很重要的誘因乃是「學到老，活到老」，畢竟在高速發展下的社會，缺乏新知不進則退，三C產品的使用便是一例；於是社區大學、樂齡大學等無不從善如流，教導中老年人如何使用電腦和手機。但這些都只是外在條件的改善，屬於與時俱進、更上層樓的努力；而站在生命教育立場看，除了生活技能的提昇外，內在素質的變化同樣重要與迫切。過去常聽說「讀書可以變化氣質」，如今已有電子書可讀，但重點還是在於開卷方能獲益。作為結合德群美育的生命教育，的確需要專為成人打造一套可行方案。

　　五十四歲以後我的生命情調起了重大變化，作為教師的職能從而

受到影響，由知識技能傳授，逐漸走向智慧潛能開發；以講授「教育倫理學」推動教師生命教育，同時思索如何擴充至成人教育。這項努力一直到花甲耳順前後，方才出現較為明確的內涵與方向，那便是「大智教化」。2009年初我完成一篇論文〈智者逸人——成人生命教育的境界〉，提出以「知識分子生活家」的人生途徑，創造出「智者逸人」的生機與意境。現代人為官者畢竟是少數，絕大多數人都在各式各樣職場中謀生糊口；我鼓勵職場中人隨著年歲日長，漸層地調整參與社會的步調與範圍，逐漸轉化為「以隱逸精神生活為依歸的有智慧的人」。這是指向半百以後逐漸入老的成年人，採取「不積極作為」而非「積極不作為」的「中隱」之道，把越來越多的時間與精力還給自己，真正落實「獨善其身」的工夫。

大智教化

　　「仕與隱」或「兼濟與獨善」的抉擇，始終為古人所面臨如何「安身立命」的重大課題。問題是在帝制政體下的農業社會，只有官場沒有職場，一旦不做官就得回家躬耕自給，陶淵明便是一例。比較有點規模的商業活動，要到宋代以後才開始，但為官者通常身不由己，只見謫貶難以退隱，蘇東坡又是另一例。而折衷方案卻來自前代詩人白居易，他的「中隱」之道，巧妙地為後人提供了一條可行途徑：官照樣做，生活情趣也盡量發揮。這種機會當然可遇不可求。唐代尚有閒官可做，至明代高壓統治，當官就像袁宏道苦不堪言，但畢竟辭官七次仍得全身而退；至於唐伯虎也還能夠煮字療飢、鬻文維生，因為那已是商業發達的時代，「中產階級」於焉形成。「中產中年中隱」是我為今人所提供的一道處世良方，其前提不是打混式的「積極不作為」，而屬獨善式的「不積極作為」。

　　「中隱」之道的實踐，當然需要一定的配套條件；像中產生活的

無所匱乏便很重要，且年近中老方足以如此要求。這雖然是從我的生活經驗中提煉而成，卻能夠放大成一套職場生涯的理想參照；其背景則是「人之存在」的實相，亦即齊克果所發現的「存在」奧義：「『個體』在『時間』之流中，不斷『變化』而趨於『死亡』。」此乃你我他每個人一生經歷之總和，從佛學觀點看，「生老病死」就是「生住異滅」、「成住壞空」；既然是非成敗轉頭空，「由死觀生」之下理當自我覺醒，越老越應該多把時間留給自己。不過要做到這一點，必須先行從事人生「典範轉移」，於廣大華人便是將生活態度從儒家轉向道家、將群體「善」調整至個體「美」。其最深層的思想根源，實來自道家楊朱的「為我」哲學；當代哲學家馮友蘭指出，楊朱認為生命最要緊，一切皆為「養生」與「養身」。

對自己「愛生惜福」其實無可厚非，畢竟「留得青山在，不怕沒柴燒」；不過「為我」思想要能落實相當不容易，一不慎便可能走偏鋒。它的核心價值乃是「隱逸」，屬於中國傳統文人特有的「避世」人生態度，連積極「入世」的孔子，都曾興起過「道不行，乘桴浮於海」的感謂。避世是道家思想的主調，在現實中越來越難以單獨實踐，必須跟儒家搭配思考，融會貫通而後行。「儒道融通」的前提是「儒陽道陰，儒顯道隱，儒表道裏」，儒家作為表象，道家才是核心。這或許跟時下流行的主流思想大異其趣，但正是因為「知其不可而為」，才有追求的需要。道家思想伴隨儒家生命情調長達兩千六百多年，《史記》記載孔子曾問學於老子；中華文化的兩大根源，自始至終相輔相成，為「大智教化」提供了堅實的理念基礎。通過「了生脫死」的考量，道家終於有可能蔚為核心價值。

少子化

「少子化」在臺灣並非空穴來風，而是人為有意造成的社會現象。

先看一組粗略數字：民國元年人口三百四十三萬餘，出生十四萬多；半世紀後的五十二年人口一千一百五十萬餘，出生達於巔峰四十二萬四千多；又過近半世紀的九十九年，時值虎年，人口近兩千三百二十萬，出生十六萬六千餘，跟民初幾乎一致，但人口已多了近兩千萬。最大落差出現在上一個虎年，即民國八十七年，出生一次跌掉五萬五千人；若說是虎年惹的禍，但之前並不明顯。八十七年出生的嬰兒，到一百零五年上大學，立刻造成招生不足的窘境；情況還會持續下去，結果是後段班大學紛紛關門。近年「少子化」多與「高齡化」相提並論，但二者實不可同日而語，畢竟「生不生」與「死不死」在本質上乃大異其趣；老齡代表活出應有水準，少子卻是有意無後，尤其當避孕技術應運而生更水到渠成。

三十三年前我們夫妻去戶政單位辦理結婚登記，辦事人員要我們先去旁邊的「家庭計畫」櫃臺選取避孕工具；我們選擇了口服藥物，並留下聯絡地址電話。從此不時獲得節育宣傳品，且每年必定接到電話，問我們是否已經「做人」成功；三年後我告知膝下猶虛，對方竟再三稱謝，從此沒有下文，料想已達成既定目標業績。我始終沒機會告訴對方，我們夫妻乃是當時難得一見的「無後主義者」；正是「無後」的相同理念，方才促成我們在認識十九個月以後共結連理，並堅持理想三十餘載而不墜。無後雖然是我們心之所嚮，但一開始也的確反映出生活中諸多困頓，譬如進修、謀職、購屋等等。三十二歲才成家，太太小我五歲；當時在念博士的我，靠她當小公務員來養；三十五歲任教不久購屋，竟碰上百分之十二的房貸利率，七年後忍痛脫手而賃居，利弊得失一場空。

結婚十餘年後經濟情況稍有改善，我又升上教授，「無後主義」便由消極的「捉襟見肘」，轉進為積極的「無後顧之憂」。從此我和太太分別選擇當思想者和藝術家；我開始努力著書立說，她則辭去公職改當設計師至今。看來「無後主義」還是有其具體貢獻，它讓我們成就自己，同時擺脫養兒防老的妄念。說起來「無後主義」的始作俑者，還是

大名鼎鼎的胡適，他有一首小詩〈我的兒子〉：「我實在不要兒子，兒子自己來了。『無後主義』的招牌，於今掛不起來了！譬如樹上開花，花落偶然結果。那果便是你，那樹便是我。樹本無心結子，我也無恩於你。但是你既來了，我不能不養你教你。那是我對人道的義務，並不是待你的恩誼。將來你長大時，莫忘了我怎樣教訓兒子：我要你做一個堂堂的人，不要你做我的孝順兒子。」句句實話，堪稱至理名言。

高齡化

　　如果說「少子化」是「無後主義」的有意體現，那麼「高齡化」理當更有意體現出「壽終正寢」，而非「苟延殘喘」。作為人生存在抉擇的一環，「少子化」若能從「養不起」發展到「不想養」及「不必養」，才算真正達到生活精緻化的目的。至於「高齡化」的理想境界，需要從「量變」到「質變」，將「活得長」轉化為「活得要好，死得更佳」。現今活得長的人比比皆是，我岳父九十歲中風，在養護中心臥床四年半去世；同學母親則躺了近五年，他幾乎每天去護理之家探望，並寫下詳盡的記錄。去夏名作家瓊瑤出版新作《雪花飄落之前》，這回不是言情小說，而屬沉痛告白；係對自己同意讓中風失智的先生接受插管維生悔不當初，字字血淚，震撼人心。其實這種情況每天都在各地上演，也難怪「安樂死」的呼聲會此起彼落，不少人期待立法以利尊嚴辭世。

　　臺灣的立法有時表現得十分先進，像同志成家合法化開亞洲風氣之先，相信安樂死立法也將不負所期；何況韓國已將此事排上立法議程，我們絕對不能落人之後。「高齡化」在某種意義下，其實是社會發展的結果；醫療照護和公共衛生條件的改善，個人自我管理能力的提昇，最終造成不少人活出應有的水準，讓國人「平均餘命」不斷攀升。像我六十出頭退休，計算年金發給的方式是以「餘命」為準，將部分退休金

分攤至二十三年，計二百七十六個月撥付，於是我每月領得一萬七千餘元，僅比臺北市低收入戶的標準一萬四千元稍高；但妙的是，光領這些錢我還有結餘，因為越老越難花錢，也變得不會花錢，跟年輕時想花卻沒錢花，呈現兩個極端，我想這就是人生實相罷！好在「大智教化」提醒我：盡力而為、適可而止、知足常樂，遂為之釋然。

國內六十五歲以上長者不久前已超過百分之十四，正式進入「高齡社會」；相對地，出生率和死亡率也將在不久扯平，踏上「人口負成長時代」。面對此情此景，政府不斷想開源節流，但各項社會保障都被悲觀地預測，將在二〇三〇年代破產。那時正好是我的「餘命」告終之期，節衣縮食挺一下，就將一了百了，但下一代怎麼辦呢？這時我就不禁想起「三民主義」所許諾的「無所匱乏」理想，尤其孫中山先生將民生主義想像成社會主義，而目前對岸正在施行「新時代中國特色社會主義」，有沒有值得我們學習取法之處？不過話說回來，臺灣的全民健保的確稱得上是良法美意；猶記1995年連戰當行政院長，力排眾議立即推行，至今已有二十餘載，可說造福了不少人。在七分之一人口的老人，要消耗三分之一以上醫療資源的現實中，如何活出應有品質，無疑將是我們的首要考慮。

志工服務

「志工」作為一種社會服務的職稱，如今到處都聽得到、看得見，那是因為2005年所頒布的〈志願服務法〉為之界定所致。記得以前經常聞及的說法是「義工」，二者之間雖無甚差別，但「義」與「志」所指卻各有千秋。我曾以為「義」是指無酬的「義務」，但服務性質卻無此規範，後來才暸解原來是指「善心義行」，即「做好事不求回報」的意思；現在社會上還有「義交」和「義警」在執行公務。至於「志」已被定義為「志願」，但同時也包含「自願」的條件在內；前者或來自

英文「志願者」翻譯，但後者其實更接近此種服務的眞諦，就像民間所言「歡喜做，甘願受」，頗有幾分宗教奉獻的意味。事實上，國內最早發展志工活動的宗教團體之一，正是服務範圍遍及全球的佛教慈濟功德會；信眾稱自己的奉獻爲「志業」，被視爲「工作」、「職業」、「事業」更上層樓的境界。

說來慚愧，年輕時我對社會上的義工善行視而不見，甚至無感，總覺得那是「行有餘力」才會去做的事情，而自己卻力有所不逮，遂敬而遠之。直到去南華任教，學校設有「非營利事業管理研究所」，請益之下，才聽說美國著名管理學者彼得杜拉克，獨具慧眼推崇「志願者」，並爲之著書立說。正是在他的多元分類下，與政治性「第一部門」政府組織、經濟性「第二部門」企業組織鼎足而三的社會性「第三部門」非營利組織乃應運而生。眾所周知，非營利組織的人力資源相當程度需要「志願者」參與，我們稱之爲「志工」服務。非營利組織主要包括學校、醫院、基金會，以及社教機構如公園、圖書館與博物館等；除了常設支薪人員維護正常運作外，更多是善用無酬志工創造附加價值。但「非營利」並非指不營利，而是必須將公益理想納入並實踐，畢竟賠錢生意沒人做。

或許正是二十年前偶然耳聞的杜拉克理念深植我心，退休後遊走兩岸期間，返臺之際想到該找些事情做，適巧有親人在臺北榮總當志工，遂在其引介下通過面談及實習加入服務團隊。沒想到一做就是二十個月，工作包括靜態的發放檢驗號碼單，以及後來投入其中的安寧病房。北榮志工超過七百，是僅次於護理人員的第二大群體，功能和責任都相當重大。根據我自己的粗淺體驗觀察，無論是醫院、學校、公園等，奉獻心意和專業技能均爲敬業所必需；光靠熱情並不夠，有時反而越幫越忙。像我在安寧病房服務，爲患者洗澡，必須小心謹愼，以免傷及對方。類似這些例行作業，都必須受訓三個月，且學會團隊合作，不能單打獨鬥。記得爲我們授課的資深醫師再三叮嚀，當志工務必要避免「捨我其誰」心理下的「英雄主義」作祟，應該積極融入團隊、分工合作才是。

安寧療護

　　我在北榮擔任一般志工一年多以後，得知主管志工業務的社工室，有意開辦安寧療護培訓，遂決定報名參加，接受考驗。報名前我詢問資深夥伴有否意願投入，有人立即表示不考慮；探其究竟，是不忍而不想看見為人送終的場面，讓我一時也感到猶豫。照說當時我已講授生死學課程二十載，如今有機會印證自己所發展的理念，理當一馬當先積極參與；但也正因如此，反倒令我擔心眼高手低，難以適應。回想當初規劃課程時，曾提出要探討四門「生死專業」，它們分別是死亡教育、悲傷輔導、臨終關懷、殯葬管理。這些於美國都是頒授證照且行之有年的專業實務，其中臨終關懷在臺灣最早稱「安寧照顧」，法規名為「安寧緩和醫療」，一般喚作「安寧療護」。至於大陸譯名「臨終關懷」，在臺灣則用於殯葬法規，指的就是安寧療護。

　　安寧理念我曾在前文提及，現在想較深入地討論它的可能性與限度。記得在生死所任教時，接觸到的安寧相關機構與基金會，都具有深厚宗教背景；像天主教耕莘醫院的康泰醫療教育基金會、基督教馬偕醫院的安寧照顧基金會，以及早先設於恩主公醫院的佛教蓮花臨終關懷基金會。在我看來，將宗教精神融入臨終關照，雖是很理想的作法，但也有可能影響各宗派信眾入住的意願；例如基督徒就不太會考慮住進隨處可見佛教元素的臨終病房，這就造成各教團醫院必須向「異教」開放服務，甚至要尊重並接納病患的信仰與需求。這一點在無宗教背景的醫院已不成問題，像北榮「大德病房」設有可以舉辦各種宗教活動的空間，既能讓師父進行往生助念，又得在神父或牧師主持下從事彌撒及禱告。我甚至想到，有否有可能以「大智教」為無明確宗教信仰的患者及亡者提供服務。

　　早年的安寧服務只接受癌末病患，因為資源有限，且預後較易評

估，其實在國外還會納入愛滋患者。此項服務過去沒有健保給付，又因不做積極治療而予人「等死」的誤解，加上國人諱言死亡，所以推動不易。後來民眾觀念日新，亦獲健保給付，醫院評鑑更從善如流列入考評，一時造成普及風潮，如今任何較具規模的醫院都設有安寧病房。自2009年起，健保局將許多慢性病患也列入服務對象，包括失智、腦病、心臟病、肺病、肝病及腎病等，且同步推廣安寧居家療護。如此經過多年努力，如今已有越來越多的民眾接受安寧理念，選擇在醫療「盡人事」之後，走向「聽天命」的自然死途徑。北榮「大德病房」位於主樓二十一層，樓下是開刀室及各科住院病房；我值班時經常見到樓下病患家屬上來參觀，以考慮接受「更上層樓」服務的可能，而這正代表安寧療護的靈性服務特質。

日本想像

　　我於2013年六十大壽前夕，出版自傳性質的小品集《觀人生》，在扉頁中表達此後的志業：「推廣大智教化，出版小品文集」；這是「大智教化」一辭首次形諸於文字，其後著述無論屬論文或小品，大多以「大智教化」代替「生命教育」，並視之為後者的民間版、成人版、擴充版與升級版。我的標新立異並非無的放矢，而是想推廣一套另類的生命教育論述與實踐，擺脫濃得化不開的宗教性倫理觀照，代之以清風明月的人文自然性美感體驗。「大智教化」之說的靈感，來自於白居易因其詩文平易近人，而被封為「廣大教化主」，我遂自詡為「大智教化主」，當成餘生志業。大智教化主張「靈性即性靈」，推廣「審美生活方式」，將美感體驗置於倫理考量之上，用靜觀自得落實獨善其身，其中包括對自然美、生活美、藝術美的親近，欣賞藝文作品便是一途。

　　為了歡慶整壽，我和太太參加了五天四夜北海道旅遊，希望賞心悅目並大快朵頤。之前我曾到臨東京兩回，都是轉機路過，匆匆一遊，走

馬看花。這趟遠離大都會，首途抵達兒時看日片中，小林旭背著吉他流浪其間的函館，頓時耳目一新。其後數日陸續行腳大沼、洞爺、登別、札幌、小樽、層雲峽，最終於旭川登機返臺，幾乎遊走大幅北國，一時竟喚起蟄伏半生的日本情懷。我自忖不屬於時下的年輕哈日族，但年少時生活中的確充滿日本元素，於此刻意外被啟蒙。由於父親鈕先銘為留日學生，日文是他唯一揮灑自如的外文，家中遂充滿日文書籍和雜誌，可惜並未激起我的學習意願。不過爾後我每年赴美探望，一早陪他看日語電視節目，卻為我的心田埋下小小種籽，逐漸醞釀出晚近對日本文化的親切感。這份感受在花甲耳順之年被喚醒，竟一發不可收拾，至今未減。

五年來我搜羅上百張日片光碟，購買有關東洋文化書籍不下數十冊，甚至為學唱日語歌曲，開始自學五十音。不聽不知道，原來過去耳聞的國臺語老歌，竟有大半沿用日本曲調；正本清源之餘，我開始思索身處的寶島臺灣，究竟受到日本薰習有多深。五十年殖民統治姑且不論，如今流行文化的東洋味之濃總是事實。但日本文化究竟有什麼值得我們如此嚮往，相當值得深思。我粗淺地認為，這其中多少包含一些「恨鐵不成鋼」的遺憾；同屬東方島國，看人家的進步與自律，對照於我們的守成及雜沓，難怪會對別人的成就心嚮往之。當然這可能只是一偏之見，但是過去這幾年的日本想像，的確對我的靈性開顯提供了一處空間，令我產生研究日片導演和演員的興趣；至於電視劇，「派遣女醫」中的白色巨塔，也足以跟我的志工見聞互相參照。

還俗記

當日本想像達於巔峰之際，便促成我寫出生平第一部電影劇本《大江浮生錄》，名稱參照法國片「戰火浮生錄」，內容則改編自父親半生自傳《還俗記》。父親雖為日本留學生，抗戰期間卻成為抗日名將；他

於南京大屠殺期間未及逃出，乃化身為僧，避居於寺廟內長達八個月，而後成功趁機脫困。其九死一生的驚險經歷，早於勝利前便由著名鴛鴦蝴蝶派作家張恨水，撰成章回小說《大江東去》連載於大後方報端，讓父親頓時成為全國皆知的傳奇人物。三十年後當事人將故事恢復原貌，現身說法寫成自述，連載於雜誌上，又引起一陣矚目。上世紀七〇年代有電影公司打算將之拍成戰爭鉅片，終因條件不足而作罷。2015年初我一時興起，動筆把父親的「生命敘事」改編成劇本，並於年中前往東京訪問女主角的後人以充實內容，希望能順利拍成，趕上大屠殺八十週年的上片檔期。

無奈如今預計時間已過，劇本仍停留在紙上談兵的階段，只好繼續等待金主來投資。我的作品其實包含兩段故事，超過原著所涵蓋的時期；父親是從抗戰爆發寫起，我則加上之前留學所發生的異國愛情故事，藉著兒女情長以沖淡戰爭的殘酷。據我所知，父親十四歲便首途赴笈東瀛，學習師範，認識較他年長十歲的女生森三千代而陷入情網，展開長達半世紀的情誼。期間他再度赴日學習軍事，並跟她論及婚嫁；無奈戰事已近，父親奉派回國，大戰爆發雙方便從此失聯。三千代後來成為著名作家，嫁給反戰詩人金子光晴，二人育有一子森乾，後為早稻田大學教授。我於數年前去東京拜會森教授的遺孀，高齡八十的森登子女士，在她位於吉祥寺附近的家中，得見魯迅及郁達夫同金子夫婦通信的真跡，可以想像戰前他們跟中國文人互通有無的盛況，也算為父親的初戀添上一筆註腳。

失聯二十餘年後，父親為開創臺灣電視事業赴日考察，竟意外輾轉聯絡上三千代。兩人相見不勝唏噓，只能感嘆造物主之作弄。值得一提的是，為父親打探到三千代下落的人，乃是他在陸軍士校就讀時的學長，也是中日戰場上的死敵、戰後投降代表之一的今井武夫將軍。根據《還俗記》所言，父親避難於南京雞鳴寺，扮小僧在大殿一旁販售字幅，為寺院添些香油錢。某日一批日軍進入參拜，為首者正是今井；所幸他並未看見父親，否則歷史就要改寫，我也不見得會來到世上。回顧

歷史，父親所經歷的確實是一段大時代的故事；有了他們爲國奉獻，我才得以安度至今以發展「大智教化」。飲水思源，感恩父母將我帶進世界，成爲今日之我。當然父親的異國初戀，也爲我的日本想像平添一分雅趣；這種美感體驗在老之已至的今天，益顯其浪漫。

後 篇

化：愛智慧見（老後）

🌳 安身立命

講述了自「吾十有五」以來半世紀的學思歷程，終於來到要做總結的時候；我的總結擺在第一百帖再寫，現在先來綜述「大智教化」的兩大主題及目標：「安身立命」與「了生脫死」。先提前者，「安身立命」原為禪宗語，引申為現代說法，就是「安頓身心，樹立理想」；我不打高空，建議大家從追求「小確幸」發展到落實「中確幸」，以成為中產階級為目標。回想大學時代的我，有著很強烈社會主義思想，總覺得整個社會不公不義，卻又不知道如何造反。後來讀到波普討論「開放社會」的書，並受到他的「常識實在論」影響，從而肯定「點滴社會工程」的可能；用在地的話說，「一步一腳印」是也。波普更通過生物學和心理學知識，發現「嘗試錯誤」的重要。一點一滴地不斷試誤，生活中就會有所改善；我正是如此一路行來，逐漸入老而覺得幸福。

人們經常說要快樂幸福，但幸福跟快樂並不站在同一層次；快樂可以只是純然精神上的滿足，幸福卻必須有物質條件作後盾，亦即「無所匱乏」，從而「無有恐懼」。人生在世如果只為三餐溫飽，就很難有理想抱負可言。我認為個人在踏入社會前，最好學會從事策略規劃，先想像期待中十年後的自己是何模樣，再考慮如何達成目標；目標可依近程、中程、遠程分別設計方案，然後逐步實現。老實說，過去並沒有人教我這一套，是念管理後領悟出來的；但如今從高中就開設有「生涯規劃」課程，跟「生命教育」搭配授課，足見二者相輔相成的功能。一旦有所規劃，生活便有可能點滴漸進地改善，讓快樂心情擴充為幸福感受。當然我也相信「一種米養百樣人」，有人喜歡冒險，走「高風險高報酬」的路；但大多數人還是期待「在安定中求進步」，「大智教化」乃建議「想清楚再走」。

我承認當老師是幸福的職業；大學老師像學生一樣有寒暑假，只

幹八個月的活兒，卻領十三個半月薪水，稱得上「海闊天空，自由自在」，這或許就是當代理想的「中隱」之道。必須說明的是，我的自由是在當上教授以後的事情，之前還處於不斷奮鬥的過程；升等時已上中年，收入中產，步入中隱遂水到渠成。至此「安身」已不成問題，便開始順著「中隱」之道以「立命」；我的理想是著書立說以推廣「大智教化」，移風易俗以助人「了生脫死」。這是一種「由死觀生」的思路，在其中可以發現「向死而生」到頭來一切歸零，力行「現世主義」便顯得無比重要。不必妄想前世來生，以「輕死重生」為前提過好每一天，讓日日是好日，這才是人生的真諦。人生可用之身不過五十寒暑，我剛走完全程，接下去的歲月正如馬克思所言，「剩餘價值利用」，就用平常心去面對吧！

人生三齡

　　西方社會學者將人生分為第一、第二、第三年齡，即從出生至謀得穩定職業的第一齡、就業至退休的第二齡，以及退休後的第三齡，「大智教化」則以「生存競爭」、「生涯發展」、「生趣閒賞」三階段為之註。依此觀之，我的第一和第二齡分別結束於三十五歲與六十歲，然後通過五年「後生涯」擺盪，至今入老終得一切歸零，走向閒賞觀望的渾然圓融之境。宋儒程顥有詩〈秋日偶成〉云：「閒來無事不從容，睡覺東窗日已紅；萬物靜觀皆自得，四時佳興與人同。道通天地有形外，思入風雲變態中；富貴不移貧賤樂，男兒到此是豪雄。」可視為此一意境的最佳詮釋。人生三齡並非一刀切，最好以「漸層發展」的觀點看待它們。而且既然代表的是生活意境，也許不必以社會規範要求，更好是當作美感體驗的對象；例如競爭雖苦，有人卻懂得逆來順受，苦中作樂，就像蘇軾。

　　過去有人批評臺灣的學校生命教育，認為傳遞的只是一套中產階

級人生觀，忽略了弱勢與偏鄉族群的感受與需要。「大智教化」正視此一論點，但反思再三，仍有意堅持以「中年中產中隱」的理想爲教化標竿。因爲任何一套人生觀點的引介，都無法覆蓋所有群體，只能退一步以「大處著眼，小處著手」的原則行事。「大智教化」雖以道家式獨善其身的生活態度爲依歸，但環顧四處，社會影響卻無所不在，遂務實地取「儒道融通」爲處世態度，走向「後現代儒道家」式的「知識分子生活家」境界。這其中「後現代」立場很關鍵，它可以就「效益論」著眼、從「關懷論」著手，「中年中產中隱」理想下的「中確幸」便可維繫於不墜。「效益論」主張爲大多數人創造最大利益，這正指向中產階層；至於「關懷論」則可通過社會保障和福利制度，去落實爲弱勢與偏鄉族群服務。

臺灣長期以來缺乏有力可期的左派勢力，僅有一些個別或鬆散的工運團體，零星地向財團爭取公平正義，但也不過以「無所匱乏，無有恐懼」的生活保障爲訴求，不足以推動重大社會改革，更不用提革命。這一方面是因爲大多數人已進入中產階級，希望在安定中求進步；另一方面也來自各種「運動」的力量被轉移到國家認同問題上，無論是工人、農民、學生想「造反」，都必須先站在「政治正確」的一邊，方能得到奧援。既然如此，唯一可行之計，似乎只有採用波普式的「點滴社會工程」途徑，通過民主程序從事漸進改革。如今生命教育雖取代德育，卻不碰政治經濟社會議題，「大智教化」乃提出「知識分子」擇善固執的人文關懷，亦即「兼濟」；但隨著年歲日長，「生活家」海闊天空的自然嚮往就需要被激發，以利「獨善」。倘若人人都足以獨善其身，社會和諧便可以期待。

 ## 中隱之道

「中隱」之道是一套古人的處世態度，多針對爲官者而言，就一

般小老百姓起不了什麼作用，或許可以說無甚意義。「中隱」乃相對於「大隱」和「小隱」；前者隱於廟堂之上，位高卻只想明哲保身，屬貴族特權，不切實際；後者隱於山林之中，靠勞動維生，自給卻不一定自足，甚至溫飽都成問題。提出「中隱」之說的白居易，通過詩文具體構想：「大隱住朝市，小隱入丘樊。……不如作中隱，隱在留司官。……不勞心與力，又免飢與寒。」他身體力行自願外派做閒官，順利屆齡致仕退休。在中產階級出現以前，「仕與隱」的二選一抉擇，令不少文人傷透腦筋；至今民主自由時代，個人政治經濟生活可以多元發展，走自己的路既不困難又有機會，「中隱」之道遂有了與時俱進、推陳出新的可能。今日中隱乃是自覺地「不積極作為」，同時避免投機的「積極不作為」。

乍看之下，「不積極作為」根本與鼓勵人們應該「積極進取」的教誨背道而馳，簡直就是「敷衍塞責」、「自私自利」的託辭；但是這種另類觀點其來有自，正是道家思想的當代應用。放在歷史的景深裏面看，道家可以說是儒家的忠實諍友；治世儒家當道，亂世道家出頭，但大多時候二者仍以相互融通的姿態出現，歷代文人的心境與作為可為明證。但這一切俱往矣，如今已步入西學當道、科技掛帥的後現代，所有價值系統都必須重估與再造，「後現代儒道家」便屬與時俱進下的新興產物。它將傳統道家的「無為」放在中心位置，希望盡量創造「無不為」的附加價值，但卻是針對個體而非群體而言。過去儒家推崇治國平天下思想，「內聖外王」往往想兼善天下，結果卻可能造成天下大亂，改朝換代也不過複製另一個家天下。然而今日世界已呈現另外一種局面。

不管現在有多少種價值體系，看來看去只有一種始終立於不敗之地，那便是資本主義；三C產品的使用遍及全球，影響無孔不入就是明證。這些電子產品的製造和使用都是跨國式的，國家壁壘已相對鬆動及淡薄。而資本主義三百多年發展下來，說穿了還是為了「利用厚生，經世濟民」，讓世人安身立命、安居樂業。它的對手原本為社會主義，如今多已被收編，像「新時代中國特色社會主義」便是一例，而朝鮮走

的也是國家資本主義道路。就在社會主義批判資本主義之際，馬克思發現位於「資產」與「無產」階級之間的「小資」已應運而生，它後來於二十世紀在美國壯大為占人口七、八成的「中產」。中產要享樂休憩消費，要為自己而活，從而形成強大的「個人主義」價值觀。今天「大智教化」所提倡的「不積極作為」，正是「個體論」而非「唯我論」，是自主而非自私。

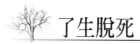

了生脫死

說起來有些不中聽，但是華人既然接受了西式生活型態，就有必要認真考慮作為其深層結構的意識型態；去蕪存菁，予以批判性地參考接納，「個人主義」便是最好的試金石。相對於道家的「獨」、「隱」精神，儒家始終是以集體力量凌駕個人抉擇，並且用一套倫理觀加以牢牢框限，其中最不合時宜的便是傳統「孝道」。孝道最極端的說法乃是「天下無不是之父母」，但放眼看去，天下不是之父母卻比比皆是，由此可見此一全稱命題非但站不住腳，而且顯得一廂情願，為天下增添許多「愚孝」的不幸。其實說穿了「天下」只代表中國，西方人壓根兒就不吃這一套。它們會「敬愛」父母，卻沒想過要「孝順」，順從和關愛完全不可同日而語。這放在「了生脫死」議題中尤其關鍵；「孝道」不減，殯葬改革就不易推動，太多喪葬陋習皆假孝道之名而行，宜去之而後快。

儒家的集體性格最嚴重的偏差，在於「家族主義」下不尊重個人自主，魯迅所謂「禮教吃人」指的就是這點。而現今遺憾之事多發生在臥床病人身上，倘若患者事先未行「預立指示」，一旦由家人代行決策，往往會基於孝道考量而誤判形勢，造成抱憾終生。瓊瑤的悔恨便是一例，而她先生其實早已留下不急救的指示。「大智教化」一方面要對「安身立命」議題顛覆傳統，更嘗試在「了生脫死」方面打破禁忌，大

力鼓吹安樂死和自然葬。這是本於「向死而生、由死觀生、輕死重生」一系大智哲理的進一步實踐。人終不免一死，活著又要承受「生住異滅」、「成住壞空」的消磨，唯有看透、看破、看開方能絕處逢生。重點在於觀念的轉換，「此念是煩惱，轉念即菩提」，既然儒家表示「未知生，焉知死」而諱言死亡，那麼就讓道家尤其莊子一系思想發揮所長吧！

「了生脫死」的最簡單解釋就是「了悉生之奧義，擺脫死之羈絆」。在生的方面，現世主義與中隱之道宜擇善固執，不必妄想生前死後之事，也無須太過於犧牲奉獻，人人獨善自然天下太平。在死的方面，居安思危及未雨綢繆宜放在心上，避免苟延殘喘與亡羊補牢，「應盡便須盡，無復獨多慮」，正是現世主義的實踐。反身而誠，行年入老，我已經沒有資格再行中隱之道；倒是在回顧一生之餘，發現自己頗有「宗教感」，因此到老決心提倡推廣宣揚「大智教」。大智教不是超越性宗教信仰，而是內在性人文自然主義信念，將倫理道德規範盡量轉化為人生美感體驗；尤其對「養生送死」之事，主張跳脫孝道框架，改以美德實踐。為父母送終，悲傷雖屬人之常情；但若在生前以敬愛之心多予善養，則雙方皆得死而無憾，「厚養薄葬」遂成人生最重要的「後事」。

安樂死

二十歲以前，我雖然已經接觸到討論死亡議題的存在主義思想，卻對「安樂死」所知不多。上大學後被推舉參加新生盃辯論賽，雖然在臺上慷慨陳詞大聲疾呼「我方堅決主張安樂死應該合法化」，也不過是參考幾份剪報拾人牙慧瞎扯一通，但總算有些印象了。又過了二十年，傅偉勳生死學大作問世，我不久後拿它當教材上通識課，加上去中央哲學所教生命倫理課，這番才真正下工夫鑽研進去。「安樂死」的外文原意

就是「好死」、「易死」，日本人藉孟子「死於安樂」之說，將之翻譯成「安樂死」。其希臘文字根代表「死神」，佛洛伊德曾予援引，而與「愛神」相提並論，主張「生之欲」和「死之欲」都屬於生命本能，在潛意識中被盲目的意志力所決定；「盲目意志」觀點來自叔本華，更可上溯至佛教的「八苦」。他是少數對古印度宗教感興趣的哲學家，並自其中汲取不少靈感。

「安樂死」的基本訴求原先很單純，就是對不痛苦自我了斷的認同與實踐，英國哲學家培根就屬積極提倡者。不料在上世紀被納粹有心誤用，用以處決集中營裏的無辜者，從此背上幾乎洗刷不掉的污名。好在後來醫療科技弔詭地進展到足以令人長期「苟延殘喘」的地步，甚至引發法律糾紛與社會論辯，更納入生命醫學倫理學的重大課題，終於又讓世人正視安樂死合法化的問題。一九七〇年代有名英國記者協助癌妻自殺，為引起世人關注此類需要，他後來在美國發起成立一個社會團體「毒芹協會」以鼓吹安樂死。「毒芹」是一種毒草，可製成毒藥取人性命；古希臘哲人蘇格拉底被當局以蠱惑人心罪狀判死，便是喝下毒芹汁喪命。以紀念哲人為真理而犧牲，且在當代推廣「死亡自決」的真諦，毒芹協會藉著成立分會、演講座談、出版書刊、發行光碟等方式傳播理念，效果不差。

2010年美國有線臺HBO拍攝了部電視電影「死亡醫生」，講述一位卡福肯醫師前後協助一百二十九名末期病患自我解脫，再另外為一名患者主動安樂死而被判刑的故事；該片由艾爾帕西諾精彩演出，讓他得到艾美獎影帝。我多次將此片放給生命課研究生看，再進行正反兩面的討論，巧妙地銜接上年輕時辯論的熱情，也促成不少教學相長效果。進入新世紀後，安樂死已經逐漸由禁忌話題轉化為人生終點的多元選項，有越來越多的國家或地區通過立法，最新的是韓國，以允許安樂死或協助自殺；兩者差別在於前者由醫師動手，後者自己下手，目的都是人為加工死，而相對於自然死。平心而論，我認為一個成熟社會，理當提供各式各樣的「生死關懷」，包括安寧療護與安樂死。我知道宗教團體多反

對後者，但是「大智教化」站在人文自然主義立場，還是希望積極肯定與推廣。

 自然葬

講授生死相關課程至今二十三載，通過「由死觀生」的視角，我得到一項寶貴啓發，那便是從一個人的「人死觀」，足以充分反映其「人生觀」。怕死雖爲人之常情，但人又終不免一死；一般情況是先面臨至親的去世，到頭來就輪到自己。要人不怕死並不容易，但對死亡多一些瞭解，也許可以不太怕死，一回生二回熟嘛！對此古希臘人比我們明智得多，他們認爲活著就沒有死，怕乃多餘；一旦死去，怕也跟著不見，因此怎麼說都沒啥好怕的。當然有人會以爲這不過是詭辯，不過想來也不無道理。現世主義主張生前和死後都「不成問題」，一問便自尋煩惱。當然遺體處理勉強算是要別人代辦的問題，不過若事先交代清楚，也就不會帶來太多困擾。佛教認爲身體不過是「臭皮囊」，甚至通過曝屍自化的「白骨觀」以觀「無常」。這些作法雖然極端，仍有很高參考價值。

西方人自古講「塵歸塵，土歸土」，似乎預示了後世物理學的質能不滅定律，萬物不斷轉換，生死流轉亦在其中；臭皮囊終究要回歸塵土，簡單處置便好，莊子老早就表明立場。最簡單的處理辦法就是「自然葬」，包括樹葬、花葬、海葬、灑葬等，甚至藏族的天葬，無不以極簡回歸自然爲目的。另有一種看似刻意不自然，卻具有象徵意義的，就是馬桶葬，亦即將骨灰研磨爲粉末再沖入馬桶；聽來彷彿輕蔑荒謬畫面，卻出現於評價頗高的美國電影「神奇大隊長」之中。那是一對另類父母，希望六名子女不受文明社會污染，便帶領他們住在荒野中學習生存，並教育其成爲批判社會的哲學家。後來母親病逝，被娘家帶回入殮厚葬，父親乃率領子女前往盜墓，將遺體攜至一湖邊火化，再把骨灰沖

入馬桶內，全家團圓含笑告別。看似荒謬的一幕，卻足以讓人深思如何死得「不落俗套」。

這部電影出品於2015年，但早在二十五年前，我便聽到銘傳一位歷史教授表達相同意願。象徵地看，沖馬桶代表清潔溜溜、一了百了，讓「臭」皮囊去之而後快。這種道理只能用自然主義解釋，類似莊子妻死鼓盆而歌、自死就地掩埋的作法；此乃典型「越名教而任自然」的態度，想通了就不會大驚小怪。當然在現實生活中並無必要如此驚世駭俗，但走向環保自然葬，的確是臺灣殯葬改革的終極目標，甚至已載入法規中。為從善如流，並尊重先人意願，我先後為母親海葬及繼父樹葬，並立下遺言自己也希望海葬。小老鄉陶潛的「縱浪大化中」，永遠是我的心之所嚮；一衣帶水的無限想像，回歸自然而無所約束。記得有年母親忌日，我在四川成都任職，只能買束花拋入岷江，任其順流而下，期盼著自己的心意，終將流入大海與母親相會，便感到十分欣慰。

結

生命敘事

　　講述自己的人生觀解，這已經不是第一次；五年前出版自傳、兩年前刊行哲理，眼前這部則屬回憶錄，他們都以百帖千字文形式和盤托出，篇幅總共三十萬言。爲何我會樂此不疲？實在是不吐不快。走在人生的道路上，眼觀四面，耳聽八方，有感而發，逐發爲文字，我手寫我心。我的書印量不大，一版五百冊，五年都賣不完；然而一旦貼在網上，一年就有五百生徒閱讀，如此靈性開顯的性靈抒情，就當成是爲他們作示範。提早退休後在兩岸游走數年，如今回來兼課；每學期三、四班，除研究生外，其餘都是大班通識課，以量取勝。原本我覺得人多雜沓，且不免疏離；後來轉念一想，何妨廣結善緣，直指人心；以文會友，以友輔仁。於是我努力著書立說，不但在課堂上現身說法，並且以自己的生命敘事，激發同學們反思自省的潛力，從而認眞寫下生活心得。

　　現在年輕人寫正規文章的機會的確不多，多半在群組內用短句或火星文加入貼圖扯上幾句，或許辭不達意，但仍可能達到溝通目的。但我認爲進大學的目的，除了學得一技之長用以謀生糊口外，待人處事和發現自己也很重要，同樣要學，而通識課的附加價值正在於此。這一兩年我學會貼網誌當教材，請同學上去瀏覽，藉以多元學習。網誌不宜太長，單篇一千已屬上限，最好是圖文並茂，可惜抽象哲理不知如何配圖。好在貼文頻繁，加上我又每週現身說法，自我詮釋一番，倒也廣收教學之效。我跟同學說，我們師生至少可以結得「四月緣」，四個月一學期過去，緣起緣滅，各奔西東，人生便不過如此。話雖如此，但我仍衷心希望，年輕人把我的文字和教化當作一面鏡子，在其中照見自己，發現自己無以倫比的生命光芒，從而避免隨波逐流，「忘了我是誰」。

　　「生命敘事」是學術名詞，列入社會科學研究中的質性研究方法之

一，通過對訪談對象「講故事」的文字記錄，加以意義詮釋，以解答要研究的問題。這種方法的靈感來自基督宗教，神學裏有一套解經術，努力從各種經文中發掘出深藏的奧義，而人生又何嘗不是一部大書。我在過去五年間，以三部百帖千字文勾勒出自己的生命意義，相信能夠帶給下一代及下兩代人，足以比較詳細地考察我們這代人所言所行、所思所想的個案。代溝終究存在，我並不期待白費事去填平它，反而嚮往距離所造成的美感體驗，「萬物靜觀皆自得」。教書三十五載，入老之際終於發現它確實是我的生命志業，因此樂於通過「生命敘事」去傳道、授業、解惑。一種米養百樣人，當我看見臺下坐著的同學，想到四十多年前的自己，誰又知道這群年輕朋友中，以後不會出現一位諄諄善誘的老教授呢？

 ## 愛智慧見

以百帖千字文的篇幅來鋪陳我的生命敘事，終於來到最後一帖，算是為自己發願書寫的心路歷程作一總結。用最坦白的話講，這些文字乃是我在六五入老之前，進行了長達半世紀的哲理思考與行動之回憶和記錄，且不乏自我詮釋。書名《六經註》，與兩年前出版的《學死生》，分別代表我所構思發展的「大智教化」論述兩個側面，一縱一橫。前書講述了「大智教化」的系統內容，包括基本哲理和人生三齡；本書則嘗試正本清源，找出自家本事的來龍去脈；二書可稱為我的「愛智慧見」。「愛智慧」就是哲學，「智慧見」則為古聖先賢的大智大慧；算一算這已是我的第七種哲理小品文集，一以貫之的寫作目的，大概就是不斷充實精進人生哲理，亦即「愛智慧見」。它們都屬於個人情意發展的成果，進而推己及人，開發出一套情意教育。

我曾經表示，科學哲學幫我安身立命，人生哲理助我了生脫死；我靠前者謀得教職，卻以後者創造意義。年輕時我選擇了哲學，一開始

竟食之無味；後來讓哲學選擇了我，終於甘之如飴。五十年來的前半亦步亦趨，學習「我註六經」；後半則出現人生典範轉移，樂以「六經註我」。長期以來不斷有人戲稱我爲「哲學家」，只當是調侃和逗趣；如今在寫出第三十一種著述後，我自認已跨過這種名相，而以「思者醒客，智者逸人」自許。身爲思想者及存在者，終於能體會笛卡兒「我思故我在」的精義了。總結我的「愛智慧見」，可以「大智教化」名之，它同時包括理念與實踐；理念爲「大智慧」，實踐即「行教化」。後者包括自我教化與社會教化；兩年內出版的兩部書，副題皆歸自我大智教化，多少有著自我肯定並推己及人的意思。我所推廣的「大智教」，正是自己的「愛智慧見」。

在哲學上，我所私淑的精神導師，當然就是波普，畢竟我正是以研究他的思想，而先後取得碩、博士學位。我最欣賞他的清晰思路、全面興趣和淺顯表達，這種難得一見的「通人」，最合我的「雜家」胃口。波普自稱「常識實在論者」，雖屬常識之見，卻顯得實實在在；不矯揉造作，更不故弄玄虛。我常對學生講，哲學家最大的本事，就是把簡單的道理說得極其複雜，卻連自己也不相信，其實大哲學家維根斯坦也有類似的認識。反身而誠，我絕非天縱之聖；身處寶島臺灣，長期醞釀出一系常識之見，希望用於「安身立命，了生脫死」，既自度也度人。這本書或許是我最後一回採用千字文形式進行書寫，今後考慮長話短說，一帖最多五百字足矣。小品文的特色在於「當行則行，當止則止，無過與不及」，但願它能眞正反映我的心聲。寫出來就是一種發表，雖千萬人吾往矣。

附篇一

續《觀人生》：
大智教化（60-65歲）

離退後的游走（2013-14）

　　最後一回以導師身分穿博士服戴方帽，隨著帶了兩年的專班生出席畢業典禮，感覺上我也跟著從生涯舞臺上畢業了。只是花甲耳順前夕選擇提早離退，希望自由游走兩岸，卻因為疏忽未能及時申請，而陰錯陽差地必須多待上半年。但是此刻我已無心任教，只好權宜請無薪假。事後聽說退休若年逾六十，得以按月領取年金，可謂歪打正著。私校教師年金雖比公校少得可憐，畢竟聊勝於無；為了規避老病纏身的風險，唯有落實以房養老。過了一個已經不算暑假的夏天，我和太太揮汗花大勁，把擁有十五年的舊房徹底出清，交給仲介代售。兩個月後，正值六十大壽前夜，我們在日本北海道札幌的觀光飯店內，於就寢前接獲仲介來電，謂房屋已順利售出。如此一來，除還清現住房貸外，養老所需亦不虞匱乏，兩人可安度晚年，不啻為一份意外的生日禮物。

　　在這之前，我其實給自己準備了另一份生日禮物，那就是以小品寫成十萬言六十自述《觀人生——自我生命教育》的出版。在扉頁內，我特別標榜「推廣大智教化，出版小品文集」，這是「大智教化」一辭首次出現於正式出版品中；往後五年，包括本書，我陸續完成三種以此為名的專書。退休以後，人生逐漸從生涯發展步入生趣閒賞階段，大智教化正是支撐我得以安身立命、了生脫死的動力。在我的心目中，大智教化乃是生命教育的民間版、成人版、擴充版與升級版；生命教育是我在此前為之推動十六年的學校德育，一旦踏出校門，它就跟著變成海闊天空、自由自在的大智教化。大智教化不和任何宗教信仰掛勾，也毫無神秘之處；只因為我認為安頓生命需要用到古今中外的大智大慧，而社會及自我教化也比學校的制式教育更具揮灑空間而已。

　　離退以後雖然暫時不授課，但是身為學者專家的社會角色，依然持續了一陣，偶然還是會接到邀請，有機會參加學術研討會。過去擔任教

職期間，出席研討會並發表論文是責任，成果還會被列入個人及系所評鑑計分，一點也馬虎不得。然而一旦退休，再碰上這種所謂「學術大拜拜」，完全沒有心理負擔，我便樂得借題發揮，暢所欲言。生日後一個月，我因爲年輕時曾協助新儒家刊物《鵝湖》的創辦，三十八年後竟意外受邀，參加由深圳大學主辦的當代新儒學國際會議，得以舊地重回，暢遊六日。深圳是我首度窺探大陸的窗口，當年適逢鄧小平南巡講話，一座嶄新城市便拔地而起，作爲改革開放的重要象徵。物質條件進步了，精神文明也逐漸跟上，近年出現的國學熱便是一例。我在會議上探討儒釋道「三家會通」的喪葬觀，不免顯得有些另類。

 # 國學院的成立（2013-14）

在深圳重逢以儒學爲核心的國學一個月後，我又於北京再會十年未見的老領導龔鵬程校長，過去我們一度在南華共事。校長退休後到大陸發展，以推廣國學爲己任，除擔任北京大學中文系教授外，還在全國各地創辦民間書院形式的國學院。碰面原本只是敘敘舊，未料校長竟盛情邀約，要我去主持他設立於四川都江堰文廟內的國學院。文廟即孔廟，都江堰屬於成都市下轄的一區，官方編列預算興辦文教事業，由龔校長組成民間團隊承包其事。該地是岷江沿岸著名水利工程，遊客如織，絡繹不絕，「都江堰國學院」遂又名「岷江書院」，吸引遊客上門參觀，並學習傳統「六藝」，尤其是在文廟廣場射箭。我於年節後走馬上任，待了近三個月，每天吃香喝辣，難免水土不服，遂於書院格局初現，自認已完成階段性任務，乃揮揮衣袖，搭機返回臺北。

平心而論，我雖爲哲學學者，卻對國學不甚專精；一旦身處文廟，以廟辦學，它就越看越像華人的神學。我能夠做的，還是在於推廣大智教化。次年夏天，我終於如願在國學院內開授「生死學」，讓國學專業的學生聽聽不同的聲音。放棄在對岸追求事業二春，回家繼續深耕我的

大智教化，一步一腳印地撰寫相關議論文章。在入夏之前，我還曾應邀至澳門出席亞洲殯葬博覽會，並作了一場關於臺灣殯葬教育的報告。作爲殯葬教育的推手，是從去南華創辦生死所開始的。八年後，我寫出華人世界第一部《殯葬學概論》，將學校裏的生死學與生命教育，延伸擴充至社會上一門不可或缺的專業實務中，可視爲讀書人從獨善到兼濟的一份理想。它也曾經一度涉世實現，即是擔任了三年上市公司董事，也成功推動專業證照的落實。

但我畢竟屬於學者型人物，坐而言勝於起而行，擺脫不了眼高手低、力不從心的毛病。有意思的是，在我成爲殯葬公司董事後，老闆還有意讓我去山城重慶擔任殯儀館館長，結果眞的由另一位有實務經驗的董事出任。此一職務任重道遠，卻也是愛智人的出路之一；我有一個輔大哲學系學妹，就曾榮任臺北市第二殯儀館館長。館長著實不敢當，寫書卻肯定是專長。這年夏天，努力三年的集體創作《臺灣殯葬史》終於問世了，出版單位還包下酒店宴會廳，隆重舉辦新書發表會，邀請兩岸相關產官學界人士共襄盛舉。該書分爲十章，篇幅多達五十萬言，細數臺灣四百年來的喪葬習俗流變發展，算是爲在地殯葬學術紮根深化的一項努力。我善於談理念、畫宏圖，因此被推舉撰寫第一章導論，共計三萬字，開宗明義深入淺出講一回。

 ## 大智教的醞釀（2014-15）

新書發表後兩天，我便啓程赴北京了，一待就是三個半月，算得上在大陸連續停留最長紀錄，其間陸續去往上海、海南、甘肅、河南等省市。到處遊走的目的固然不脫大智教化，卻總是感覺永續發展的不到位。「永續發展」在大陸稱作「可持續發展」，更忠於原文翻譯，也更能搔著癢處。多年來我無論是在推動生命教育抑或大智教化，彷彿始終沒有掌握住其中的可持續性；不是稍縱即逝，便是虎頭蛇尾，難免遭

憾。然而退一步想，大智教化既屬生命教育的擴充與升級，其前身乃歸於德育而非智育。如今智育講究立竿見影，可持續與否一試便知；相形之下，德育只能強調潛移默化，不爭一時而在千秋。對此有所領悟，心理也為之釋然不少。大智大慧為而不有，無所謂發展與否，但也不是可有可無。於是我想到逆向操作，創立大智教。

　　大智教化宣揚大智教，大智教廣納古今中外哲人文士的大智大慧，去蕪存菁，推陳出新，用以造福有緣人安身立命、了生脫死。既然此教由我所創，我也就成為當然的代言人。於是我自視為「大智教化主」，但並非人們眼見頭頂光環的「教主」，而毋寧是獨樹一幟的生命教師。我心目中理想的大智教，可視為各家各派宗教信仰以外的另類選項，基本上屬於人生哲理信念。大凡宗教信仰皆會許諾信眾以生前死後之事，大智教與之最大不同便在於此點。我提倡徹頭徹尾的現世主義，主張人死如燈滅，存在即自知；化剎那為永恆，從而強調精神不朽，但反對靈魂不滅之說。現世主義堅持活在當下，以「抓大放小」的原則順乎自然，樂享日日是好日。抓大放小乃指了生脫死、厚養薄葬，亦即善養父母、子女和自己，並落實環保自然葬。

　　我很慚愧並沒有達到這般理想，首先是不曾生養子女，其次真正照顧父母的日子亦很短暫，而養生之道更落得七折八扣，以致病痛此起彼落。但退一步想，正是因為生活的不盡理想，才有改善餘地，以及大智教化的揮灑空間。這半年我先是在北京，後來在臺北，開始認真反思大智教化的知情意行，進行構思並撰寫相關理念與實踐之道。就在次第書寫之間，另一件事情意外地拓展了理念的廣度與深度。話說每年十二月初是我的母校輔仁大學校慶活動期，各學系照例舉辦系友回娘家，我有空便會共襄盛舉。這年回去發現系主任換上博士班同窗尤煌傑，感覺更加熱絡。不久後他在改革課程時，又想起我這個老同學，力邀返校兼課，講授老本行宇宙論，如今則更名為「自然哲學」。適巧大智教化力倡「自然」之道，乃允諾授課，並思考如何借題發揮。

寫劇本的嘗試（2014-15）

作為哲學宇宙論的自然哲學，其實屬於西方傳統哲學重要分支形上學的一部分，另外一部分則為本體論；宇宙和本體分別代表大化流行的表與裏，皆為哲學探究的重大課題。但是西方哲學自西元前六世紀肇始，經歷兩千三百多年發展，竟發生科學革命，使得今日自然與社會科學諸學科，紛紛脫離哲學而去，時間約在十七至十九世紀。尤其是宇宙論部分，既然科學已說了許多，哲學再發言勢必得推陳出新，不能再食古不化。由於輔大的天主教淵源，母系成為全臺所有哲學系所中，唯一堅持必修自然哲學的教研機構，可謂捍衛傳統不遺餘力。而當我接下如此一年四學分的必修課，首先想到的創新之道，便是讓哲學史與科學史交流、西洋哲學跟中國哲學對話。簡言之，我在引介西方「自然哲學」傳統之外，也端出中土「自然的哲學」相互輝映，後者即大智教。

一篇萬字以上的自然哲學講義，脫稿於春節前夕的北京；為此我買了二十幾種簡體字專書獺祭參考，同時得以重溫舊夢。我的學術專長為科學哲學，但是自從完成教授升等論文後，就逐漸轉移興趣至生命倫理及生命教育等方面，一去近二十載，重新涉獵竟然意外產生新的統整收穫。新收穫尚不止這一端，提筆為文除了教學講義外，也同時實現了多年來的願望，那便是將老父的半生自傳《還俗記》改寫成電影劇本。此事得以浮上檯面，是因為我看見大陸宣稱要積極紀念反法西斯戰爭勝利七十週年，準備於秋天進行盛大閱兵，而俄羅斯早於春天就先舉辦了。二戰歐洲部分結束於春季，亞洲戰場則又拖了三個半月才終告勝利。父親為抗日名將，曾親臨南京大屠殺，未及逃出之際，避難寺院而躲過一劫。此事當年即登上報端，使他成為大江南北的傳奇人物。

傳奇人物與故事涉及出生入死和了生脫死，若能拍成電影，肯定是很好的大智教化題材。2017年底為大屠殺八十週年，看似影片推出的好

時機；但我過去雖曾於電視臺作節目、編短劇，卻從未撰寫電影劇本。好在老父自傳結構完整，戲劇性強，我取大時代之中兒女情長、生離死別爲引子，相信能夠吸引觀眾。可惜劇本於2015年3月脫稿後，雖曾將故事大綱貼在兩岸的社群網站上，並拿給一些電影圈內人士過目，但涉及戰爭史實投資巨大，至今仍乏人問津。在創作無人理會的情況下，我轉而整理手邊的大智教化議論文章，加上退休前所撰生命教育相關論文與著述，算一算已近二十萬言，又可成書一部，乃積極編纂，而於入暑時推出《大智教化——生命教育新詮》。此外我更帶著部分書稿，遠赴開封的河南大學，以及成都的都江堰國學院密集授課，各進行兩學分的實驗性教學。

 ## 歡喜做的志工（2015-16）

我的大智教化實驗教學，既可濃縮成兩週授課，又能鋪陳爲兩學期講授；後者即是重返母校，爲學弟妹開授「自然哲學」。不過這是由來已久的必修課，二十多年前我便教過；如今雖有意借題發揮，卻也不能太逾矩。我的教學策略是潛移默化，從老本行宇宙論，一步步過渡至大智教化，但要眞正攤開來講，卻得等到下學期了。好在老東家銘傳得知我有意兼課，乃邀我重啓已停擺兩年的通識課「生死學」。此課當年由我所創，亦爲涉足生死學之始，一旦無以爲繼不免可惜，遂答應重作馮婦。老實說，既然選擇提早離退，便無心吃回頭草；但一轉念想到生死課正是大智教化得以施展所在，就欣然前往。該科爲學期課，我一年內總共教了三班，每班選課皆超過百人，相當受歡迎。但是要讓二十上下的青春洋溢學子，想像中年以後的生老病死情景，著實不太容易。

實驗教學效果如何，自己心裏有數。平心而論，這幾年所構思的大智教化，主要針對中年以上成人而設計，對剛入成年的大學生而言，話題似乎稍嫌遙遠，難免搔不著癢處。不過無論如何，每週有兩三回可以

跟一大群年輕孩子談生論死，倒也讓我的心情輕鬆不少，足以去面對另外一項挑戰，那便是擔任醫院志工。這一年我兼課並當志工，其實具有一些外在與內在的關聯；外在於是因為兩者必須每週固定到班上工，不能再雲遊四海到處逍遙，乃伴隨從事；內在則是以志工的心情去兼課，純粹服務人群，因此沒有負擔。由於在醫院當志工，會有比較多的機會接觸病患，盡力而為，適可而止，不啻為難得的生命體會，對我講授生死學也有直接的功效。志工所見多為老病纏身之人，需要別人照應；我問大學生有沒有照應別人的經驗，大多都說沒有，所以必須多學習。

生死學講究知行合一，不應說一套做一套；我相信年輕人多半純潔，不太會做違心之事，真正問題出在所知未深，不知遂難行。我的對策是要他們由死觀生，從而輕死重生，了生脫死；具體作法則為虛擬遺書、交代後事，看看能否放下與捨得。此事我在二十年前一開始講授生死課程便已施行，但當年心中沒有完整的理念架構支撐，難有深刻體會，也不太能夠對學生所言充分回饋。然而歷經親人照顧和父母去世的過程，頓時讓生死學成為生死攸關的學問，不再只流於紙上談兵而已。這些經驗我到了五十幾歲才變得具體，就不能怪孩子們懵懂無感。好在虛擬遺書一寫，再加以幾部有關生老病死的電影播放，都足以震撼人心。通過這些多元形式的統整，讓一學期的授課內容，得以激盪每個人的情意感受，也讓我坐收教學相長之利。

 ## 生老病的折磨 （2015-16）

既然回頭兼課，又有學年學期的概念以及寒暑假了。寒假照例去北京過年，以品嘗嚴冬中的年味兒；不過這回卻讓我度過一個最為志忑的年節，一旦結束便匆匆返臺。原因是我在出行前整理行李，老眼昏花將救命藥包遺落一旁，所有維生資源都無以為繼，偏偏大陸又是看病難，只好臨時亂投藥。當時我已有十年高血壓病史，血糖亦持續偏高，這些

莫不是吃喝出來的。太太說我已經把一輩子喝酒的配額用光了，想來不無道理。高血壓似乎已成國病，我所使用的藥物「脈優」，在臺灣銷售排名第一，大陸卻遍尋不著。加上對岸也得拿處方箋買藥，更是難上加難。幸好我還有幾位高齡親戚，聯絡之下發現他們手上多少都有些剩藥，可以暫時救急。也許是換了藥，劑量不足，而北方又是天寒地凍，令血壓始終居高不下，只好深居簡出。

經歷此番折磨，免疫力自然下降，彷彿嫌所受的罪還不夠，返臺後不過久即罹患俗稱「皮蛇」的帶狀皰疹，且持續三個月才得痊癒。這期間仍得上課及當志工，對生老病死頗有些新的體驗；不但讓大學生分享，也趁機形諸文字，《學死生》一書的初稿，就完成於此一時期。該書已於2016年7月問世，是我的第三十種著述，內容除了以十萬言新作為主文，還納入之前半年所撰寫的四篇論述文章為附錄；但為了統一格式起見，一律改為千字文小品，共計一百五十餘帖。離退後不再自視為大學教師，倒想做個宣揚大智教的傳道人；於是放棄掉書袋的學術書寫，樂取六經註我，改以小品千字文心靈會客。《心靈會客室》正是我的第一種小品文集，原本連載於佛光教團的《人間福報》，後來又被慈濟教團結集為「檀施文庫」善書到處結緣，估計已助印流傳數萬冊。

我寫的小品屬於哲理散文，文以載道，借題發揮，十五年來共出版六種，結集和專著各三種。《學死生》是我的最新專著，可視為大智教化的全方位論述。它包括「死生」與「生活」兩篇，前者論〈向死而生〉、〈由死觀生〉、〈輕死重生〉；後者談〈生存競爭〉、〈生涯發展〉、〈生趣閒賞〉，全文已於個人網誌上連載，期與有緣人分享。至於附錄的論文，一篇為紀念傅偉勳逝世二十週年而作，則在研討會上宣讀，願以大智教化告慰忘年老友在天之靈。值得一提的，是另一篇討論大智教化本土化與在地化的文章；它不曾發表，直接呈現於專書和網誌中，是我對身處臺灣的政治觀察表述。我認為中華民國如今的處境，可類比於歷史上的東晉、南宋、北元、南明等偏安政權，不妨暫時放下臺獨命題，以無力使智之姿，嘗試找出可持續發展的途徑。

部落客的足跡（2016-17）

　　新書既出，為大智教化更添幾分動力，乃有意對生命志業進行多角化經營，首先想到的便是申請網址、書寫網誌。其實早在2014年夏，我就曾於「谷歌」上設立虛擬的「大智教化院」，但卻不知如何有效推廣大智教化，斷續發文未久，即無以為繼。這回情形不同了，新書是以小品千字文的格式編撰，共計一百五十餘帖，倘若一天一帖，至少五個月不會斷炊。念頭一起，當下決定不但重啟網誌，而且還要多方發聲；至2016年底，我陸續成為八處部落客，既樂此不疲，更樂在其中。「部落客」經營「部落格」，這些都來自英文音譯，意譯則為「網誌」，係指在個人網站上撰文以宣講，大陸稱之為「博客」。撰文而非貼圖，這對我這個文人而言再恰當不過。猶記2012年春初涉「臉書」，只知拍照貼圖分享打卡，久之便意興闌珊，終於在十五個月後關閉了事。

　　這回我不但重設「臉書」朋友圈，還衍生出粉絲專頁，題為「心靈會客室」；若加上「谷歌」與伴隨的「谷歌＋」，以及臺灣的「城邦」舊版新版和大陸的「新浪博客」、「新浪微博」等部落格，總共七八處發聲園地，一時好不熱鬧。是什麼動機讓我熱衷於此？大概便是一股使命感罷！亦即「大智教化」。簡單地說，「大智教化」宣揚「大智教」，這是我在花甲耳順前後反身而誠，所領悟出來的一整套人生哲理思想體系。它用以安身立命、了生脫死，更得以推己及人、兼濟眾生。想我為人師表至今三十餘載，所為何來？不就傳道授業解惑嘛！都當上大學教授了，且始終好為人師，又何必妄自菲薄？何況我所提倡的大智教，經過三、四年錘鍊，倒也不失為一家之言，乃於斷續課堂講授之餘，再通過網誌部落格增添傳播管道。如此一來，二者得以交相為用，希望會產生綜效。

　　由於我的學年課任務已達，之後可教的都是學期課；加上退休不受

限於體制，志工又可請長假，2016下半年我暫不排課，準備去對岸深化交流。秋冬之際我在北京、蘇州、天津三處共待了七週，除交流訪友旅遊外，主要出席兩場會議，分別涉及生死學與生命教育。它們是清華大學哲學系舉辦的「中國當代死亡問題研討會」，以及北京師範大學生命教育研究中心召開的「全國生命教育創新高峰論壇」，我都受邀擔任主題發言。會議結束，我意識到自己在大陸十三年來學術教育交流活動可以告一段落了。2003年夏末，我在四川大學從事三週短期講學，可視為赴對岸宣講生死學與生命教育之始。當時大陸高校於此普遍感到陌生，對臺灣傳遞的各種新知既好奇又樂於接受。到如今人家已發展出多套自家論述，既廣且深，且頗具特色。我自忖可以功成身退，乃收山打道回府。

轉頭空的覺悟（2016-17）

世事無常，偶然中又存在著必然，這些看似老生常談的道理，我到了入老之際方才逐漸領悟。長期以來我都是以教職謀生，生活在既有體制之下，一步一腳印走向退休。後來在一股靜極思動的心理作祟下，毅然或者說是冒然，選擇自願提早退休，想擁有自由身，然後到處走走看看。結果去了大陸漂泊兩載，感覺上似乎一事無成。成不成事的認定，其實還是被原先的功利思想所左右，期望在學術或教育方面繼續有所作為。作為是有的，離退四年間，寫作出版了兩部探討「大智教化」的著述，不能不說是不吐不快。但是話語是吐出去了，卻得不著空谷足音的跫響，多少有些遺憾。糾纏於這種遺憾心理，遂決定應邀吃回頭草返校兼課，先教了一年必修課，到處游走半年，又再接下半載選修課。不料竟碰上勞保政策作梗，「兼任教師」一時變得裏外不是人，為各校所嫌棄。

為了避免被掃地出門，我又選擇暫時打退堂鼓，一邊靜觀其變，另

一邊樂天知命地過著退休生活，靜觀閒賞而已矣。說到退休生活，不免想起自己無疑受到彼得‧杜拉克影響；他所寫有關非營利組織的書籍文章，認為退休人士去當義工或志工，乃是天經地義之事。正因為如此，我便在重作馮婦的同時，成為「歡喜做，甘願受」的醫院志工。這段時間裏，我接觸的不算廣，體驗倒不少，更多的是有些困惑。別的國家情況我不清楚，本地志工的熱情在我看來確實沒話說。不過凡事都有正反兩面，據我粗淺的觀察，我們這兒似乎頗多「專業」志工；尤其是一些婆婆媽媽，她們到處「打工」，樂此不疲，使命感和參與心都極強，甚至產生捨我其誰的「英雄主義」。此等評語是我在接受志工訓練時，聽到一位安寧病房主治醫師所言，相信大致不差，遂令我戒慎恐懼。

我這個人的缺點或說特點，是不喜出頭，得過且過。當志工近兩年，原本只知守著一臺機器印發就診號碼單，哪兒也沒去。有天在辦公室看見招訓安寧志工的訊息，想到它跟生老病死更為密切相關，乃發心投入一探究竟。結果在完成訓練加實習後，決定暫時打住，不再前行，連先前的志工也一併擱下。理由無他，休息一陣以整理腳步。過去因為兼課所以同時當志工，如今一道暫停。是非成敗轉頭空，重拾生命的空靈境界，也是一種美感體驗。尤有甚者，當我在安寧病房看見一群團隊努力維繫病人「生命的尊嚴」之際，長期以來的疑問遂又浮上心頭：難道安樂死或醫助自殺，不值得跟安寧療護同步提倡嗎？前陣子幾位名人如傅達仁、戴勝益、瓊瑤等，皆不約而同提及並贊成安樂死；而在轉眼成空的前提下，人生終點的多元選擇，理當受到正視與重視才是。

 ## 六經註的肯定（2017-18）

暫時捨離社會關係，回返書齋過起自求多福、自得其樂的平淡生活；一時沒有機會耍嘴皮教書，就定下心來耍筆桿寫作度日。這半年游走兩岸數回，有趟在入境上海時，意外受到「準國民待遇」，當下辦妥

自助通關，從此出入自如，卻又難免失落，不知所爲何來。這種時不我
予的感受，在各大城市的地鐵或捷運上尤其強烈；只見男女老少人人一
支手機神遊其中，我卻始終置身事外，體驗疏離。媒體形容手機是現代
人的鴉片煙槍，一旦握住便難以自拔，似乎不假。往深處看，這其實牽
涉到巨大商機，因爲要能隨時隨地無限上網就必須高額付費，像我這種
只在家中上網的有條件消費者，無形中就被貶爲社會邊緣人了。尤有甚
者，對岸流行的行動支付，也讓我覺得玩物喪志；某次碰上別人對我使
用現金支付表示困惑，更令我深感電子商務的確已經走火入魔。

　　資本主義市場經濟不斷創造商品需求以刺激消費，如今在對岸正打
著「新時代中國特色社會主義」的旗號迅猛發展；就我這麼一個行將入
老的邊緣人來說，明顯已經跟不上新時代了。但是基於「此念是煩惱，
轉念即菩提」的人心可變性，我還是可以阿Q一點，認爲一切都沒有什
麼了不起，想像著死亡當前眾生平等，遂爲之釋懷。那一陣看見新聞報
導，傅達仁前往瑞士取得安樂死許可證，卻又以難捨家人而延宕，不免
令人錯愕。而罵人罵了一輩子的李敖大師，竟然因爲長腦瘤連說話都不
能開口，更是情何以堪。想我拾人牙慧講授人生哲理也有半輩子，如今
卻在「六經註我」的轉化中，增強了「是非成敗轉頭空」的意念，倒也
不失爲自我大智教化。但這種晦澀觀點，終究跟所謂「主流」價值距離
遙遠，不可共量，看來只能說與跟我同調的有緣人聽。

　　這半年我又接到兩回邀請出席學術會議，在紹興舉辦的生命教育論
壇文到人未至，廣州的生死學研討會則既出席且發言。後者是前一年死
亡問題研討會的第二棒，規模明顯壯大，呈現可持續發展的契機。雖然
談生論死擁有寬廣的發言空間，也足以跨界演出，但我對此已漸感心有
餘而力不足，只能以不變應萬變，搬弄一些哲學論述共襄盛舉，然後就
再也端不出什麼好菜色了。萬物靜觀皆自得，有此體會後，逐漸瞭解自
身的可能性與限度，從而堅定走向「六經註我」的大智教化途徑，並進
一步將心得記錄下，第三十一種著作於焉由構思走向書寫。秉持著「我
手寫我心」的一貫原則，我第四度講述個人心路歷程，雖不免老生常

談，卻也日益深化，終究是一系眞情實意的生命敘事。新書同時放在網誌上發表，請聽課學生瀏覽，好讓我現身說法，以滿足消逝中好爲人師的虛榮。

三十載的生涯（**2017-18**）

終於來到正式入老之際，三十載的生涯發展至此告一段落，感受上不是畏懼而是期待，期待迎接人生的「白銀年華」。白銀係相對於黃金而言，我的黃金十年大約在四、五十歲之間，那時期生產力旺盛、事業達於顛峰，寫書升等當到大學教授，甚至坐上教務長及院長的位子。但終究是非成敗轉頭空，如今一切皆屬過眼雲煙，唯一留下來的，乃是不足爲外人道也的人生體驗感受。既然一種米養百樣人，人且各有志，大小事件其實自己心知肚明便成。偏偏我教的課程全是人生哲理，不宜天馬行空，最好能夠現身說法，講述個人生活故事，以激發學生形成反身而誠的工夫。爲達此目的，我在五年前出版六十自述，題爲《觀人生》；入老又完成學思憶往，題爲《六經註》。後者附錄了其間五年新自述十帖，此即最後一帖，對人生里程碑爲之誌。

選擇爲人師表作育英才，我的社會角色始終爲生命教育教師。生命教育是相對於傳統的現代德育，但我更樂於添增上群育，並視之爲人生美育。個體在年輕時容或有些兼濟的倫理及社會責任，但越老越應當走向獨善的生命美感體驗，我稱之爲「生趣閒賞」，此即「第三齡」的眞諦。人生三齡的分判源自西方社會學，大致以學成就業和入老退休爲界，我乃另將前二齡歸爲「生存競爭」與「生涯發展」兩階段或時期。因爲自身蹉跎流轉，我的正式任教生涯起始，比起一般情況大約晚了五年；加上後期爲了去對岸發展而提早離退，以致所領得的年金相對較少。由於以房養老，我對微薄的年金並不以爲意；但在入老之前，看見社會上勞團陳抗此起彼落、前仆後繼，才逐漸意識到各人生涯處境實不

可同日而語。勞工團體到處陳情抗議，反映出社會公義的不足，值得深思。

民選政府照顧百姓乃是天經地義，至少要讓人民感到免於匱乏與恐懼。現在的政府上臺兩年多，希望維繫社會公義而大砍軍公教年金，這原本應該有利於弱勢勞工。不料短期內兩度修改勞基法，明顯有利資方，遂引來一連串陳抗與鬥爭，甚至上街與臥軌。身為私校教師，退休待遇跟正規軍公教有著天壤之別，照說也應該積極爭取權益。但看見眾多勞工備受剝削卻投訴無門，我只能保持無為與沉默。想到「中年中產中隱」竟是我的理想人生，不禁有些汗顏。然而話說回來，讓大多數人進入幸福中產的效益主義觀點，或許是偏左或偏右的政黨及政府，都應該全力以赴的目標。我揮別生涯走向生趣，前提是社會安定人民幸福，否則便無趣可賞。此係小我與大我的依存關係，難以規避；但入老之後，僅能以兼課和志工，聊盡一些社會責任而已。

附篇二

議論文章

作為應用哲學的生死哲學

引言

　　本論文嘗試探討生死哲學作為應用哲學的教學實踐問題。應用哲學於上世紀八〇年代自英語國家應運而生，以別於英美哲學中的分析—語言路數；最為明顯的例證，便是在後設倫理學的概念分析之外，另闢應用倫理學的社會實踐途徑。也因此應用哲學主要側重應用倫理學，與基本哲學強調形上學和知識論大異其趣。應用哲學與哲學的區別，可類比於應用心理學與心理學之分；應用心理學早已獨立設置專門系所從事教學研究，應用哲學則蓄勢待發以自立門戶。目前應用哲學已逐漸臻於成熟，它不必然是基本哲學的應用，而屬擁有自身學術典範的新興學科，正走向「文理並重，東西兼治；物我齊觀，天人合一」的理想境界。

壹、教學實踐問題

一、哲學、教育學與教育哲學

　　「哲學」一辭在社會上始終有學院與世俗、圈內和門外之分；學院圈內門牆以哲學知識築成壁壘，門外則多通行世俗意見。哲學家聚在一道，進行的是知性論辯；局外人言及哲學，則不外常識觀點，甚或指向命理流行。前者對焦，卻不免鑽牛角尖；後者浮泛，反倒此起彼落。在此等認知落差下，「哲學家」之稱遂不如「科學家」來得紮實，甚至會有貶義。想我輩從事哲學教學與研究半生，縱使不願自封為哲學家，亦不失為哲學工作者或哲學教師，終究不希望受到世俗偏見影響。然則世

俗觀點認爲哲學「玄之又玄，不知所云」，哲學家至少必須負一部分責任。在如今這個講究實用速效的時代與社會中，哲學勢必也要面臨學以致用的問題，開發應用哲學道路似爲可行途徑。應用哲學同樣需要放在學院裏面教學研究，從而產生教育方面的考量。

不可否認的，現今言及哲學教育，大抵是指學院中的專門及通識教育，或許也包括訓練哲學諮商師的專業教育。這類制度化的教學活動都歸於西式教育，即使探討東方思想學問，仍與民間講學或讀經等中式社會教化有所區別。既屬西式教育，套用西方教育學及教育哲學論述來考察哲學教育，始具一定正當性。尤有甚者，西方教育學作爲一門介於人文學與社會科學之間的中游應用學科，雖然借用了上游基本學科如史學、哲學、心理學、社會學的部分內容來支撐，但仍然發展出自身的核心二階學科，亦即「課程論」與「教學論」；而「教材與教法」則屬其下三階學科，列爲師資培育的專業課程。教育學自十九世紀初期由康德的學生赫爾巴特創立以來，即面臨哲學與科學的路線之爭；尤其當十九世紀下半葉心理學自立門戶成爲科學學科後，教育學更躍躍欲試。

如今教育學在學術上的認定歸於社會科學，然而因爲受到杜威百年前來華講學的影響，臺灣始終很重視教育哲學的學習，以至今日各師資培育課程皆列爲必修。早期教育哲學多講中西哲學家及教育學家的教育理念，由是歸納出各種「主義」；此外亦就「師德」的規範，發展出教育倫理學。但是西方哲學經歷分析—語言哲學以及應用哲學的洗禮，得以對各種教育理念與實踐從事後設探究，教育哲學遂可分爲「教育的哲學」與「教育之哲學」不同途徑。其中前者就教育問題提出哲學理念，後者則通過應用哲學視角對教育進行反思。但作爲新興的哲學進路，應用哲學仍有許多不足之處；而應用哲學的普及推廣，又必須靠哲學教育來促成。我自認爲應用哲學學者，曾長期於教育系所任教，目前且在講授生死哲學與生命教育相關課程，乃嘗試就二者的關係加以闡述。

二、課程論與教學論

　　早年數學系有純數學與應用數學之分，純數學係就數學論數學，應用數學則撈過界，走進統計學、工程學，甚至計算機科學等學科。類比地看，哲學亦可作如是觀；純哲學就哲學論哲學，應用哲學則必須從事跨學科，甚至跨領域對話。如今人類知識領域多以自然、社會、人文三分天下，作爲人文領域內學科之一的哲學，除了和同領域的文學、史學互動外，更常見的便是跟社會及自然領域諸學科進行交流溝通，從而形成應用哲學。舉例來說，歷史哲學、法律哲學、政治哲學、社會哲學、數學哲學、物理哲學、生物哲學、醫學哲學、資訊哲學、傳播哲學、教育哲學等等皆屬之，專題導向的女性哲學、兒童哲學、生死哲學等亦然。這種多元觀點並陳的豐富景象，已非傳統式哲學系所能夠因應，應用哲學系所乃應運而生，其課程與教學亦應另當別論。

　　本論文探討生死哲學作爲應用哲學的教學實踐問題，希望對之有所釐清。然而一旦論及最基本的教材與教法問題，就不能不上升至課程教學層面來思考。課程論與教學論是教育學的核心分支，教材與教法則屬其下議題，尤其歸於教學論；而教學一旦涉及內容，又得回到課程。總的來說，課程指教學過程所傳遞的內容；細分之下，則包含教師的教學科目、學生的學習經驗、官方的文化再製、民間的社會改造等方面，可視爲微觀與宏觀兩組問題。就應用哲學而論，微觀下的教師傳授，不止是哲學更需要應用；必須隨時考量學生的經驗契合度，不宜講得太抽象，以利學以致用。至於宏觀下的課程發展，必須兼顧現有政策和改革創新，以免學生批判有餘卻踏實不足。畢竟教育仍歸於體制內的活動，可以改善體制但不必大肆破壞，否則就沒有教育可言了。

　　課程論與教學論構成教育學的核心部分，是使得教育學與其他學科明顯區別的關鍵性內容。其中課程論最爲大家所習知的，還是作爲「教師的教學科目」。至於「教學」二字，人們多半會視爲廣義上「教師教，學生學」，但也可以指向狹義的教導方法傳授，而與傳統「教學相

長」之說相呼應。身爲大學哲學教師，我認同十七世紀捷克教育學家康美紐斯所稱，「教學論就是指教學的藝術」之說，運用之妙存乎一心。現今教學論的基本議題包括教學的內容、方法、過程、場所、人員，大致類似對人事時地物的考察。其中教學內容主要指教師傳授的知識和技能，大多可以發展出多元教材，或形成多媒體教法。至於教材要有效落實於學生身心之上，就必須講究手段與方法。教學方法一般分爲三大類：傳授型、自主型、互動型，可因時因地制宜運用之。

三、教材與教法

課程和教學作爲教育理念與實踐最爲核心的部分，基本上是相輔相成、相得益彰的。教育學者歸納出二者的關係，包括二元、連結、同心、循環等四種模式；運作雖有所差異，但終究還是相互依存。進一步看，二者更可深化爲課程發展與教學設計，以彰顯內容和形式的各自偏重及呈現。但無論如何深化，終究要落實體現在操作面，這便涉及教材與教法了。中小學教師教育除各種專業課程外，最重要的就是分科教材教法，另一重點則爲班級經營。相形之下，大專教師僅憑高等學位即可任教，對這些課堂教學的技能與藝術鮮少涉獵，有待全方位關注。現今高中職教育早已模仿大專採行學分制，加上十二年基本教育即將全面開展；另一方面，在少子化趨勢下，大專入學幾已毫無壁壘可言。由是大專與中小學教育實無太大形式的差別，教師專業遂應具備互通有無之必要。

在臺灣諸多高等學制中，碩士在職專班是頗具特色且貢獻良多的。這項良法美意至今已有近二十年歷史，爲在職人士進修提供了一處寬廣的管道。尤其是在職軍公教人員，利用此一管道更上層樓，無形中帶動人力資源的素質提昇。在市場自由競爭的影響下，目前高中職教師入行要求，多已提高至研究所以上。當這些中學教師一致擁有教學專業職能時，同樣具備高等學位的大專教師，似乎也應該急起直追。這倒不是說大專教師必須回頭補修相關課程學分，事實上也無必要。但是利用持續

性的在職訓練或研習活動，以加強教師專業職能，或爲可行途徑。而當
中小學教師每年都要累積一定訓練研習時數，用以維持教師證的期效，
大專教師則光靠寫論文升等，相對似乎缺少甚麼。學術成果並不一定代
表教學能力，此事值得深思。

　　一如生物演化是事後「合目的」而非事先「有目的」，應用哲學
課程發展亦可作如是觀。它並非在哲學圈內劃地自限，而是跟其他學科
領域以及圈內圈外隨緣流轉。當然中心思想不可或缺，但必須自覺保持
開放立場，主動同外界對話溝通。一旦開放性課程得以發展，有效的教
學設計自然水到渠成。至於在其中所關注的教材與教法，原本係針對師
資培育而設，希望準教師有準備地從事教學設計，並進行現場演示，再
由資深教師予以評估。但哲學教師並非處於學習或實習階段，而是已站
上第一線，只能邊教邊學，希望能夠教學相長。當前教室授課所採行的
方法，不外講授法、討論法、探究法、媒體法等等，可適時適地交互運
用。但是對應用哲學而言，多元方法固然重要，多元智慧更爲關鍵。哲
學本意爲愛智之學，當智慧在當今被發現爲多元後，哲學教育便應當與
時俱進，而非故步自封。

貳、哲學教育問題

一、全球化、本土化與在地化

　　社會學者葉啓政於本世紀初出版專書探討「本土化」問題，他表示
與「本土化」相對的乃是「外來化—西化—現代化—全球化」。尤有甚
者，在上世紀七、八○年代，他們這批行爲社會科學領域的歸國學人，
更曾努力推動「社會科學中國化」，由此可見，本土化的前身正是中國
化而非臺灣化，後者其實僅意味「在地化」。此一歷史因緣對臺灣的哲
學教育頗具時代意義，不可忽視。蓋以本土化指涉中國化，其實是認同
中華文化的學術教育淵源，然而一旦在地化取得本土化的發言權，本土

化遂走向去中國化。以文史哲方面的人文教育為例,在中國文學系之外另設臺灣文學系,或有意將中國史定位為外國史等等,都可能對哲學教育嚴重衝擊。目前各校哲學系多分為中國哲學與西洋哲學兩大教學及研究群,若依在地邏輯推論,走向臺灣哲學勢不可免,但這又將是個什麼概念和狀況?

要解決如此認知錯置的困境,唯有靠應用哲學的推陳出新:出入自如、收放自如的應用取向,能夠同時處理本土化與在地化的問題,而解套方案就來自全球化。如今甚囂塵上的全球化論述,明顯是資本主義不斷擴張下的觀念產物,但它也同時在制度與器物方面帶來變革。器物、制度及觀念乃是「文化」的三大面向;「文化」在西方代表「一個民族的生活方式」,於中土則指向「人文化成」的工夫。平心而論,資本主義問題一籮筐,但是由其所型塑的中產階級,卻無疑是社會的穩定支柱。中產生活希望在安定中求進步,不樂見民粹出頭製造動盪,而這正是近年舉世所見的變局。資本主義無孔不入,把全球當成市場竭力炒作,卻無形中滲透了國家的壁壘,讓各式商品以及隨之而來的商業價值到處蔓延。遠的不說,三C產品泛濫便是一例。

今日的網際網路無遠弗屆,實現了「天涯若比鄰」的境界,卻也讓西方價值長驅直入。葉啓政所概括的「外來化─西化─現代化─全球化」,已然成為以漢民族為主的華人之生活方式。但身處其間,我們還有一項值得珍惜發揚的價值,那便是漢人的傳統文化,亦即當年留洋學者提倡「中國化」及「本土化」之際,所正視和重視的中華文化。當前哲學教育分授源遠流長的中西哲學,已各自深化為專門知識;相形之下,僅有三、四十年歷史的應用哲學,大可另闢蹊徑,走向「文理並重,東西兼治;物我齊觀,天人合一」的生命學問大道。畢竟應用哲學的提法源自應用倫理學,而應用倫理學的興起,又主要是由醫學倫理學及生命倫理學所促動,其後再與環境倫理學及企業倫理學合流,蔚為相關科學學科的倫理與哲學探究。對此我甚至覺得可將應用哲學稱作「哲理學」,以期自立門戶。

二、哲學教育

倘若不從政治而由文化方面理解，本論文的自我定位其實正是「在地化」，意指僅就日治結束後，臺灣在地的哲學教育而論，時間跨度至今七十餘年。最初的體制內哲學教育，只有由臺北帝大轉型的臺大哲學系一家；且連心理學教育亦包含在內，後來才轉移到理學院另起爐灶。而當三十年後我在輔仁哲學系就讀時，全臺也只有臺大、政大、輔仁、文化四家。此際影響哲學教育的因素，不是政治便歸宗教。政大早年雖為國民黨黨校，哲學系卻由一群神父主導，例如趙雅博、項退結、曾仰如等人，輔仁則更不用說。此外當臺大爆發哲學系事件前後，文大前身的中國文化學院，卻始終遵循孫中山三民主義及實業計畫的藍圖在規劃系所辦學。不過就純粹作學問而言，真正值得一提的，乃是臺灣古早留日哲學博士、已故臺大哲學系教授的曾天從（霄容）。

曾天從堪稱臺灣難得一見的體系哲學家，博學多聞，著作等身；可惜由於其治學工夫博大精深，始終未能得一傳人，以致後來默默無聞。但是在我看來，於半個多世紀前就撰寫出版一系跨領域鉅著的曾天從，堪稱臺灣應用哲學的先驅人物；理由無他，因為他勇於撈過界。往深處看，哲學家撈過界原本就理所當然；畢竟在西方學術傳統內，所有知識無不脫胎於哲學。何況諸科學學科紛紛由哲學脫離獨立，也不過是十七世紀「科學革命」以後的事情，距今僅有三、四百年。科學興起後，學術研究的遊戲規則逐漸走向分工化、瑣碎化，以致到如今學者要在學界生存，就必須「小題大作，避重就輕；劃地自限，自圓其說」。科學家從事研究循此途徑或無可厚非，然而一旦類推至哲學研究，恐怕就難以培養出擁有宏觀大氣的哲學家或思想家了。

哲學原本無所不包，至今任何一門學科的最高學術學位，仍稱作「哲學博士」。但是哲學界非但不能以此自豪，更應深自反省，虛心惕勵，並將當今哲學教育改革創新才是。在我看來，這需要哲學工作者在心理上大破大立一番，尤其要懂得辨明「前科學的哲學、科學下的哲

學、後科學的哲學」三者之差別。哲學幸或不幸被歸於人文知識，但時至今日，絕不能繞過科學避而不談，更應該援引科學爲己所用，方能真正影響世道人心。換言之，哲學教育絕不能再「以不變應萬變」，而需要與時俱進，推陳出新。科學一開始宣稱自己是「自然哲學」，而作爲自然哲學的宇宙論，在古代便與本體論構成形上學，我們遂沒有理由無視於科學的發展。當代哲學內有「科學哲學」一門分支，對科學進行分析與批判，它適足以作爲溝通純哲學與應用哲學的一道橋樑。

三、應用哲學教育

哲學之下的重要分支，除了哲學史和邏輯，不外就是形上學、知識論、倫理學以及美學；倘若形上學和知識論作爲哲學的重中之重，則應用哲學主要便著眼於倫理學和美學，畢竟應用哲學是由應用倫理學發展而來。這種分判其實較適用於英美傳統，歐陸傳統更樂於討論實踐哲學之爲用。不過近年在臺灣諸多哲學系所中，標榜發展應用倫理學甚至應用哲學者不在少數，長榮大學更設立了應用哲學系；只可惜形勢比人強，受到少子化的波及，大多無以爲繼。不過總體看來，自哲學教育中另行發展出應用哲學路數並無不妥，而且有可能接續哲學之命脈。猶記1982年美國哲學家杜明發表宏文〈醫學如何挽救住倫理學的命脈〉，標幟出生命醫學倫理學正式步入哲學殿堂，其應用甚至在大型醫院開創出「臨床倫理師」的正式職位。

臨床倫理師可視爲哲學諮商師之外，應用哲學另一項可以大力開發的市場。當然這一點在臺灣並不易推行，但是以我的經驗爲例，長期從事生命倫理學和生死哲學研究，至少使我有機會走進大型區域醫院，擔任了三年醫學倫理委員會委員。當時每季要召開例會，另有臨時諮詢工作亦必須承接，整體績效更列爲醫院評估項目之一，足見其重要性不可忽視。至今印象最深的是，我曾四度在深夜被通知上網閱讀緊急郵件，內容是病患家屬要求拔管以終止生命之病歷。依當時法律規定，如此要求除徵得主治醫師認可外，尚須倫理委員三分之二以上投票同意始得執

行，我的角色幾乎等於手執生死簿的判官，責任重大矣。後來因為此一規定有執行上的困難，乃修法改為數名專科醫師與家屬共同協商即可。倫理委員的判官任務由是告一段落，但也由此可見倫理評估在臨床上的不可或缺了。

　　放大來看，除醫學倫理外，環境倫理、工程倫理、資訊倫理、傳播倫理、企業倫理、會計倫理等跨界的應用性、批判性諮詢，都是應用倫理以及應用哲學大可施展所長之處，亦是應用哲學教育的著力推行方向。具體地說，應用哲學教育若有可能，不妨跟其他系所共同發展相關學程。最好是針對在職人士進修的碩士專班，因為就學的研究生原本即具本職，沒有就業壓力；更能專心學習哲學，以利改善本業。像中央大學哲學所碩專班，便全力發展應用倫理學，生員則來自軍公教以及警政、醫護等行業。他們在學三年間，雖為哲學碩士生，卻可以不必精通形上學、知識論甚至哲學史，但務必學得邏輯分析與應用倫理知識，以便從事有效的道德推理，用於個人職場所遭逢的倫理議題。最終以實務應用性論文完成學業，可謂真正學以致用。

參、應用哲學的教學實踐

一、生死哲學教材

　　我自幼好讀書不求甚解，為學博雜而不專精，堅持走上哲學道路多因愛智，卻少為求知。念博士以研究通人波普為對象，對其標榜並肯定常識甚表認同；任教後則以講授通識為志業，終老對撈過界樂此不疲。感謝後現代學術氛圍為我帶來海闊天空之境，一路從科學哲學走進生命倫理學，再開出自家生死學與生命教育路數，此即花甲耳順之後所拈出的「大智教化」理念與實踐。2017年初開始，兩度在輔仁講授生死哲學，皆屬實驗性教學，至今已結束授課，對之做出檢討反思此其時矣。我心目中的生死哲學首先是從事跨學科、跨領域對話的應用哲學，其次

則區分為「生死關懷哲學」及「生死學哲學」。教學主要為開顯學習者的情意發散面，而將認知視為情意的收斂體現，以及進入情意的方便法門，一如禪宗的頓悟與漸修。在「六經註我」的前提下，各家各派僅用於參考，不予深究。

基於上述立場，加上課開在夜間進修部，學生多為在職進修，乃決定廣結善緣，多多益善，首輪修課人數多達117；本系進修部47、日間部34、外系加外校36，有哲學背景者仍占三分之二。教材以自撰而於2016年問世的《學死生──自我大智教化》為主、2010年出版的《生命教育──人生啟思錄》為輔，自生死學講到生死學哲學，再及於生死關懷應用哲學。生死學係哲學家傅偉勳於1993年所創，原始構想多載於《死亡的尊嚴與生命的尊嚴》一書；三年後他大去往生，我遂以書為綱，繼承其遺志，於次年在南華成立生死學研究所。此後我又於2005年和護理學者趙可式及胡文郁二人，在空中大學合開生死學，共撰同名教科書，由我首啟「華人生死學」之說，此乃生死學本土化的初步嘗試。而我亦曾以自撰的《醫護生死學》在耕莘護專對五專生講授專業課程，各有不同效果。

生死哲學不止在談生論死，更重要的是對生死相關專業，進行哲學考察與批判，此即應用哲學之任務。一如進修部所開傳播哲學概論及應用課，生死哲學嘗試對焦於四大生死專業：死亡教育、臨終關懷、悲傷輔導、殯葬管理，它們最佳的教學法乃是個案研究。個案研究最好由當事人現身說法，但不易實現；替代方案是通過文字、圖像或影片，傳達「生命敘事」或「生活故事」以進行討論。對此坊間有不少談生論死的著作，皆可列為參考教材，令學生閱讀後撰寫讀書心得或報告。對我而言，過去所出數種生死學著作，多屬教科書性質，至《學死生》始一改而為哲理小品的生命敘事；以之在課堂上講授闡釋，多少有些現身說法的旨趣。而其最終目的，則為激發學生的情意覺察，自己主動說故事。

二、生死哲學教法

當然應用哲學包括的不全然都是涉及專業實務的二階學科，更多還是在從事跨學科或跨領域的對話、融通與批判，像社會哲學、教育哲學、科學哲學等均屬之。我們可以將純哲學到應用哲學視爲一道學術光譜，從自給自足的思辨論證，到跟其他人文學科及經驗科學交流對話，再走向同應用科技交相爲用的整合型學術探究，應用哲學最終能夠被打造成分門別類的學程或副學程。而即使仍列爲哲學系下屬的一組，也有必要鼓勵大學生去修輔系，碩士生及碩專生則考慮多收其他科系畢業生。以我自己爲例，大一入學前即立志要「尋找人生意義」，大二則擴充至「探索生命奧秘」，而選擇生物系爲輔系；日後碩士、博士、教授論文，分別跟生物學、物理學、護理學對話；教職更觸及管理學和教育學，終於在生死學與生命教育中更上層樓，開創出「大智教化」理念與實踐。

當前生命教育已於2010年被列入普通高中必選正式課程，共有八科供學生選修其一，其中「生死關懷」的內容即是生死學。當它向上發展爲大專課程，則有通識課及專業課之分；前者至少有近百所大學曾經開授，後者多列爲醫護專業課程，此外還設立有南北兩間相關研究所。從另一方面看，談生論死的學問不能對宗教信仰避而不談，畢竟生死學有「三問」：「我從哪裏來？我往哪裏去？活在當下如何安身立命、了生脫死？」其中前兩問可爲宗教性課題，哲學亦得以爲功。宗教學一如生死學，屬於跨領域的中游學科，像輔仁宗教系即隸屬社會科學院。宗教系亦設有進修部及碩專班，竟意外成爲殯葬業者在職進修的熱門選擇。擁有同樣甚至更多資源的哲學系，若將進修部與碩專班大幅轉型至應用哲學方向，相信不但可以在少子化困境中逆向創收，更可能走出獨樹一幟的康莊大道。

由於班上學生人數衆多，不適於採用問答式討論教學法，只能退一步以經常性心得寫作並提問的形式代替之，在一段時間彙整問題後統

一回覆。此外推薦閱讀及課堂放影片，也都可以藉心得寫作交流溝通。而在學校的網路教學平臺定期公布教材之外，更對學生最常瀏覽的社群網站善加運用，開闢網誌持續貼文，以利同學隨時隨地點閱學習。我雖然鼓勵學生購買自撰教材，但也同時把部分授課內容公布上線，貼上多處網誌。如此透過多元管道以取得教材，更有利於自我教化。為此我要求至少兩次全員集合，在教室內接受評量以驗收學習成果，內容包括課堂講授及線上自我學習兩部分。然而無論是授課還是評量，皆以情意為主，認知為輔；例如要求學生盡量涉獵存在主義思潮，但並非用於考試，而是寫下此生至今的重大存在抉擇，並嘗試進行哲學詮釋。

三、生命的學問：代結語

綜觀上述教材教法，可見我心目中的生死哲學乃是一門「生命的學問」，不妨「六經註我」、「我手寫我心」，而非光會記誦書本知識。時下臺灣高中生命教育類課程，要求認知學習占六至七成，情意體驗三至四成，對此我基本認同，但希望推陳出新，讓學生於修習兩學分課程之餘，創造更多附加價值。輔大全人教育原本即教人生哲學，列為全校必修，足以令每一名青年學子反身而誠，自我覺察。如今既然又有百餘同學前來選修生死哲學，我更樂於見到大家在學習過程中，逐漸懂得深刻反思人生哲學，從而找到自己的人生觀，包括人死觀。我在大學任教生死通識課至今二十三載，一貫要求學生寫遺書當作業，藉以檢視自己的青春歲月。但作為應用哲學一環的生死哲學，則更要勤於撰寫系列生命手記，用以持續記錄學習的心路歷程。

「生命的學問」之說早年見於牟宗三對中國思想的論述，他表示「個人的盡性與民族的盡性，皆是『生命』上的事」、「西方人有宗教的信仰，……有『知識中心』的哲學，而並無『生命中心』的生命學問」。這是當代新儒家的觀點，其後學王邦雄、傅偉勳等人，皆撰有以「生命的學問」為名的著作，劉述先更拈出「生命情調的抉擇」，可視為一脈相承。我才疏學淺，雖不能至心嚮往之，亦於2010年出版論文集

《生命的學問》，以示向前輩致敬之意。但我的生命情調與其說是哲學的、儒家的，不如視爲文學的、道家的。我欣賞莊子，但更樂於親近竹林七賢、陶淵明、白居易、蘇東坡、唐伯虎、公安三袁，以及林語堂的文字之美和性靈之眞，而他們都不算哲學家。在我看來，蘇軾、蘇轍與程顥、程頤兩對兄弟同朝爲官，卻陷入黨爭而互相傾軋攻訐，實中國哲人文士之不幸。

　　生死學雖爲哲學課程，卻同時受到科學和文學的啓發，我有意將之融會貫通，眞正落實「文理並重，東西兼治；物我齊觀，天人合一」的大智教化理想。而在課堂教學中，機鋒流露始終爲我所樂見。何謂「機鋒」？茲舉二例比擬之。曾聞美國某大學存在主義課堂內，教授詢問學生：「有無問題？」後座傳來一聲：「我怎麼知道我存在？」教授笑答：「誰在發問？」遂不再多言。這是以問爲答的機鋒。另一則是我同學講授禪宗課，期末考時，一應屆畢業生以繳白卷來彰顯「明心見性，不立文字」禪境之妙諦。老師見此，思及若令其過關實不甚公允，若當掉則畢不了業，遂伺機邀該生品茗論禪，最終給予口試成績而皆大歡喜。生死哲學雖在體制內開課講授，卻可以讓同學的心智靈明，海闊天空，自由自在，此乃「靈性即性靈」之謂也！

作為應用哲學的科學哲學

引言

　　相對於基本哲學內，通常列為必修課的邏輯、形上學、知識論、倫理學、美學以及哲學史等分支學科，科學哲學與宗教哲學則歸次要；但從人類知識發展上看，宗教、哲學與科學可謂相輔相成，密不可分。而就西方文明演進言，宗教與哲學大致長期結伴而行，科學則於近四百年自哲學中脫穎而出，且不時與宗教對立。哲學作為「愛好智慧」的學問，既然跟科學淵源深厚，對之進行考察亦屬自然。此等考察原本具有深厚的學術氛圍，而當應用哲學自上世紀八〇年代應運而生後，它們亦形成豐富的實踐旨趣。本論文即從應用哲學立場，對科學哲學從事擴充、轉化及重構的試探。

壹、應用哲學

一、哲學應用

　　相對於為知識而知識的「純」學科，講究實務應用的「應用」學科，大抵形成於英語國家，尤其是美國。美國學術原本即有實用主義傳統，專業化發展下出現各種執業證照，以及隨之而來的應用學科；例如輔導諮商就被歸為應用心理學，電腦統計則列入應用數學。在此趨勢中，應用倫理學當醫學倫理學統整入生命倫理學後便推陳出新，再結合環境倫理和企業倫理等新興議題，終於躍登學術舞臺大放異彩，且進一步發展出應用哲學的新途徑。與應用哲學相對的乃是基本哲學，而基本

哲學內的倫理學原本即強調實踐，也因此歐陸哲學並不像英語國家一樣標新立異另創應用哲學。

現今西方哲學具有歐陸與英美兩大傳統，相輔相成，相得益彰；當其引入華人圈後，更得以和中國哲學相互輝映。哲學在當前看似僅屬學院門牆內的冷門學科，不易學以致用；但在東西文明的歷史演進過程中，哲學長期居於中心地位。西方世界在科學尚未興起之前，幾乎所有知識都歸入哲學，以至如今最高學位仍稱「哲學博士」。而中國思想原本雖無「哲學」之說，但傳統學問中的進德修業、內聖外王理想，無不以人生倫理為依歸。由此可見，哲學始終具備學以致用的傳統，對宇宙與人生都有所關注；尤其在中土，倫理學與人生哲學，正代表著哲學應用之所在。

二、應用倫理學

不過往者已矣，作為哲學的義理之學，即使在科舉時代的士人生涯中不可或缺，對於科技掛帥下汲營於事業人生的現代人而言，恐怕可有可無，甚至不具作用。就像近百年前在中國所發生的「科玄論戰」，一方面剛歷經「五四」洗禮的「賽先生」甚囂塵上，另一方面被斥為「玄學鬼」的「國故」最好被統統掃進茅坑內。雖說如此，當時美國實用主義大師杜威，還曾來華講學長達兩年之久，而其門徒胡適也在推動西方思潮不遺餘力。哲學並未消失，只是不斷轉化；最終轉化出馬克思主義，先後造成俄中兩大國家改朝換代。馬克思是如假包換的正宗哲學博士，其思想足以推動革命，非但不可謂無用，更是大用。

不管人們怎麼想，眼前地球上的確存在著一個明確標榜「馬克思主義」的中國，人口占全球近五分之一。為鞏固意識型態，其執政的共產黨對哲學情有獨鍾；尤有甚者，由於馬克思的思想同道恩格斯曾提出「自然辯證法」，如今此說以新名稱「科學技術哲學」而於中國大行其道，這就是西方科學哲學在大陸擁有廣大市場的原因。西方科學哲學少具政治色彩，過去多屬學院門牆內的專技知識，後來受到社會批判而改

弦更張，開始關注實際事務，從而形成「科學技術學」的路數，這便同哲學中另一支脈的應用倫理學，有了對話甚至合作的空間，進而發展出應用哲學路數。

三、西方應用哲學

　　一如應用心理學是由主流學圈外的輔導諮商及工商行銷等實務活動中應運而生，應用哲學同樣是由學院外試圖解決跨領域社會性困境的應用倫理中深化形成。因此應用哲學不似基本哲學看重形上學及知識論方面的議題，而是以應用倫理學為關注核心，再向外擴充至哲學思辨。西方應用哲學具有問題導向及跨學科探究的特色，前者如生死哲學、兒童哲學、認知哲學等，後者則包括生物哲學、教育哲學、傳播哲學等。問題導向的應用哲學必須就事論事，而非談玄說理，因此要有經驗性考察為基礎，這使得哲學需要向科學求緣，從而也產生跨學科對話的性質，不能夠劃地自限，自說自話。

　　應用哲學這些特質多少受到一定歷史因素影響，那正是科學脫離哲學自立門戶的結果。「哲學」、「科學」皆來自十九世紀日本學者用漢字所翻譯的西方詞彙，其中「科學」顧名思義即指各門「分科之學」。它們原本屬於傳統哲學內各式各樣的問題，已到了該分門別類各自找方法解決的時候，這就是十七世紀所發生的「科學革命」。科學革命由自然哲學領軍，攻城略地之下，十九世紀以後的學院哲學，就只剩下當今課表上的基本分支學科了。但是物極必反，科學各自為政，所見日小，見樹不見林，百年下來遂重新賦予哲學用武之地。此即應用哲學的擅場，西方應用哲學也就順理成章走向「後科學」的哲學途徑。

四、華人應用哲學

　　源自應用倫理學的應用哲學誕生於現代英語國家，以美國和英國為主，歷史大約在四十年上下。至於寧取實踐哲學而少言應用哲學的歐

陸，卻也發展出自己的哲學應用途徑，較受矚目的便是上世紀八〇年代初期，創始於德國的哲學諮商運動。哲學諮商一如心理諮商走向專業化，但不走科技化的專精路線，而企圖深化諮商活動中的哲學思索，主要在於世界觀與人生觀的釐清，這便為應用哲學帶來新的啟示。哲學諮商活躍於學院門牆之外，這對像臺灣這般哲學圈不太發達的華人社會，多少可以營造出一分不具太多學究氣息的哲學實踐氛圍，此即走入民間的華人應用哲學，我在世紀初便已大力提倡。

　　2004年下半葉，我連續出版了《醫學倫理學》、《教育哲學》、《生命教育概論》三書，副題皆為《華人應用哲學取向》，明示對這些議題的發言立場。華人應用哲學不等於中國應用哲學，後者或指傳統中國哲學的現代應用，而標榜華人則強調適用於華人社會的中外各種應用哲學論述。近年我將之明確表陳為「後科學人文自然主義華人應用哲學」，或稱「天然論哲理學」，簡稱「天然哲」；其特性為「儒陽道陰、儒顯道隱、儒表道裏」的「後現代儒道家」，用以造就「知識分子生活家」。如今各地華人生活與西方人大同小異，而在思想方面走向「異中求同，同中存異」實理所當然。

貳、科學哲學

一、自然哲學

　　本論文寫作的目的，乃是嘗試將一部分關涉社會人生的科學哲學論述，自基本哲學中轉化為應用哲學，以利時代所需哲學之為用。應用哲學不全然似基本哲學足以放諸四海皆準，而就其學以致用的特質，必須考慮本土性和在地性，例如臨床倫理在東西方就可能大異其趣。科學哲學的根源為自然哲學，自然哲學就是宇宙論，它跟本體論共同構成形上學。如今形上學多講本體論，哲學宇宙論因不合時宜已乏人問津，唯有伴隨科學腳步的科學哲學在逐漸深化。雖說如此，西方自然哲學並非毫

無價值可言,尤其是通過歷史視角加以考察,它無疑奠定了今日科學技術的大方向,令其只能在西方文明的土壤中開花結果。

西方哲學與科學的發展,有很大一部分必須歸功於系統哲學家亞里斯多德;正是在他的著作中,清楚標幟出物理學跟後設物理學亦即形上學的位置和關係。亞氏的自然思想於一千五百年後中世紀天主教哲學內仍得以維繫,直到文藝復興的復古帶動科學革命的創新,才漸受批判而被取代,如今稱作「典範轉移」。自然科學中的「典範」,就是一個時代對於宇宙所執持的信念系統,在某種意義下正是自然哲學。十七世紀牛頓的力學著作即以「自然哲學」為名,至二十世紀仍有諾貝爾獎分子生物學家莫諾著書立說,揭櫫生物學中的自然哲學奧義。由此看來,自然哲學非但並未過時,甚至可作為當代科學研究的指導綱領。

二、科學的哲學

作為組成形上學的宇宙論,可視為形而上的「前科學」;然而一旦科學成形後,部分哲學家遂出現重大「典範轉移」,視科學為哲學,十九世紀實證主義者孔德便是代表。這種「科學的」哲學,係指帶有濃厚科學色彩的哲學思想,絕不談玄說理,但求就事論事;二十世紀邏輯實證主義以邏輯與科學為宗,甚至主張消滅形上學。科學的哲學其實不乏形而上背景,只不過是自然主義的自然哲學,堅持對自然與社會現象的實證經驗性觀察,完全排斥哲學玄思與宗教超自然的可能。孔德不但為哲學家,更是「社會學之父」;他在創立社會學之初,想到的乃是結合「社會物理學」,可見其深受當時科學觀念的影響。

二十世紀擁護科學的哲學最有力者,當為物理學轉行至哲學的萊興巴哈,他著有《科學的哲學之興起》一書,完整呈現了世紀上半葉相關思潮的面貌。萊興巴哈是提倡邏輯實證主義的「維也納學圈」成員,該學圈有一位同路人及批判者波普,著有《科學發現的邏輯》,奠定其成為科學哲學大家的基礎。然其晚年著作卻充滿形上學內容,試圖通過由物理學及生物學所引申的思想,建構出一整套「三元世界」科學的哲

學體系。由於當代物理科學和生命科學揭示出令人眩目的宇宙與生命現象，以「愛好智慧」爲宏願的哲學家很難不受其吸引，甚至成爲科學的哲學代言人。但仍有一些學者謹守分際，不斷深化「科學底哲學」。

三、科學底哲學

相對於「科學的」哲學偏重哲學的科學性，「科學底」哲學主要討論有關科學的哲學問題，亦即一般所指的科學哲學。科學哲學雖然源於自然哲學，但二者所處理的問題並非位於同一層次。正如後新儒家學者林安梧所言：「自然先於人，人先於自然科學」，自然哲學關注先於人的自然，科學哲學則對焦後於人的科學。根據相關學者的分類，科學哲學至少具有四種取向：後設科學哲學，例如研究科學的方法、對象、價值等；一般科學哲學，例如考察科學的發現、理論、革命等；分支科學哲學，例如數學哲學、生物學哲學、社會科學哲學等；科學哲學外部論，例如關注科學起源、科技倫理、科技與社會等。

綜觀上述四種取向，科學哲學若想部分向應用哲學轉化，唯有從後兩種即跨領域的分支及外部取向著手。畢竟科學尤其是技術，必須扣緊現象世界和經驗活動，不似哲學大多從事邏輯推理與抽象思辨。上世紀後半葉，科學哲學受到科學史與科學社會學的衝擊和挑戰，逐漸從「邏輯主義」走向「歷史主義」，正意味科學哲學已難以劃地自限、閉門造車。邏輯實證主義一度嘗試推行「科學統一運動」，即通過理論化約，將複雜具體的經驗科學，不斷簡化至單純抽象的物理學甚至數學。這種以科學哲學來指導規範實際科學研究的作法，如今已被證實無效且錯誤。哲學必須先學會尊重科學，始能進一步交流合作。

四、科學學

科學哲學並非以自然而是以科學爲探索對象，因此科學哲學勢必要進行跨領域、跨學科的研究。人類知識公認分爲自然、社會、人文三

大領域，哲學屬於人文領域，科學則歸其他二者。但是科學哲學並非人文領域內唯一對科學感興趣的學科，至少科學史的關注絕不比科學哲學來得低。事實上，二者早在十九世紀科學大興之際，還曾經是伴隨科學而生的一門人文學科「科學歷史與哲學」，後來才分化為兩科。不同於「科學史」與「科學哲學」的人文觀點與方法，社會科學內的社會學，於二十世紀中葉也開始研究作為社會現象的科學活動，從而創生「科學社會學」，日後更進一步統整上述二者，共同形成「科學學」。

「科學學」無疑以科學為對象，進行多元視角的跨領域整合研究，其核心部分至少包括科學史、科學哲學及科學社會學，彼此相輔相成，相得益彰。尤有甚者，科學學的歷史與社會探究，都必須與經驗事實相關聯，遂影響及哲學探究必須改弦更張，也因此促成邏輯主義向歷史主義過渡。這意味哲學探究不能再要求科學得完全遵循邏輯推理的規範，而必須面對科學活動如實發展的歷史社會性現象描述。科學論述的表達當然不能違反邏輯，但這並不意指科學發現也僅限於邏輯推論，它們更多情況乃是「嘗試錯誤」的表現，以及「知識權力」的角逐，不少科學家傳記可為明證。

參、科學哲學的擴充

一、科學哲學史

受到科學學的影響，原本屬於哲學圈內的科學哲學，也必須探出頭來觀照世界，用更新、更多元的視角考察宇宙與人生。而在科學學的啟發下，科學哲學除了進行上述的自我後設探究外，同樣可以擴充至科學哲學史、科學哲學社會學、技術哲學，以及科學技術與社會等方面，以落實由基本哲學向應用哲學的過渡與轉化。一如哲學史可細分為邏輯史、形上學史、倫理學史等，科學哲學也可以開出更細的分支，如科學哲學史及科學哲學社會學。其中科學哲學史大致可分為前現代、現代與

後現代三階段，它們多少能夠對照科學哲學本身的前科學、科學及後科學屬性；畢竟「現代」前後的分野，有很大一部分由科學發展所促成。

西方哲學史常分列古代、中世、近代、現代、當代五階段，其中由近代邁入現代的里程碑，乃是大體系哲學家黑格爾的去世。唯心取向的黑格爾不認同十八、九世紀的科學發展，致令其大體系與當時的科學論述頗多不相容；一旦其去世，哲學轉進現代，就勢必得正視科學的存在了。「現代性」受到科學理性與經驗的規準，加上聲光電化技術不斷推陳出新，逐漸改變了世界面貌，在科技影響下「異中求同」而形成「全球化」。但各民族、各文化受到西方科技衝擊亦產生「意識覺醒」，進而要求「同中存異」的「後現代性」。後現代並非全然現代之後，主要是現代本身的反動，彼此既歷時又共時，為科學哲學史創造出多元景象。

二、科學哲學社會學

社會學由哲學家孔德於十九世紀上半葉所創，原擬採用自然科學方法研究人類社會現象，但人畢竟不是可以盡量操弄實驗的動物或無生物，於是逐漸發展出觀察、統計、調查等社會科學方法。社會學現今至少並存三大論點：營造社會和諧的結構功能論、主張階級鬥爭的衝突論，以及相信人文關懷的詮釋論。上世紀前期美國社會學家試圖研究科學家在實驗室工作現狀，促成科學社會學的誕生；到了後期更有英國及歐陸學者繼續深化，提出社會建構導向的科學知識社會學。這些對科學外緣所做的種種探究，同樣影響及科學哲學的進路；從邏輯主義轉向歷史主義只是第一步，朝向更基進的後現代立場走去，才是重大的路線變化。

從較基進的建構主義觀點看，現代科學已非當初個別科學家在自己實驗室內埋首研究的心智活動，它如今成為政府或大財團基金會重金補助的大型專案，甚至形成跨國運作，同時不乏軍事金援的介入。換言之，科學絕不僅屬邏輯推理或歷史試誤活動，它已深深嵌入社會政治經濟的權力角逐中，成為利益共同體或共犯結構。從後現代基進視角對之

進行解構批判，不但表現爲科學知識社會學的路數，更型塑出「另類」科學哲學，以有別於「正統」途徑。其中包括像海德格、羅蒂、傅柯、李歐塔，甚至德里達等歐陸及親歐陸的哲學家，都不乏對科學的功過做出深刻反思與批判。這些路線變遷，正是科學哲學社會學關注所在。

三、技術哲學

現在把焦點轉到技術方面來看。一般多將科學與技術相提並論，甚至稱技術爲「科技」；但科學與技術並非一開始就在一道，二者於西方的統整甚至晚到十八世紀。技術在人類文明中原本只屬工匠的手藝，不乏巧思，卻缺少學理知識的支撐，大多只能口授心傳。科學史學家李約瑟曾撰有七大冊《中國科學技術史》，指出十五世紀以前中國科技遠遠高於西方，但到頭來卻產生「現代科技爲何未出現在中國」的質疑，原因正是技術未能跟科學銜接。從科學史來看，科學終究還是西方文明的產物，其由自然哲學轉化創生，形成十七世紀的「科學革命」。之後部分科學更用於技術改良，乃出現爲技術服務的「應用科學」。

應用科學足以立竿見影地學以致用，尤其當今蔚爲顯學的資訊傳播科技，以及生物醫療科技，更是年輕人考大學的熱門選項。相形之下，基本科學、社會科學和人文學科，就不是那麼受歡迎了。受到應用科學支撐的技術有兩大方向：服務於個人的微型「綜合技術」，例如手機，以及服務於國家的巨型「專門技術」，例如核電廠；後者不免會呈現非人性化而遭致抵制。探索技術之爲用的哲學分析是爲技術哲學，它同樣可以納入歷史與社會考量，再進一步跟科學學結合而成「科學技術學」。由於技術必然會觸及物質世界，不可能擺脫改變物質的社會位置，因此它較一般的科學學更能吸引社會建構主義者的目光。

四、科學技術與社會

基進觀點以科學技術學爲基礎，進一步開創出新興學科「科學技術

與社會」，簡稱「科技與社會」。它探討包括互利和互斥在內的科技與社會之關聯，彼此剪不斷理還亂，但是人人都已經生活於其中，無從規避，只得正視面對。正因為如此，要想將科學哲學部分轉化為應用哲學課題，「科技與社會」無疑可作為過渡平臺；畢竟它所處理的都是一些實質問題，適合從事經驗性個案研究。西方世界多關注生態環保、生殖科技、太空旅行之類議題，臺灣特有案例則包括職業病、助產士，甚至拼裝車、檳榔產銷等。舉凡人們在日常生活中所遭逢的科技事物，無論大小，都可以拿來進行社會人文的批判研究。

值得一提的是，當科學哲學由正統走向另類，其愛好智慧的視野也從學院步入人間，看見海闊天空的多元風貌，性別議題的介入便是一例。過去人們多認為知識尤其是科學肯定無涉性別，即使女性科學家相對較少，也以女人感性多於理性的常識觀點解釋之。殊不知學術殿堂甚至知識生產，在過去都有意無意設下層層障礙，令女性望而卻步。隨著上世紀六、七〇年代對「階級主義、種族主義、性別主義」三座大山的質疑與推倒，各方面的「意識覺醒運動」風起雲湧，科學知識生產與表達所暗含的性別偏見，也一一被揭露出來，令學者與社會大眾對科技的信念形成典範轉移，這些都有利於重構科學哲學。

肆、科學哲學的轉化

一、科學普及

科學哲學的擴充代表有容乃大，而非劃地自限。哲學圈原本即以理論為重，謹守分際，不願撈過界。但是像科學哲學這種跨領域的分支，再怎麼說也不能閉門造車，勢必得看看聽聽對方在做什麼說什麼。而一旦把觸角伸進別人地盤，交流互動彼此學習的機會自然大增，哲學應用與應用哲學從此應運而生。科學原本脫胎於哲學，科學哲學遂始於自然哲學的旨趣，但二者仍有根本不同，即「自然先於人，人先於科學」。

哲學家可以像科學家一樣關注甚至探索自然，然而一旦要以科學爲對象進行探索，就必須先懂科學。問題是經過三、四百年的分化，作爲「分科之學」的科學以難以窮盡，改善之道唯有通過「科學普及」。

「科學普及」通俗簡稱「科普」，通過擺脫科學與技術專門知識和術語的障礙，眾多科普媒介努力傳達各門科學的新知。科普活動希望將科技新知普及爲通識或常識，但其原本的科學知識背景分工極細，往往見樹不見林，因此即使接觸科普也需要具備一些相關認識。這種搭建認知平臺的工作，正是科學哲學作爲應用哲學得以爲功的轉化方向之一。「應用的」科學哲學可以結合科學史與科學社會學的進路，將各門科學技術的景深盡量呈現，讓人能夠全方位把握，從而見樹也見林。坊間有許多由科學家執筆或主持的科普讀物及社教節目，科學哲學家若能參與其中或另行創作，不啻普及了科學，同時也推廣了哲學。

二、通識教育

經過擴充的科學哲學，其實已具有科學學的跨領域多元屬性，更適於由基本哲學轉化爲應用哲學，眞正學以致用。應用的科學哲學不止研究科學，更足以作爲橋樑和階梯，不但能溝通科學與哲學，更讓人登高望遠，開闊視野。科學哲學除了可以主動走進科學普及運動，還能夠在學校通識教育中，扮演更吃重也更關鍵的角色。大學通識教育的前身，是西方行之已久的博雅教育或自由人教育；上世紀七〇年代在美國開始提倡，1984年成爲臺灣高教政策的一環。通識教育的目的，正是爲改善專門及專業科系學生出現一偏之見的弊病，乃規定至少必選八學分跨領域的通識課程，其理念相當符合科學哲學作爲應用哲學的旨趣。

如今在臺灣，不少正宗「哲學博士」在各大學校院教通識課，尤其是向自然及社會領域的學生引介人文通識。人文通識尚包括文學藝術宗教等吸引人的修養課，哲學若想教得生動有趣或足以應用，嘗試走進其他領域跟相關學生交流對話，或許是一項值得嘗試的教學途徑。當然其前提要哲學教師對科學哲學及科學普及感興趣，並且眞正接觸過。否則

只教些思維方法、道德推理或基本哲學課題，不免窄化了學生認識哲學的視野。何況通識課程常被學生視為「營養學分」，而心智養分最好能創造相加及相乘效果，以發揮其「綜效」。藉科學哲學的平臺，對學習科學技術的學生，講授其本行背後的故事，相信可以吸引更多聽眾。

三、科技政策

通識授課運用之妙存乎一心，哲學教師在此不見得比講授專門課程更輕鬆，這也是訓練哲學應用工夫的好所在。另外一項考驗科學哲學功力的場域，就是視其能否對科技政策有所把握，並且進一步影響政策的規劃及運作。如今跟科技有關的國家政策，大致包括能源生產、生態環保、衛生保健、食品安全、老齡長照、科技教育、交通建設等等。它們除了涉及國計民生，必須落實法治和管理外，對哲學人文學者而言，更重要的是有否關注倫理考量。這其中至少含有應用倫理三大面向：環境保護、經營管理，以及醫療照護，應用哲學如何對這些實務問題提出有效建言，從而影響各部會的政策制定，的確責無旁貸。

長期受人文訓練並身處其間的人文學者，若無科技相關背景，恐怕難就政策有效發言，改善之道或能通過研究所教育來實現。例如在哲學系設立碩士在職專班，以應用倫理學為教學研究重點方向，積極向各行各業專業人士招生，以從事跨領域研究的在職進修。此種專班可以實務性專案研究取代學位論文，盡可能將哲學倫理關注融入實務應用議題，若可能最好採取雙教授跨領域共同指導，協助學生撰寫與本行相關的報告或論文。如此一方面既能擴充哲學人文領域對公共政策的曝光率、發言權和影響力，另一方面也真正通過研究所的碩博士教育，讓有心的研究生學以致用，更對整個社會做出貢獻。

四、生命倫理與教育

科學哲學若要部分轉化成為應用哲學，跟應用倫理學密切銜接，

正是可行途徑，而它們還可以進一步推廣生命教育。如今在臺灣，生命教育已成爲高中生必選的正式課程，並向下向上進行統整，用以取代傳統德育。根據政府公布的課綱，高中生命教育類課程共有八科，半數屬於哲學，此即「哲學與人生」、「道德思考與抉擇」、「性愛與婚姻倫理」、「生命與科技倫理」；其中生命倫理爲生命教育打基礎，科技倫理則與科學哲學相呼應。尤其高中科技倫理課特重資訊網路倫理，這與現今手機流行、網路詐騙的社會現象緊密關聯，很適於用作應用哲學課題；且事涉科學技術，又讓科學哲學得以爲功。

作爲新興德育的生命教育，與培養全人視野的通識教育，可視爲科技當道、智育掛帥現況下，彌補學校教育偏差缺失的重要教育政策，而生命教育更與應用倫理中的生命倫理息息相關。生命倫理處理生命科學與醫藥科技所產生的倫理難題，直接觸及人們的生老病死，值得進一步深究。諾貝爾獎得主、存在主義文學家卡繆曾經表示，只有一個哲學問題至關迫切，那便是確定人生是否值得一活。自殺姑且不論，病榻之上的存亡決策，就是生命倫理中相當棘手且難以規避的議題。2019年即將施行的〈病人自主權利法〉，將醫療科技與人文關懷做了妥善的結合。類似議題值得通過科學哲學進行深入檢視，並提出改善之道。

伍、宇宙與人生

一、從宇宙看人生

本論文寫作的目的，是希望在科技掛帥的時代裏，將基本哲學中較爲冷僻的分支科學哲學，部分轉化爲能夠因應當前社會需要，而得學以致用的應用哲學，用以解決、釐清或消除各種人生疑慮。新儒家學者唐君毅指出，哲學問題不外「宇宙與人生」二端，「從宇宙看人生」是「最彎曲的路」，唯有「從人生看宇宙」方能「直透本原」。唐君毅對黑格爾情有獨鍾，故其思想充滿唯心傾向；這在中國哲學中有心學傳統

與之呼應，但到如今必須批判地理解與接受。基於對中華本土文化的認同與回歸，我希望盡可能推廣華人應用哲學與華人生命教育。希望讓生活於科技時代的華人「御物而不御於物」，盡量保存本眞自我。

　　科學哲學源於自然哲學，主要關注自然科學，兼及社會科學。將科學哲學轉化爲應用哲學，或足以對自然與社會領域中的科技應用，提出具有批判觀點的改善意見。但其最初出發點，終究還是得「從宇宙看人生」。「上下四方之謂宇，古往今來之謂宙」，宇宙即指天地時空；人既無逃於天地之間，就應學會如何頂天立地。從宇宙看人生的途徑，是把人生疑惑還原至其發生的脈絡中，來尋求突破之道。雖然處理可能彎曲費事，然而一旦認清問題發生的時空位置，解決起來方能切實對焦，且不致節外生枝。這是一種就事論事的務實態度，並非唯心觀點下的唯物路線，而是扣緊經驗的應用取向。

二、從人生看宇宙

　　通過華人應用哲學視角，反思宇宙與人生的哲學大哉問，當可發現二者其實是相輔相成、相互通透的。宇宙不見人生未免孤寂，人生失去宇宙必然掛空；既然如今宇宙問題已經交給科學處理，人生問題在華人社會則長期交給哲學而非宗教安頓，以應用的科學哲學搭建溝通二者的橋樑，當可令二者互利共榮，無所偏廢。尤有甚者，基於「文理並重，東西兼治；物我齊觀，天人合一」的「後科學人文自然主義華人應用哲學」旨趣，在循著西方傳統經驗地從宇宙看人生後，再回到東方式從人生看宇宙的體驗進路，無疑更能彰顯出個體人生的況味與深度。此一進路亦稱「天然論哲理學」，具有「後科學、非宗教、安生死」的特性。

　　莊子說：「吾生也有涯，而知也無涯。以有涯隨無涯，殆已。」道家主張絕聖棄智，不期望多採用認知心。但這並不違背從人生看宇宙而達於自我安頓的理想，只要能夠認清問題的輕重緩急，有節制地善用認知心，從而達到安頓生命情意的效果。華人應用哲學主張「東西兼治」，希望抓大放小、去蕪存菁，但最終的應用仍須落實於本土在地

之上。華人應用哲學專為華人所用，其核心價值不能自外於中華本土文化，否則無所搭掛。全球華人總人口約占世上近五分之一，不可謂不多。民族文化的「大同」實無礙於居住地區的「小異」，應用哲學遂得以協助華人「安身立命，了生脫死」。

三、安身立命

華人應用哲學借重科學哲學對現代科技的批判工夫，從而安頓廣大華人的身心靈，令其做出妥善的「生命情調之抉擇」。其作用於個體之上最重要二事即為「安身立命，了生脫死」。被視為另類科學哲學家的海德格，除用心良苦地批判當代科技外，更對生死大事深具創見；尤其是提出「向死而生」的生命真諦，更令人耳目一新。此一慧見可視為生死哲理的本體論，再結合「由死觀生，輕死重生」的認識論和價值論，充分反映出「生死關懷」的三大面向，而這也正是高中生命教育類課程中的一科。對年輕人施以生命教育，可助其安身立命；而後通過終身學習活到老學到老，更能夠得以令年長者了生脫死。

「安身立命」原本為禪宗語，引申用於今日生活，乃有「安頓身心，樹立理想」之意。依社會學家的分類，人生可分為三個階段，或稱「人生三齡」，意即從出生到學成就業的「生存競爭」第一齡，由正式就業到退休的「生涯發展」第二齡，以及退休後樂享暮年餘生的「生趣閒賞」第三齡。如今臺灣人的平均餘命已達八十歲，六十五歲退休後還有十五年清福好享。在安頓身心後退而不休，繼續做一些符合心目中的理想志業，包括服務人群。管理學家彼得・杜拉克就提出退休後若行有餘力，不妨以擔任志工繼續安身立命，或能備覺生命充實而忘卻老之已至。然而個體不斷步向老病死的殘酷事實，還是需要生命教育來加以化解。

四、了生脫死

人終不免一死，但求好死善終或爲人生最後願望，不過有相當大的可能事與願違。尤其醫藥科技不斷進步，即使絕症也能夠被推遲。但人至今終究仍難以勝天，進步的科技竟弔詭地造成病患「求生不得，求死不能」的苟延殘喘地步，可謂情何以堪。著名作家瓊瑤著書悔恨痛訴，爲其中風且失智的先生插管治療之不人道，在名人的光環效應下，終於引起社會大眾的正視與重視。如何在病榻之側妥善做出生死決策，確爲生物醫學倫理難以承受之重。尤其在華人社會，病人一旦住院，便意味決策權的喪失，轉而由家屬代爲執行。而在孝道及不忍的心理作用下，往往會做出對患者不利的決定，令其含怨以終。

不久即將實施的〈病人自主權利法〉，或能將華人社會中，家屬當道「愛之適足以害之」的不幸狀況大幅減少；但生命教育的潛移默化，或許更爲持久且重要。生命教育中的生命倫理課題，對於科技大量介入生老病死的現代人而言，更應該成爲人人必備的常識與修養。與其亡羊補牢，不如未雨綢繆，生命倫理以及背後一整套的生命教育、應用倫理、應用哲學，甚至科學哲學，都屬於學然後知不足的「生命學問」。其中既有的科學哲學，距離生命學問理想相對較遠，關聯也較間接，必須通過一連串的轉化始得以爲功。本論文的寫作，正是嘗試推動此一轉化，希望它眞的能夠協助廣大華人「安身立命，了生脫死」。

結 語

本論文是我將個人四十年學術生涯的心路歷程做一統整的嘗試。二十五歲在碩士班開始發心研究科學哲學，如今六十有五則對生命學問擇善固執。四十載一路行來，由科學哲學而生命倫理學、生命教育、教育哲學；基於前者先後完成碩士、博士及教授論文，就後三者則各撰一書，副題皆爲《華人應用哲學取向》，由此可見自身內在思路及人生信

念的發展流變。「吾道一以貫之」，本論文反身而誠，由生命學問回首觀照科學哲學，發現其於過去四十年間，已由量變到質變，不再全然是訴諸邏輯理性的鐵板一塊，而有可能通過一系轉化向應用哲學靠攏，並有助於廣大華人的情意生命，乃爲文以圓滿我的生命學問志業。

生命教育學的建構

引言

　　「生命教育」在華人社會的提法，至今已超過二十載；這項教育理念與政策，於1997年首見於臺灣，不久便擴散並影響及港澳和大陸。如今兩岸四地均有以「生命教育」為名的政策和課程，甚至取代傳統德育的功能，但彼此的內容並不同調，可謂「各自表述，各取所需」。這份關係著下一代華人身心靈改善提昇的良法美意，在經歷過二十年實踐試煉後，有必要加以檢視深化，用以去蕪存菁，推陳出新。此等正本清源的工作，勢必要有相對後設的觀點立場為基礎；建構一套「生命教育學」論述，或能滿足「異中求同，同中存異」的需要。本論文的寫作即據此而發。

壹、外在性質：「生命教育」

一、歷史性

　　我念科學哲學出身，通過生物哲學及護理哲學的研究，次第步入生命倫理的探索與生命教育的推動。當年因緣際會接手創辦了全球第一家生死學研究所，正式踏進生命教育領域，含本書先後撰有相關專書二十四種，自認持續在從事開拓工作。生死所成立同年，生命教育被列為臺灣中小學教育政策，至今已全方位覆蓋各級學校與終身學習。2010年全臺各高中生命教育類正式課程全面實施，同年大陸則將生命教育列入國家教育改革和發展的戰略主題之中。至於港澳地區，也逐漸將殖民

地時期的西方宗教教育，轉化為當前的本土生命教育，並進一步融入在地特色以造福學子。

作為華人社會頗具特色的教育活動，由於兩岸四地政治體制不同，生命教育也有所分化，各自擁有歷史進程及社會背景，但至今亦僅有二十一年。這是指明確使用中文「生命教育」一辭開始，而它其實跟英文表述無甚淵源，因此可視為原創用語。以「生命教育」標幟德育或類似道德教育課程，明顯始自臺灣，由於寓意正向且無道貌岸然色彩，很快便擴散至港澳和大陸；前者與宗教教育結合，後者則跟思想政治及心理健康教育掛勾。從發展上看，生命教育既專屬華人，又在四地生活圈走出不同途徑。而本著「異中求同，同中存異」的用心，我在此提出建構「生命教育學」的基本考量，當作互通有無的平臺。

二、社會性

生命教育具備德育的性質，對於安頓人際倫理有著一定訴求，亦即涉及人們身處社會所要遵循的道德規範。「社會」在西方係指各個群體，因此社會學最初傳入時被譯為「群學」；而早於宋代便出現的「社會」一辭，其原意則為「人們群聚於神廟」，與西方說法相通。政治為管理眾人之事，而人雖不一定是政治動物，卻肯定是社會動物，畢竟如今已難以離群索居。民主社會的人際關係由法律約束，但法律有所不逮之處，西方多仰望宗教信仰，華人則傾向道德良知。生命教育作為更大範圍的德育，不免對倫理議題著墨較多；但倫理並非放諸四海皆準，仍需考慮其社會背景。

人生無逃於天地之間，天地係指宇宙，亦即時空，這正是建構生命教育學要考量其歷史性與社會性的理由。尤有甚者，華人生活圈甚大，不能一概而論，因此還得關注在地性；但基於異中求同，又要強調中華文化一以貫之的本土性。「生命教育學」雖屬新興學科，但其建構並非毫無根據，至少可參考既有的「德育原理」或「德育論」。傳統德育為教育的一環，教育跟社會可以交集出教育社會學和社會教育。依此觀

之，推動生命教育就其學理面，理當從事反身式的社會學考察；而在實踐面，則將以學生為主的學校教育，擴充至以成人為對象的社會教育，從而落實「活到老，學到老」的終身學習。

三、在地性

　　社會學者葉啓政曾投入上世紀七、八〇年代臺灣「社會科學中國化」的努力；他明確指出，與「外來化—西化—現代化—全球化」相對治的理念與作法乃是「本土化」。當時政治「主體性」論述尚未成型，「本土」仍具中國色彩；三十多年後的今天，則已完全指涉「在地」了。然而放進歷史與社會背景來看，各處華人的在地文化，其實深深紮根於中土的漢民族文化之中，難以切割。不過身處於東南西北的各地華人，彼此生活習性多少仍會有所出入。涉及人倫的生命教育，在強調文化傳承的本土化之前，還是有必要關注斯土斯人的在地特色，以利「抓大放小，去蕪存菁」。

　　在地性可視為地方或地域特性，若以德育實踐為例，兩岸四地生命教育最明顯的差異，主要在於靈性層面，尤其是有關宗教或民俗信仰的部分。簡單地說，大陸生命教育包含思想政治教育和心理健康教育兩大面向，但絕口不談宗教；香港及澳門長期被殖民，基督宗教的影響揮之不去；臺灣則流行道佛雜糅的民俗信仰，通俗文化更是向日本靠攏。由於生命教育直接面對每一個人的生活樣態，即使為華人社會所認同，仍然應該先從小處著手，方不致掛空。針對在地性由小處著手是「同中存異」，把握本土性以大處著眼則為「異中求同」；二者相輔相成，相得益彰，但必須有所分判。

四、本土性

　　生命教育為華人所特有，建構生命教育學的核心價值，遂落在中華文化的本土性之上。此一核心價值並不排斥外來文化，但理當具有主從

之分，亦即彰顯出文化「主體性」。不同於百年以前堅持「中體西用」以救亡圖存，現今大可呼籲「中體外用」以自我肯定。此一本土觀點的主張爲「文理並重，東西兼治；物我齊觀，天人合一」，是以儒道融通的人文自然主義價值觀，去觀照涵攝從古至今的外來文化，包括藝術人文、法政經社以及聲光電化。這並非民族至上的自我膨脹，而是不忘本的尋根教化。畢竟我們談論的不是智育活動，而是融會民族文化德、群、美育於一爐的生命教育，甚至體育亦可納入其中。

生命教育強調本土性絕不故步自封，而是有容乃大，同時顧及輕重緩急與親疏等級。民主法治和科學技術雖源於西方，如今早已擴散至全球各地，不能也不必妄加排斥，但宜避免無限上綱，視之爲不可動搖的普世價值。這不是挑戰「德先生」與「賽先生」的穩固地位，而是想藉生命教育呈現其中有所不足之處；亦即在民主與科學的現代功能之外，發揚倫理道德的傳統價值。相對於民主與科學的「外爍」作用，倫理所反映的正是人類道德良知的「內斂」寓意。唯有內外兼顧，人生方能出入自如，收放自如。紮根本土的儒道融通價值取向，並非排他的宗教信仰，而是包容的人生信念，用以指引生活與生命。

貳、內在概念：「生命」與「生活」

一、日常生活

生命教育標榜生命自不待言，但「生命」本身卻是相當多元的概念，從生命科學到生命學問，形成一長道知情意行的光譜。生命教育有容乃大，但仍須紮根於本土在地以避免掛空，於是就必須來到對日常生活的考察。「日常生活」構成西方社會學的重要課題，往往出現個體與群體孰輕孰重的論辯。有些觀點認爲個人主體性理應彰顯，社會僅作爲活動背景而已；另有一派則主張社會的結構性功能無所不在，個人處於社會有可能身不由己。這些學術論點都值得參考，但日常生活卻是你我

的眞實處境，還是可以反身而誠，從而自求多福，自得其樂，並不時讓
生命發光發熱。

　　古今中外不乏對隱士生活有所嚮往者，眞正的隱士當然不爲人所
知，過著遺世獨立的生活。但古人或可遺世，今人卻難以爲世所遺，身
分戶口便是一例。尤有甚者，生活於資訊網路無所不在的社會裏，一言
一行一舉一動都可能被隨記在側，監控錄影及網上肉搜即是例證。如此
看來，日常生活一方面可以便宜行事，另一方面又必須步步爲營；民
主與科學的作用就成爲兩面刃，既有助於個體在群體中自由自在，又無
時無刻不受其制約框限。到底日常生活的分寸如何拿捏，方才無過與不
及？關鍵是生命教育作爲新型態德育，在提倡倫理道德規範之餘，必須
不忘群育與美育之可能。

二、生活倫理

　　臺灣在推動生命教育之前的德育課，小學是「生活與倫理」，中學
爲「公民與道德」，由此可見成爲社會一分子，就必須從實踐倫理道德
中落實公民生活。公民乃是就個人相對於國家的權利義務而言，孫中山
曾指出，「國者人之積，人者心之器」，提示了個體跟群體以及和心性
的關係。反身而誠，生活在華人社會的我們，政治體制容或有所出入，
但日常作息無疑大同小異，人生理想亦不乏相通之處。本乎「異中求
同，同中存異」的大原則，建構全方位的生命教育學，會盡量在維繫發
揚中華文化的前提下與時俱進，避免故步自封。而中華文化最爲人所熟
知者，即屬人倫之理。

　　生命教育可視爲現代加後現代的倫理教育，現代與後現代既歷時
又共時而得以並存，因此當西方藉著提倡後現代性企圖解構主體之際，
華人社會大可不必隨之起舞，而尋思如何藉現代性以肯定文化主體。西
方文化中的倫理道德，相當程度上繫於基督宗教，強調異中求同的倫理
原則，不同的人必須遵循相同的道德規範，而由天主上帝作保證。相形
之下，華人則主張同中存異的人倫關係，同一個人要顧及不同的互動對

象，講究適宜的關係運作，此及日常生活中的「五倫」，訴諸的是天地良心。由此觀之，傳統五倫的安頓，在建構生命教育學的考量內，實具有舉足輕重的地位。

三、生命倫理

面對日常生活裏的人際關係，西方人好講大原則，華人則多以五倫為依歸；然而時至今日，東西文化早已相互融通，道德實踐亦得以相輔相成。換言之，「中體」五倫雖可作為基本關注，但仍宜參考「外用」的大原則，生活倫理內的生命倫理便屬之。「生命倫理」是舶來品，主要指生物醫學中的倫理考量，如末期病人要不要急救、有限醫療資源如何妥善分配等等。在這方面，西方歸納揭櫫出四大原則：自主、無傷、增益、公平，任何人都必須盡量遵守。然而這些原則放進華人社會中，就需要進一步考量到底用在誰身上，從而形成親疏等級的安排，像是敬老尊賢等等。

「五倫」用具體人倫關係對照於西方的抽象倫理原則是其特色，但其中卻潛藏著過猶不及的弊病，有待深究並加以改善。蓋五倫源於儒家傳統，尤其看中「君臣、父子」二倫，更以「忠、孝」將之肯定為不可逆的關係。忠君如今雖已過時，孝道卻無所不在；它雖以關愛為出發點，卻可能走偏鋒，不可不辨。以臨床情境為例，西方人講究的自主原則，就是尊重病患自我決定的權利；華人則可能出現以孝道為名義，強為長輩代行醫療決策，卻損及患者意願的情形。臺灣即將於2019年起施行〈病人自主權利法〉，採用的正是西方自主原則，用以防範家人用集體的力量，違反病患個體的決定。

四、生命學問

生命教育學的學問旨趣正是生命學問，與其說它是「有關生命的學問」，不如視為「具有生命關懷的學問」；生命倫理如此，生命教育亦

然。「生命學問」的提法來自當代新儒家學者牟宗三,他認為西方學術多為「知識中心」而缺乏「生命中心」,華人若順此追求民主與科學,實難以達成「民族盡性之大業」;後者即是「明明德」,歸於倫理道德實踐。作為華人專屬的生命教育,不同於西方僅將之設計成自殺防治和毒品禁絕等愛生惜福的教育活動,我們有著更遠大、更恢宏的理想,亦即用以取代或部分取代傳統德育。一旦如此,則儒家倫理觀便是無法規避的議題。

儒家追求「內聖外王」,從倫理面擴充至政治面,卻不及於宗教面。雖然長期以來都有人企圖將之打造成儒教或孔教,但終究未成氣候。因此它並非宗教信仰,而是一套人生信念。歷史上雖然儒家始終蔚為顯學,但身為以天下為己任的士大夫們,卻不乏懷抱道家生命情調者,陶淵明、白居易、蘇東坡便是三盞明燈。時至今日,推動生命教育已走向「文理並重,東西兼治;物我齊觀,天人合一」的理想境地,其中天人物我面面俱顧,就包含有儒道融通的旨趣。在華人社會推動具有德育性質的生命教育,以儒道融通的思與行作為核心價值,非但不為過,更是有容乃大的人生教化立足點。

參、內在概念:「教育」與「教化」

一、學校教育

過去二十餘年,生命教育在兩岸四地逐漸被列入教育政策加以推行,具體落實於各級學校教育,成為擁有授課時數和教科書的正式課程。作為五育中德育的替代甚至擴充,生命教育正規化並無可厚非,但是完全套用智育傳授的作法,恐怕會有所不足,也容易誤入形式主義。德育跟智育最大的差別,就在於前者不似後者有可能立竿見影,而走的是潛移默化途徑,也因此生命教育要求具備體驗課程。臺灣自2010年起實施高中生命教育類正式課程,每名高中生至少必選一學分,且規定學

理講授最多只占六至七成，配合以三至四成的體驗活動。至於高中以下的課程設計，則更是以體驗爲主。

現今華人社會的學校教育，無不屬於體制化的教學活動，具有學籍、年級、課時、學分、作業、考試、評量、輔導種種要求。這一套可說完全是西式教育，形式及內容都完全由外面移植進來，傳統的中式學堂和書院則早已式微，即使在復古風潮中有所重啓，也都屬於非正規的。西方學制內大中小學各有所本，但都跟基督宗教淵源深厚。教會從教導信眾識字讀經以鞏固信仰，相形之下，華人長久以來就鼓勵蒙童學而優則仕，通過科舉爲官以維繫政權。時至今日，在資本主義商品經濟席捲全球的情勢下，上課讀書學以致用，用以開啓生涯發展，可說是每一家長與學子的心之所嚮。

二、成人教育

古老的中國在上世紀初廢除科舉大幅西化後，教育型態就開始改頭換面，走向現代化的不歸路。如今一個年輕人從小學一路學習而順利念完大學，至少要花上十六年，終於二十二歲踏入社會立業成家。目前在臺灣，人人都有機會上大學；即使中途就業，也還有空中大學等成人社會教育機構足資利用。從未成年當學生，到成年後不斷在職進修，應了從前「活到老，學到老」的話，如今稱作「終身學習」。就上課讀書而言，可說人人都是過來人，反身而誠，也許大家都會發現，學校教育幾乎完全智育掛帥，體育或占有一席之地，至於德育、群育及美育多半聊備一格，甚至長期缺位。

也許有人會說，課表上不是明明排有德育相關科目嗎？但請大家認真想想，我們對它可曾認真過？唯有擺脫形式主義的窠臼，真正走向潛移默化實踐工夫，生命教育才算是到位。萬丈高樓平地起，生命教育的德育前身，畢竟是在中華文化悠久歷史之中，扮演過內聖外王的重要地位。而當過去百年從「中學」迅速倒向「西學」，具有深厚文化底蘊的德育便不斷被邊緣化，雖然仍以五育之首被供奉在教育殿堂之上。百年

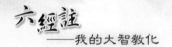

後的今天，當我們在享受現代化之餘，得見後現代性「質疑主流，正視另類；肯定多元，尊重差異」的特色，遂對生命教育燃起無限希望；而希望不止在教育，更在於教化。

三、社會教化

如果教育是指一系異中求同的體制性主流活動，教化便意味追求同中存異的多元化另類成長。美國後現代哲學家羅蒂曾表示，當體系面臨挑戰甚至否定之際，僅成就個體自身而非對象他人的愛智教化仍將持續存在。哲學便是愛好智慧的學問，其中包含倫理學及美學，這使得德育和美育適於走在愛好智慧的途徑上，我就曾經使用「大智教化」一辭來形容生命教育。後現代主義被描述為「晚近資本主義的文化邏輯」，亦即在商品經濟下塑造出較為安定的中產階級，他們有心也較有力追求自由多元的生活型態，從而打破定於一尊的思路與行動。生命教育因此可被視為後現代德育，且能通過後現代教育學建構生命教育學。

美國後現代教育學家多爾明智地指出，現代就是當下現在，後現代並非現代之後，而是當部分現代企圖保守地回歸傳統之際，另一部分則反動地「重寫」自己，以示持續更新，常保現在對未來的希望。在此種動態現實考量下，後現代教育學堅持與時俱進、多元發展、有容乃大，這點對認知性的智育不構成問題；至於評價性的德育和美育則有待不斷革新，秉持後現代精神的生命教育學當依此建構。就現今華人社會觀之，生命教育可以紮根於學校，但不必受限於斯；它必須設計為能夠「帶著走」的生命學問，擴充成開風氣之先的社會教化，最終仍是反身而誠，安身立命的自我教化。

四、自我教化

生命教育要想永續發展，建構生命教育學為其堅實基礎，當為合理作法。何況生命教育大致不脫德育性質，只是與時俱進添增了一些生命

關懷的內容。臺灣的高中正式課程，除倫理學、哲學以外，還納入了心理學、宗教學、生死學等課題，盡量滿足全人教育的要求。既然屬於擴充的德育，生命教育學就類似德育原理或德育論等學科，是以生命教育的內容與實踐爲探索對象。但是後現代生命教育學的建構，必須符合當代哲學家維根斯坦的睿智之見。他曾經表示自己所言固然重要，但眞正重要的是沒說出來的部分；此外他也認爲教育是過河拆橋，要讓學生勇往直前，不能回頭。

　　有人說維根斯坦的思想頗具禪境，這其實正是指超越認知的智慧話語，希望人們由漸修中悟道。在學校裏學習生命教育可視爲漸修的工夫，而悟道的效果則是由離校後帶著走的智慧中所創生，這便牽涉到持續不懈的自我教化。教化不同於教育的拘於形式，它可以是社會上的隨緣論道，更重要的是有心人的自覺開顯。像生命教育中的生死學所提三問：「我從哪裏來？我往哪裏去？活在當下如何安身立命，了生脫死？」前兩問往往是各門各派宗教的擅場，後者則爲生死學的基本探問。德國哲學家海德格講「向死而生」，生死學教我們「由死觀生」，最終達於「輕死重生」的境地，自我教化遂臻於圓滿矣。

肆、「教育學」基礎

一、教育哲學

　　前面討論生命教育諸方面，包括四種外在性質、生命與教育等概念；有此基本認知後，便可以試探建構生命教育學。若將之視爲新興的華人德育，當能套用既有「教育學」的內容，至少有教育哲學、教育社會學、課程論、教學論。教育哲學具有「教育的」哲學及「教育」的哲學兩種面向，分別側重教育和哲學理念，彼此相輔相成；放進生命教育來考察，前者更進一步側重生命關懷。順此觀之，建構生命教育學理當本著「文理並重，東西兼治；物我齊觀，天人合一」的前提而從事學科

建構。就其教育哲學基礎而言，簡稱「天然論哲理學」的「後科學人文自然主義華人應用哲學」，相信可以適用。

此一複合概念係統整後現代主義、科學人文主義、人文自然主義、中國哲學、應用哲學的教育意理，其核心價值正是儒道融通的非宗教式人生信念，用以自助助人「安身立命，了生脫死」，平安度過「生存競爭、生涯發展、生趣閒賞」的人生三齡。人既是社會動物，必然要跟同類及各式物種和平相處，以維繫生物多樣性，此時社會倫理及生命倫理皆得以爲功。然而一旦達於暮年入老，獨善自身的工夫益形重要，澹泊寧靜的人生美學遂逐漸發生作用。後現代生命教育結合了生命裏的倫理實踐與美感體驗，較之傳統德育既深且廣；在廣大華人之中，它更具有宗教信仰的功能。

二、教育社會學

與教育哲學類似，教育社會學亦包含「教育的」社會學及「教育」的社會學兩面向。一般型態的「社會」，既可作爲生活背景，又帶有幾分支配力量。放在教育的脈絡裏看，宏觀的教育反映出各式社會背景，也不斷被社會型塑；微觀的教育則開創了各種微型社會，更持續在進行自我改造。從宏觀與微觀兩方面契入，可以歸結出教育社會學的四項主題：社會化、社會結構、社會變遷，以及學校社會，它們都對推動生命教育有所影響。西方社會學係由法國哲學家孔德於1838年所創，面對這些主題，近兩百年來發展出三大學派：功能論、衝突論、詮釋論，前二者與後者屬於不同的知識典範。

簡單地說，功能論認爲社會結構的功能係創造社群和諧，其中教育的功能是引領學生逐漸社會化，爲未來社會穩定做出貢獻。至於衝突論則抱持社會充滿矛盾且不免衝突的悲觀看法；相對於功能論肯定和諧、共識、合作等概念，衝突論寧可運用衝突、鬥爭、反抗等概念，二者背後無疑具有不同的善惡人性觀。但此二者又皆屬「結構典範」，認爲社會決定個人；而「詮釋典範」下的詮釋論，則強調個人足以改善社會。

詮釋論不認同主流社會學把人視為文化的被動產物之觀點，主張人能夠主動參與各種生活情境，並賦予其意義。此一非主流立場，提供了生命教育學較為貼切的詮釋。

三、課程論

創立於兩百多年前的教育學是一門中游的應用社會科學學科，以上游的史學、哲學、心理學、社會學、統計學等基本學科為基礎，針對教育理念與實踐進行跨界探究，同時發展出專屬於本身的次學科，亦即課程論與教學論。其中課程論是指依特定教育目的，施教者有計劃、有組織地指導受教者，令其與教育情境互動，而產生有益身心發展的一系列學習內容；它可以從教師的教學科目、學生的學習經驗、官方的文化再製、民間的社會改造等四方面去考察。生命教育學的建構於此理當面面俱顧，且應進一步將教學科目與學習經驗，以及文化再製與社會改造等兩組微觀和宏觀的考察，全部加以統整，始能無過與不及。

「課程」的西文字源有「跑道」的意思，引申為「教導和學習的途徑」。英國哲學家史賓塞首先使用該辭，而他又大力推崇自然科學，遂形成以科學知識為中心、採用科學方法設計課程的課程論，且德育、智育、體育三分之說亦來自他。西方課程論有科學主義與人文主義兩種取向，生命教育學源自德育，很自然地認同人文主義取向，並將之轉化擴充為後科學人文自然主義。生命教育在科學掛帥、技術當道的今天，非但不應隨波逐流依附於科技之下，反而應該超然其上，用人文精神導引科技，以自然胸懷觀照人生。在臺灣開發出「哲學與人生」、「生命與科技倫理」等科實非偶然。

四、教學論

教學論與課程論構成教育學的核心部分，是使得教育學與其他學科明顯區別的關鍵性內涵。教學論的基本議題，包括涉及知識傳授的內

容與方法，以及涉及時空脈絡的過程與組織，再加上實際操作的教師等五項。傳統上有「教學相長」之說，其實是指老師邊教邊學；現今「教學」則多指老師教、學生學，兼及教導與學習兩方面。不過話說回來，即使是以學生為中心的教學，教師仍是主導的靈魂人物。典型的教學活動即課堂教學，一群學生使用分科的教材，在教師指導下學習知識。教學論主要著眼於教導，至於學習則歸於心理學的旨趣，這也是為什麼教育學的基本分科有教育心理學一科。

心理學在上世紀六〇年代出現人本學派，認為學習涉及整個人的發展，而非僅向學習者提供事實和知識。教學的本質乃是為促進學生成為完整的人，因此必須知、情、意三方面無所偏廢。生命教育偏重情意教育，其德育本質必須做到在情感上認同道德推理所做的價值判斷，並有意去實踐它，否則一切只是紙上談兵而已。情意教育源自關懷之心；本於關懷的教學，對教師要求身教與對話，對學生要求練習與肯定。生命教育學將所有知識視為一道光譜，一極偏向事實認定的物和概念，另一極則涉及價值判斷的人與生活；兩極之間的分寸拿捏，就有待教師表現其教學智慧與能力了。

伍、教育實踐

一、生存階段

生命教育雖以教育為名，但實際上包括不拘形式的教化，因此在論及教育實踐之際，亦涵蓋教化活動在內。教育雖有五育之分，甚至希望並重，但現今智育掛帥其餘聊備一格的現象，無疑為大家所共睹。近年生命教育在兩岸四地不約而同受到重視，不乏有取代德育的用意；果真如此，則納入部分美育與群育似乎並不為過。在提倡終身學習的今天，取社會學家「人生三齡」之說，作為生命教育實踐的分期，並加以標籤，或能起到一目瞭然的作用。「三齡」及其標籤分別為：從出生到學

成就業，爲「生存競爭」階段的第一齡；從就業到退休入老，爲「生涯發展」階段的第二齡；其後則屬「生趣閒賞」的第三齡。

生命教育用於人生三齡，可依據三階段次第開展。其中生存階段大抵爲課堂教學，生命教育得以正規操作，這又可分爲中小學和專上兩部分。前者在臺灣有高中課綱爲標竿，向下落實紮根；大陸則以中央文件爲指導綱領，再由各省市區自行發展特色課程，像雲南省曾在十年前大力推行「三生教育」便屬之；至於港澳地區在認同回歸後，亦得見全方位的政策開展。至於學生已漸入成年的專上教育，係以專門或專業教育以外的通識教育及文化素質教育爲施行場域；專門及專業教育是爲個體生存競爭做準備，通識和素質教育則負有「人格統整與靈性發展」的任務，此乃臺灣生命課的最高階科目。

二、生涯階段

現今華人社會的青年學子，在專上校院學有所成進入社會就業，以達於中產爲目標，從而開展長達三、四十載的生涯時期，基本上已蔚爲主流。這種「在安定中求進步」的「日常生活」，既是社會學家關注探索的現代人生活型態，也是生命教育助人「安身立命」的基本立足點。生涯期不同於生存期之處，在於生活已漸趨安定，是到了要令其品質向上提昇的時候。「安身立命」原本爲禪宗語，時下可引申爲「在安頓身心之際，不忘樹立人生理想」，並於入老前盡量實現。理想可由「兼濟」向「獨善」過渡，既然大多數人皆非天縱之聖，不妨以半百爲轉捩點，從儒家走向道家，老後方能心安理得，順乎自然。

人們一旦踏進就業市場後，便難免「人在江湖，身不由己」，雖然有可能回到學校在職進修，但大多是在補強一技之長；至於生命修養之事，僅能留待行有餘力，自我精進了。生命教育之於成年人，主要通過社會教育管道，遂行自我教化之功。這種興趣導向的生涯階段教育，所期望的正是潛移默化，令人能夠自媚俗隨俗中超拔，走向脫俗不俗之境。當然世俗既非全不可取，更有存在必要，因其實爲生涯發展著落

之處。但是生命教育在安身立命方面，主張愼行存在抉擇，步向自我實現，這也是人本心理學所堅持的宏旨。心理學伴隨倫理學、宗教學、生死學，構成生命教育學的基本內容。

三、生趣階段

從生存競爭走向生涯發展再到生趣閒賞的人生三階段，並非段落分明，而是漸層流轉過渡的；像謀職就業總會定下來、職場生涯終究要讓賢等等，都必須暸然於心，預作安排。生趣時期大致始自退休入老之際，位子讓給別人坐，社會角色逐漸邊緣化；不能也不必再事事心存掛念，而且更需要反璞歸眞。此一時期重在達致「萬物靜觀皆自得」的意境，倘若依舊汲營罣礙，澹泊寧靜終不可得。暮年餘生的特徵是時不我予，必須領略並實踐放下捨得，而生命教育更進一步指引人們懂得「了生脫死」。老來一方面固然有機會靜觀閒賞，另一方面也將面臨眞正「身不由己」大限，需要以大智慧因應之。

在科技尚未打破人皆有死的魔咒前，維繫生命品質實爲老年的重大關注。誰也不希望陷入「求生不能，求死不得」的苟延殘喘困境，前面提到的醫學倫理、生命倫理遂得以派上用場，協助人們做出妥善的生死抉擇。指引老年人將積其一生的處世經驗，轉化爲了生脫死的大智大慧，正是生命教育在生趣階段的重大任務，但落實起來並不容易。畢竟歲月不饒人，如何有效自我教化並非由此開始，而必須從年輕時就奠定基礎。於是問題回到源頭，那便是學校裏教的生命課是否眞的能夠「帶著走」，以利終身受用？這又牽涉到生命教師養成和施教的問題，亦即教師本身的生命教育紮實與否。

四、教師教育

平心而論，生命教育能否永續發展，相關師資培育扮演著關鍵性的環節，可惜各地的推動者大多未予重視。就以歷史最久的臺灣來說，生

命教育成為高中正式課程已有八年，但專業教師授證卻不到位，頂多只列為一般或輔導教師的第二甚至第三專長。當然中學裏大多擁有專職的輔導教師，但這並不意味他們都有能力教生命課程。再說生命教育具有取代德育的功能，正式課程八科中且有半數屬於倫理哲學，需要的不盡然是具備心理學背景的輔導教師，更多要求是具備倫理學背景的哲學教師。無奈哲學在華人社會皆屬冷門學科，不像法國列為高中會考科目，人們也就視為可有可無而掉以輕心了。

學校教育中缺乏哲學傳統，整個社會視之為無用知識，在在使得生命知識虛懸掛空，不著邊際。改善之道包括推廣應用哲學、從事哲學諮商等，讓哲學生活化、生命化，如此生命教育才有生命力。當前既然大家都認同德育有其存在必要，則由其擴充升級的生命教育，就沒有理由被視為次等教育，而應當在五育並重的前提下，跟智育平起平坐。學校教育既屬制式教育，生命教育就有必要進入體制核心，真正起到潛移默化的作用。本乎此點，生命教師也應該是學者型、學習型、轉化型的後現代教師，理當接受專業化教師教育，並以生命教師為終身志業，堅持與時俱進，不斷發揚光大。

結 語

本論文寫作不純然為學術目的，更多為課程設計與教學實踐而發，因此但求提綱挈領，明示建構生命教育學之基本考量。生命教育專屬華人社會，具有取代傳統德育之勢，有待為其奠定學理基礎，以利永續發展。論文分別點出生命教育之外在性質與內在概念，以及學理基礎與實踐階段，希望面面俱顧，無所偏廢。生命教育發展至今僅有二十一年歷史，以臺灣最先，論文遂多以在地為例證加以引申。而臺灣護持生命教育最積極、最有力者，多為宗教團體及學校；港澳情況與之類似，內地則大異其趣。後者若非輔導諮商之心理健康教育，便屬大德育之思想政治教育，不可不辨。

生死學的建構

引言

　　生死學是一門創始於臺灣的新興學科，至今僅有二十五載歷史；我於它問世後兩年據此開授大學通識課程，又二年更負責設立全球第一間生死學研究所，招收碩士研究生。生死學係由哲學暨宗教學者傅偉勳所創，我身為哲學學者且與其相識，自始便認為此一新興學科與古老愛智之學淵源深厚，相當樂於將之推廣普及。但長期以來，不時會遭逢學科屬性專業不足或常識之見的質疑，令我深覺有必要正本清源、推陳出新，以利永續發展。由於生死學目前已為官方列入高中生命教育選修課，希望年輕學子能夠珍重與愛惜生命；為本學科奠定更為紮實的哲理基礎，理當是我責無旁貸的重大任務。

壹、生死學

一、歷史發展

　　「生死學」一辭首見於傅偉勳於1993年暑假在臺北出版的《死亡的尊嚴與生命的尊嚴──從臨終精神醫學到現代生死學》一書，他在序言內表示：「我從美國現有的『死亡學』研究成果，再進一步配合中國心性體認本位的生死智慧，衍發一種我所說的『現代生死學』，……這是我所以稍改原先書名（《死亡的尊嚴──現代人的死亡問題及其精神超克》）……的主要理由。」三年後他大去往生，在去世前將上述心性智慧定名為「生命學」。由此可見，傅偉勳心目中的生死學，乃是由中

國生命學和西方死亡學統整而成的新興學科。而在書中他更明確指出，「莊子是心性體認本位的中國生死學的開創者」。

新書副題有「臨終精神醫學」一辭，其靈感係來自醫學倫理學中，有關絕症病情告知及瞭解病人精神狀態的問題，作者認為關鍵在於哲學與宗教，此二者正是他個人的學術專長。而他也把生死學分為狹義與廣義兩方面看待，它們分別指向對於個體與群體的微觀及宏觀探究。2008年頒布的高中課綱內，則將生死學以「生死關懷」為名，列為生命教育類課程八門選修課之一，可視為官方對於生死學重要性的正面肯定。但此乃就生命教育議題而言，並不必然保證其學術基礎的穩固性。事實上，像醫師這類高度專業化的科技群體，經常自認為生死專家，幾乎完全無視於人文性生死學的存在。

二、思想內涵

生死學最初出自傅偉勳之手，他標幟出自己的專書「特色是在，從科際整合的宏觀角度把『死亡學』聯貫到精神醫學、精神治療、哲學、宗教學乃至一般科學（如心理學與文化人類學），以便提示『死亡學』研究的現代意義。……本書不是普通意義的書，而是關涉人人在高度精神性層面（實存主體、終極關懷以及終極真實）所要探索的，具有普遍性意義的書。」可見由科學家所創立的西方死亡學，「應該放在廣義的生死學探討範圍之內，乃由於生與死構成不可分離的一體兩面之故。……孔子所云『未知生，焉知死』……屬一邊之見；死亡學也有偏重『死』而忽略『生』的危險，亦屬一邊之見。」

傅偉勳所建構的為「現代生死學」，它由「臨終精神醫學」發展而來，而後者「是死亡學與精神醫學的結合，……它所考察的對象是，已面臨死亡在前的患者的正負精神狀態，……提供我們能奏實效的臨終精神治療法，俾讓患者的精神狀態有所改善，使他（她）能夠自然安寧地接受死亡，保持死亡的尊嚴。」傅偉勳所發現的生死學思想淵源，乃是奧地利醫師傅朗克的「意義治療學」，與日本醫師森田正馬的「森田治

療法」；他認為此二者對「建立現代人所需的我所説的『生死學』，更能提供寶貴的學理資糧。」後來他又指出，生死學的思想內涵，即是分別支撐此二種療法的存在主義與精神分析，以及道家與禪宗思想。

三、社會背景

生死學在上世紀末應運而生，其實有著一定的社會背景，在傅偉勳的觀察下，它們包括「戰爭、自然災害等等帶來的集體死亡，『機械化以及非人化』的現代式死亡處理辦法，高齡化問題，『死亡的尊嚴』概念，以及醫藥倫理學與科學、哲學、死亡學、宗教學（神學）、法律相關聯著的一些問題（如安樂死）。」這份觀察，無疑已囊括宏觀的廣義生死學與微觀的狹義生死學重大議題，將解決群體與個體的生死問題，納入一道光譜式的思想系統，通過常識、知識及智慧的觀照，盡可能全方位地予以解決。在我看來，人既然無逃於天地之間，就應當學會如何頂天立地；群體社會係由個體自我所組成，二者關係的釐清至關重要。

探討個體與群體關係的學問乃是倫理學，在華人社會係以儒家的「五倫」思想為代表；但是傅偉勳發現儒家思想傾向理想主義，「因此難免忽略了個體特性與社會共性及其相互關聯的科學研究……，在這一點還需吸納西方的佛洛依德精神分析理論，弗洛姆等人同時注重個人心理與社會心理的新派精神分析學説，甚至強調人的社會性（『人的本質是社會關係的總和』）的科學的馬克思主義。」這段話係出自他的最後著作，亦即其學思回憶錄《學問的生命與生命的學問》之中，此書實構成他對於自己一生學思歷程的定位，也對其所創立的新興學科予以定位，而這正是我們回顧生死學發展至今的起點。

四、學科定位

傅偉勳長期在美國任教於宗教系，加上個人稟性氣質使然，令其所建構的生死學帶有一定宗教色彩，實無可厚非。他表示：「為了建立

合乎多元開放性原則，且帶有日常實踐意義（即生死智慧）的現代生死學，我們必須站在宗教學、哲學、科學的科際整合立場，重新理解以生死的終極意義探索為本質的宗教的真諦。」這與其說是針對特定教義，不如視為指向普遍意義下的宗教教誨與薰陶。至於科際整合，更接近哲學重構：「『科際整合』……如從現代哲學或學術思潮的觀點予以考察，則可以說是『回到亞里斯多德』的學術理念探索運動。……應該視為一種永遠辯證開放的宏觀原理，指導各種學科之間的分工合作與溝通串連。」

「科際整合」是西方世界為因應現代化所發展出來的治學之道；傅偉勳從哲學觀點加以詮釋，希望重返哲學作為愛智之學的理想境地。但是今日哲學早已歷經科學革命的洗禮，不可能再回到前科學大一統局面，反而需要批判地迎向後現代浪潮，以開創出更多跨領域、跨學科的統整性新興學科，生死學正是此中代表。由於傅偉勳在去世前，為籌設生死所寫計畫書，提綱挈領地列出四項生死學「發展方向與重點」為之定位：個體死亡學、面對人類共同命運與面臨死亡之挑戰的「共命死亡學」、環繞著死後生命或死後世界奧秘探索的種種進路、以「愛」的表現貫穿「生」與「死」的生死學探索。以下即對生死學展開愛智的哲理建構。

貳、哲理建構

一、概念分析

講求通過生活規準以安身立命的現代人，在新世紀勢必要步入既歷時又共時的後現代處境；學術與教育活動也面臨同樣的要求，建構性思維與實踐遂應運而生。在一個連中學生都要學習強調自覺的建構性數學時代裏，許多習以為常的既有想法，恐怕都有必要加以解構再予重構。這種思想和行動上的破與立，未來非但不會再定於一尊，而可能走向辯

證發展的途徑。對僅有四分之一世紀歷史的生死學，進行多元的哲學重構，無疑具有一定正當性。其實這項努力在目前似乎還不是時候，因為生死學至今連學術典範都未確立，有興趣的人大可「各自表述，各取所需」，根本談不上解構與重構。我有意從事建構，是希望它更上層樓。

生死學是一門創始於華人社會的本土與在地學科，具有後現代局部知識的特色，可以進行「異中求同，同中存異」的哲學建構。根據後現代學者王治河的歸納，哲學建構的四項特徵為：**建構性、開放性、多元性、關愛性**；而當傅偉勳主張應以「愛」的表現來貫穿生與死探索，生死學的建構便顯得格外具有後現代意義。由於生死學涉及人的生老病死諸面向，至大無外，哲學建構遂要求先正本清源而從事概念分析，以辨明何者能說，何者不能說，甚至不可說。畢竟生死奧義有許多確實「不可說、不可思、不可議」，先行釐清問題，就不易產生常識之見或專業不足的批評。但建構之始仍必須奠基於常識。

二、脈絡檢視

就學科屬性看，生死學可視為一門立足於人文領域的跨領域中游學科，以哲學及部分社會領域基本學科為上游，向下游開發出各種專業實踐。但由於其歷史不長、範圍局部、典範未定，在其發源的華人世界，都未被主流學界所認可，更不用提其影響覆蓋全球。尤其連早誕生九十年的前身死亡學，至今仍妾身未明，關注此道的學者實有必要考慮改弦更張。從我任教生死學長達二十三載的經驗反思，發現它始終叫坐卻不見得叫好；例如臺灣雖有兩家以生死為名的大學系所，研究方向卻多歸屬各領域基本學科，因為官方的分類並未設生死學門。對照地看，同為中游學科且擁有百年歷史的宗教學，直到近十餘年才被認定獨立。

值得一提的是，宗教學在臺灣被歸入社會科學，因為宗教信仰乃屬群體活動與制度；相對而言，生死學雖牽涉更廣，但主要還是針對個體人生觀解，放在人文領域尤其是哲學中較為恰當。何況將之列於哲學分支而非自立門戶，可以得到更多奧援，倫理學便是最佳例證。倫理學屬

於哲學三大分支之一，跟形上學、知識學大異其趣，卻長期和平共存，各自表述。基於此點，並對生死學的時空脈絡加以檢視，發覺它目前實難以自立，我乃建議將之列為哲學之下的二階學科，以利永續發展。尤有甚者，因為西方國家已發展出與哲學平行的應用哲學，重點放在應用倫理學，生死學若納入其中，或許更有發揮空間。

三、哲理應用

由於社會上充滿太多「哲學無用論」，有時不免令我輩愛智之徒為之困惑；但這多少是因為哲學作為一門人文學科卻所見日小之故，加上科技當道也壓縮了哲學的發揮空間。華人社會的哲學至少有中國和西洋之分，新儒家學者牟宗三認為後者多為「知識中心」，唯有前者屬於「生命中心」的生命學問；另一位新儒家學者唐君毅則指出哲學的對象不外宇宙與人生，唯有從人生看宇宙方能「直透本原」；由此可見中國哲學體用雙全，且作用於人生的特色。這也是為什麼像蔡元培、胡適、馮友蘭、梁漱溟等人，都認為中國哲學的長處多在人生哲學方面。但也正因為如此，就無法向西方哲學一樣，有能力開出科學技術的一片天。

不過縱使中國哲學多麼有益於人生，眼前大家的人生都坐落在充滿西方元素的華人世界裏，尤其是科學技術的影響無所不在，必須學習駕御而不為其所御。順此觀之，先宇宙後人生的知識中心進路，在當今社會已屬常態，生死學作為安頓生死的生命學問，也必須依此進路更上層樓，方不致掛空失根。回顧既往，三百年前的科學革命，先把探索宇宙的自然哲學轉化為自然科學，而後又將經世濟民的社會實踐深化為社會科學；這一切知識改革創新的努力，無不絜根於西方傳統哲理愛好智慧的理想，以及無所不包的特性。如今當人們詢及「哲學何以為用」之際，答案便在鑑往知來的大方向上。

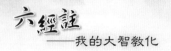

四、應用哲學

　　既然生死學是以西方死亡學吸納中國生命學擴充而成，對其進行哲理重構，仍不妨循著先西後中的途徑，以西學的認知性，承載中學的情意性，從而避免游談無根。考察西洋哲學發展，經歷了前科學、科學下、後科學三階段的辯證揚昇過程：其中哲學屈居科學之下的十九、二十世紀現代處境已經過去，如今已邁入後現代、後科學時期，科學弊病遂成為應用哲學多所批判的擅場。應用哲學的興起，來自應用倫理學日益受到正視與重視，後者主要包括醫學倫理、環境倫理及企業倫理，他們都是科技發展到一定程度後所產生的實際需要。通過應用倫理所提供的道德思考與抉擇，讓現代人有能力對問題做出妥善解決、釐清或揚棄。

　　雖然有人認為應用哲學只是把傳統實踐哲學的舊酒裝入新瓶，無甚新意；但往深一層看，應用哲學實乃科技時代的產物，它不必然是傳統哲學的應用，而屬於跨領域的新興學科。不同於生死學僅用於華人社會，三十多年前形成於英語國家的應用哲學，目前已蔚為足以跟基本哲學或純哲學平起平坐，擁有遍布全球的廣大學術社群。雖然兩岸四地尚無足具代表性的相關系所設置，但其全球學科典範無疑已經樹立，學會、學刊、專書一應俱全。這或拜科技發展之賜，畢竟應用哲學大部分用心是針對科技而發，甚至出現臨床倫理、哲學諮商及實驗哲學等新穎開發方向。源自本土的生死學大可順水推舟，先進入主流，再更上層樓。

參、常識

一、人生觀解

　　本論文嘗試在和基本哲學或純哲學平行的一階學科應用哲學之下，安置新興的二階學科生死學，使之與應用倫理學、人生哲學、科學哲學、教育哲學等跨領域學科平起平坐。由於在原初設計上，生死學係由生命學與死亡學統整結合而成，目的是希望生與死的探究無所偏廢。值得一提的是，日本人將西方死亡學譯為「死生學」，而早在1988年生命倫理學者森岡正博即提出「生命學」之說，較傅偉勳早了八年，華人學界不妨試與東洋學者互通有無。既然東亞民族不約而同地在學術研究上，對生與死的問題持續關注，它就不僅僅只是人生觀解之類常識之見；不過知識探索若以常識之見為起點，倒是可行途徑。

　　在我涉足並推廣生死學二十餘年生涯中，有兩回「過與不及」的經驗記憶猶新：一是百秩人瑞表示好好活著便是，生與死根本沒什麼好學的；另一則是專科醫師認為只有相關專業人員才有資格談生論死，外人少發表高論。這種似是而非、積非成是的觀點，若以較成熟的人生哲學及醫學倫理學與之對治，恐怕就會消聲匿跡了。換言之，正是因為生死學太「資淺」，加上名相不免「聳動」，一般人聞之不是忌諱卻望而卻步，便會自以為是地表達常識之見。身為學者及教師，我們對此等現象必須有所反思與突破，最終要能不隨波逐流和不自以為是才好。前者不為所動，後者以靜制動，這些都需要將常識深化為知識。

二、安身立命

　　人生在世，常識不可少；常識就是一般見識，常識貧乏的人所見甚小，坐井觀天卻處處碰壁。對此我認同英國哲學家波普的「常識唯實主

義」，他表示我們必須認清世間森羅萬象及生老病死，乃屬實在而非虛幻。乍看之下這彷彿世俗觀點，不值得進一步推敲；但部分哲學與宗教卻提出相反見解，足以影響人心，遂不得不慎。以生死問題為例，抱持唯心或來世的人生觀解，對現實生活的態度，肯定與大多數人不同調；像印度低種姓的賤民，甚至以自殺換取來世的幸福。身處華人社會，我們既無種姓在身，又不必期待來生，採取現世主義用以「安身立命，了生脫死」，或許是最妥當的常識之見。

華人現世主義以儒道二家為代表，傅偉勳明確指出：「儒家倡導世俗世間的人倫道德，道家強調世界一切的自然無為，兩者對於有關（創世、天啟、彼岸、鬼神，死後生命或靈魂之類）超自然或超越性的宗教問題無甚興趣，頂多存而不論而已。……佛教除外的中國思想文化傳統，並不具有強烈的宗教超越性這個事實，在儒道二家的生死觀有其格外明顯的反映。」他更進一步表示：「儒道二家的生死觀，基本上硬心腸的哲理性強過於軟心腸的宗教性，……它們的宗教性本質上是高度精神性，而不是彼岸性或超越的宗教性。」軟硬之說來自美國心理學家威廉·詹姆士，我認為以硬心腸現世主義安身立命，人生方能真正頂天立地。

三、了生脫死

「安身立命」係禪宗語，引申至當前世界，即為「安頓身心，樹立理想」之意；今日華人多以「在安定中求進步」的中產生活型態為標竿，人生三齡遂可分為「生存競爭、生涯發展、生趣閒賞」三階段漸次落實。以臺灣為例，個人平均餘命已達八十以上，女性且遠高於男性；而當法定六十五歲退休後，尚有十五年清福好享，此即第三齡「生趣閒賞」的落實。問題是人終不免一死，且理想中的「死得其時，死得其所」以及「無疾而終，壽終正寢」皆可遇不可求。加上罹癌機率高達四分之一，若想避免受到醫藥科技折磨而走向「求生不得，求死不能」的苟延殘喘地步，唯有多涉獵養生方面的常識與知識，確實做到未雨綢繆

才好。

　　生死學主要關注人的生老病死問題，上述老病死方面的現實處境，人人都可能會碰上。但傳統哲學陳義甚高，在面臨科技弔詭時，連倫理學都難以為功、無濟於事；為突破困境，應用倫理學遂應運而生。1982年美國哲學家杜明發表一篇宏文〈醫學如何挽救住倫理學的命脈〉，象徵純哲學向應用哲學擴充邁進一大步。從此哲學分析也得以助人了生脫死，因而擺脫「哲學無用論」的窠臼與刻板印象。但後現代、後科學的應用哲學絕不能劃地自限，而要不斷維繫其建構性、開放性、多元性以及關愛性。生與死不止是統計數字，而是著落於每一個體的存在處境，各人宜善用心智靈明以了生脫死方是。

四、通識教育

　　我於生死學問世兩年後，開始在大學講授同名通識課程，至今已歷二十三載。在我看來，大學通識課正是小學常識課的升級版；回想我念小一小二時僅有三門課，即「國語、算術、常識」，如今則稱「語文、數學、生活」。常識之見非但沒有不妥，更是人生學習的起點；由常識起步，通過知識啟蒙，最終達於智慧開顯。宋代青原惟信禪師著名公案云：「老僧三十年前未參禪時，見山是山，見水是水；及至後來親見知識，有個入處，見山不是山，見水不是水；而今得個休歇處，依前見山只是山，見水只是水。」這其中正包含了「常識、知識、智慧」三境界；尤其「親見知識」一語，乃代表「師父引進門」，足見教育之重要。

　　生死學很適於列為大學通識課，在臺灣甚至連高中都開授。我長期任教的學校將它納入兩門哲學課之一，另一門則講道德推理，亦即倫理學。通識教育始自上世紀七〇年代美國哈佛大學的「核心課程」，目的是讓大學生在學習時，足以全方位涉獵自然、社會、人文三大知識領域；至於專門深造，則是上研究所以後的事。臺灣雖有兩間以生死為名的碩士班，但主要在培養輔導諮商或喪葬殯儀等專業實務方面的人才。

事實上，當初我在規劃第一家生死學研究所之際，便效法西方國家，設計出與生死相關的四大專業：死亡教育、悲傷輔導、臨終關懷、殯葬管理，它們在美國都是必須考授證照方能執業的真正專業。

肆、知識

一、生死學理

　　生死學既然為一門學科，勢必要有相關的學理支撐，否則容易游談無根。而無論其為獨立的一階學科，抑或應用哲學之下的二階學科，其性質必定為跨領域的中游學門，且分為學理與專業兩部分。根據我為空中大學前後開授三門相關科目的課程規劃與教學設計，進而撰寫三本教科書的內容架構，提出了「生物—心理—社會—倫理—靈性一體五面向人學模式」，並主張本土化與在地化的生死「教育、輔導、關懷、管理」四門專業。其中人學係參考醫學的「生物—心理—社會模式」，以及護理學的「身、心、靈模式」，再加上醫護專業皆重視的生命倫理學議題，共同統整而成。

　　「一體五面向人學模式」是指人在本體論上屬於不可分割的整體與主體，但在認識論上可分為五方面來進行探究；至於人學則強調「以人為本」，而與神學相對。上述醫學模式至少涉及生物學、心理學、社會學三門基本學科，護理模式的前二者與醫學類似，唯獨「靈性」關注值得進一步討論。由於此一三元提法來自西方，靈性所代表的精神面，不可避免地會觸及基督宗教；但放在華人社會的脈絡中，實可代之以佛道二教，甚至「心性體認本位」的儒道二家。我認為宗教信仰必屬團體活動，但人生信念卻可以只是個人抉擇。華人大多不信教，相信「舉頭三尺有神明」也不過是民俗信仰；生死學則提供非宗教或民俗的另類選項。

二、生死專業

前面曾提及美國有關死亡的四門專業，包括死亡教育、悲傷輔導、臨終關懷和殯葬管理；若將之移植到華人社會，理當進行轉化與擴充，以更符合民族文化之所需。既然傅偉勳將死亡學擴充至生死學，對西方死亡專業同樣可以照辦。像美國興起於一九六○年代的死亡教育，係繼承源自歐洲的死亡學傳統，科學性多於人文性，且只談死不論生。其優點是對焦清楚，足以小題大作；缺點則為難以消弭人心忌諱，推動不易。以臺灣為例，早在上世紀七○年代末期，便有社會教育學者主張推行「死亡教育」，卻無人附和；直到九○年代生死學問世，但「生死教育」仍難以進入中小學，非要講「生命教育」才得到人們認同。

「生命」之說雖然正向，卻無所不包，不易對焦；生命教育在臺灣已取代德育，於對岸則主要落在思想政治與心理健康教育等方面。生與死畢竟乃一體之兩面、一線之兩端，互相關涉，難以切割。但話雖如此，談生論死還是有必要顧及輕重緩急；生死學宜多談死少論生，以有別於人生哲學。總而言之，將西方的死亡專業引進華人社會，仍應以對焦清楚為重；但納入中國生命學自有其實用價值，那便是用以取代宗教信仰。尤其是悲傷輔導、臨終關懷及殯葬管理，在西方或許擺脫不掉宗教元素，於華人地區卻大可把「心性體認本位」的儒道融通人生信念搬上檯面，自助助人以「安身立命，了生脫死」。

三、學術社群

從科技為主的系統觀點看，知識來自資訊，而資訊又源於資料；以計算機工具自資料處理起，一步步走向資訊管理和知識社會。但這種經過「處理」的知識，其實已不免被「窄化」；原始資料若進不了資料庫，最終就難以呈現為知識。然而根據古希臘哲學的分判，客觀「真知」之外，還有主觀「意見」，以及實用「技藝」，這些都足以構成知

識的內容。尤其在當今後現代處境中，前現代與現代的宏大敘事，已經被眾多小型論述所取代，認知活動與情意訴求非但不再互相排斥，更可能相輔相成。以生死學為例，一旦涉及個體的生死存亡抉擇，必然要將知情意行諸多因素一併納入，無所偏廢，方能妥善落實。

死亡議題為人心大忌，中外皆然。記得有回一群臺灣學者去美國參加「死亡教育與輔導學會」活動，因為攜帶與死亡、自殺、暴力相關書籍，被疑為恐怖分子，在機場留置盤查，而她們全是女教授，遭遇尚且如此。其實生死相關學術社群人口甚少，學者大多歸屬於更基本的學科，僅基於共同興趣而組成社團交流；雖然能夠互通有無，卻始終難以形成學科典範。美國早先出版有《死亡教育》學術期刊，至一九八〇年代擴充提昇為《死亡研究》，但一直未見被收入主流核心期刊索引中；相關學者為求在學界順利發展，只能回到原本所屬的學術社群內，在安定中求進步。不過新興共同體雖不易成型，組織同道小群體卻可行。

四、知識擴散

同道群體是指在學術或實務上志同道合的人，共同組成的非正式談學論道團體，類似古代書院的講會活動，完全由興趣而結合，結構鬆散，卻能夠靈活運作。尤其在現今社會，善用虛擬的網路平臺，可能會得到更多人的關心和參與。當然組成較有規模的學術團體，乃是學科發展的必經途徑。臺灣首間生死學研究所於1997年創始於南華，兩年後由教授群在其間成立「中華生死學會」及「中華殯葬教育學會」；近年兩會會長均由該所畢業生擔任，象徵經驗傳承與學科發展的更上層樓。不過成型的學術團體，也有其內在困難存在；像殯葬學會因為對焦清楚，尚有機會承辦官方教育推廣活動，生死學會卻往往失之掛空。

成立學會在臺灣並非難事，經三十人發起便可成事，但長期維繫卻不見得容易。尤其是當主事者另謀他樓，學會便可能跟系所切割，而必須獨自運作，更添執行上的困難。改善之道似乎可以參照國外經驗，將新興學科列入基本學科大型學會之下，以設立分會或委員會方式呈現，

或許更易推動。學會成立在大陸係由官方集中管理，不得自設；對生死
學同道最佳參考例證，即為生命教育社群的安頓。雖然「中國教育學
會」至今未成立生命教育專業委員會，它卻在「中國陶行知研究會」之
下找到安身之處，近年來已舉辦數回大型論壇活動，而承辦單位則為各
地中小學。生死學若能以專業跟同類機構結合，或更有助於知識擴散。

伍、智慧

一、向死而生

　　講述了生死學的哲學建構之常識與知識背景後，現在進入主題鋪
陳，亦即生死智慧。在西方傳統中，哲學正是「愛好智慧」的學問；雖
不能至，心嚮往之，希望把生死學轉化為真正的生命學問。根據我近
年的潛心建構，終於拈出生死學的三大哲理面向：「向死而生」的本體
論、「由死觀生」的認識論、「輕死重生」的價值論。在本體論面向，
我通過近半世紀的學思歷程，發現存在主義、唯實主義、自然主義三
者，頗為適於自度度人「安身立命，了生脫死」之所需。我將各種哲理
反思的系列發現，統稱為「大智教化」，其乃官方「生命教育」的民間
版、成人版、擴充版與升級版，把「愛智慧見」由學校推向社會。

　　在我2016年出版的《學死生——自我大智教化》一書中，有如下的
本體論述：「從某種意義的連貫性來看，客觀的唯實主義其實鞏固了主
觀的存在主義『向死而生』之核心價值。那便是由科學觀點肯認『人死
如燈滅』，從而以現世主義之姿，向所有宗教信仰婉謝其對死後生命的
許諾。在我看來，正因為人只有一生一世，才值得盡情地一活。」它的實
踐意義在於：「於心性體認的再度啟蒙下，乃自西方的自然科學、自然主
義，轉向中土的自然而然人生態度，安於向死而生之人生本來面目。」我
將自己的發現標幟為「後科學人文自然主義華人應用哲學」，簡稱「天
然論哲理學」或「天然哲」；哲理學即是適用於華人的應用哲學。

二、由死觀生

「向死而生」觀點來自德國存在主義哲學家海德格，頗具愛智慧見。而傅偉勳則反轉了孔子對生死的體認：「孔子的『道』偏重世俗世間的倫理道德，他所關注的問題是真實生命的問題，不是死亡問題。他從真實（道德）生命的角度去看死亡，卻未能從死亡的角度去看真實（宗教）生命，對於具有宗教需求的一大半人來說，實有美中不足之處。換句話說，我們必須為孔子的『未知生，焉知死』，補充一句『未知死，焉知生』。」對其結論我予以肯定：「『未知死，焉知生』正是一種『由死觀生』的提問，可視為大智教化的認識論面向。」但是大智教化卻有意顛覆傅偉勳所謂的「宗教需求」，改以提倡蔡元培的「以美育代宗教論」。

我強調：「由死觀生不止是紙上談兵的學理考察，更多是生死攸關的存在抉擇。西方人於此指向靈性信仰的終極關注，東方人則嘗試追尋性靈生活的美感體驗，……以後者為人生最高境界。」哲學的本體論與認識論處理「求真」的問題，價值論則探討「行善」與「審美」；一般多認為宗教勸人為善，因此宗教主要便在行善。但是蔡元培卻看見其中潛藏的危機，因為世界上宗教不止一種，而每種教派本身又具有排他性，一旦擇「善」固執，互不相讓，便會引起衝突，嚴重時更發生戰爭，歷史上隨處可見。相形之下，美即和諧，美與不美見仁見智，雖可能各執己見，卻不易形成對立局面。

三、輕死重生

認識論在東方走向「性與靈」的彰顯，由此便進入價值論考察。我提倡大智教化，教人從「向死而生」的生命真諦中，發現「由死觀生」的思索途徑，最終落實於「輕死重生」的生活實踐。「輕死重生」教人以活在現世，勿對生前死後癡心妄想，其最具體的表現便在養生送死方

面。養生送死乃是爲人子女的責任，我對此積極主張「厚養薄葬」，亦即「生前善養父母，身後環保節葬」。臺灣由於少子女化嚴重，非但養兒防老不切實際，連後事也得自行張羅。生死學對此教人們居安思危、未雨綢繆，以免亡羊補牢。具體作法是就醫寫預立指示，告老先交代後事，讓自己和子女均「無後顧之憂」，此即生死智慧。

　　把握輕死重生的要義，走向了生脫死的境界，這絕非只通過認知能夠習得，而是情感與意志的綜效作用。受牛頓力學的啓發，叔本華發現諸事萬物、森羅萬象皆爲意志力的體現，包括人的生老病死。而人之異於禽獸者，僅在於清明意識下自覺的有無，一旦人意識到自身正受到意志力的驅策而亟待超脫，就可以經由哲學思考超凡脫俗。正是這位非主流哲學家在理性之外另闢新徑，西方哲學才眞正找到基督宗教傳統以外的生死智慧。叔本華的想法影響及尼采與佛洛伊德，將人性與人生的本質清楚地勾勒呈現，其一大特色便是情意取向的非理性。往深一層看，訴諸理性亦可視爲高度的情意表現，了生脫死當可作如是觀。

四、學以致用

　　我近年在大學講授三種類型課程：「生死學」係通識課、「生死哲學」爲哲學系專門課、「生命教育研究」歸教育研究所專業課；它們都能夠學以致用，只是作用不同：前者修身養性，中者進德修業，後者改善教學。爲生死學從事哲學建構，屬於大智教化的實踐工夫；它融會古今中外大智大慧，用以自度度人「安身立命，了生脫死」。這是一套大專生以上終身學習的成人生命教育，既能顧生活，也得安生死。我受到生死學前輩傅偉勳的提攜步入此道，心存感激之餘，更樂於發揚光大。立足於哲學愛智，著眼於生命關愛，是我們的共通處；他嚮往宗教，我重視科學，則反映出彼此稟性氣質的不同。

　　我的專攻是科學哲學，碩士、博士、教授研究皆歸於此，且由此步入生命倫理學、生命教育以及生死學；但「吾十有五」自我啓蒙卻是存在主義、道家、禪宗、精神分析一系人生觀解，後來走上唐君毅所

謂「從宇宙看人生」的「最彎曲的路」，正是我成為生命教師的學以致用。反身而誠，自認有很強烈的宗教感，甚至寫過宗教學專書，並創辦宗教學研究所，但始終認為活在當下的硬心腸現世主義，才是我所信仰的「大智教」。生死學有三問：「我從哪裏來？我往哪裏去？活在當下如何安身立命，了生脫死？」我根據半世紀學思歷程，寫下本書《六經註——我的大智教化》，作為立身行道的見證。

結語

生死學的哲理建構目的，在於令二者相輔相成，相得益彰。我心目中的生死學理當歸於應用哲學，但目前臺灣僅有一家應用哲學系，其餘多將應用哲學納入哲學系，與中國哲學、西洋哲學並列為教研方向。無論如何，將生死學打造成通識課或哲學課的品牌課程，是值得哲學教師努力的方向。至於學理探索，立足於各門基本學科，進行跨領域、跨學科的科際研究，是目前較有利的發展途徑。而通過主動跟生死相關專業不斷對話，以製造話題，或能讓生死學受到世人的正視與重視。像臺灣近來有關安樂死的爭議此起彼落，或是政府積極推廣環保自然葬，都是生死學跟臨終關懷與殯葬管理互通有無的大好契機。

大智教的建構

引言

　　本議論文章雖以一般論文形式書寫，卻是我於花甲耳順之年，自願從體制中離退後，不斷借題發揮下，心智一大突破之作，此即揚棄垂直推理而改採水平思考的成果，藉以顛覆自我窠臼與主流成見。學術論文多以收斂、認知、精深為度，我則反其道而行，向發散、情意、廣博求緣，目的則為建構一套「大智教」論述與實踐，而教義的推廣便是自我與社會教化。我雖然涉足哲學長達半世紀，但始終只認同愛智之志，卻無心於思辨之途，自忖實非此中人也。對此我原本尚感不安，卻於入老之際大澈大悟，確信道既不同不必為謀，堅持我手寫我心，走自己的路，向有緣人宣揚大智教。本論文正是個人生命情調大破與自立的反思記錄。

壹、大智教

一、教化

　　簡單地說，大智教所宣揚傳播的，就是一套適用於當今華人社會的生命學問，用以助人「**安身立命，了生脫死**」，二者分屬生活智慧與生死智慧。此等智慧係由古今中外聖賢才智的性靈之靈性提煉而得，去蕪存菁，推陳出新，從而開創出「**行中道，安現世，了生死**」的本真人生。大智教的推廣普及，需要從事大智教化。教化不受時空限制，較制式教育的範圍大得多，前者可將後者納入其中，以「六經註我」之姿善

加運用。採用「教化」之說，實受惠於美國後現代思想家羅蒂；稱其為思想家，是因為他首先被哲學圈排擠，而棲身於文學圈，最終則顛覆了整個哲學，將之視為「擬文學」活動而已。此說的確深獲我心。

大陸學者張國清對羅蒂思想有如下的詮釋：「系統哲學被否定以後，……以治療性、對話性、反諷性、遊戲性、隨機性等為特點的教化哲學仍將存在下去，教化哲學是一種私人化的哲學，它只成就個體自身，而不成就對象或他人。……隨著哲學的無主題化、非專業化、非職業化、平凡化或非神聖化，哲學將作為人類精神活動的潤滑劑、紐帶、中介、點綴、偽裝而繼續生存或繁衍於諸學科的邊緣或縫隙之間，未來哲學除了選擇『擬文學』的自我形象以外，別無他途。」這種後現代大破而自立的顛覆精神，正是我提倡大智教化的基本立場；不是要人相信我，而是通過我的教化論述找到自己，且必須懂得過河拆橋的道理。

二、教義

大智教是否宗教？答案為是，卻也不是；它不是制度化宗教，但屬於人生的信仰或信念，也因此具有一定的教義。一般對宗教信仰的界定，至少包括「教主、教義、經典、儀式、皈依」五項，尤以通過儀式加入教團的皈依最為關鍵。這其中我對後二者一向敬而遠之，但作為人生信念的大智教，就前三者則不可或缺。首先該教既為我所創，我樂於自視為代言的「教化主」，但絕非獨斷的「教主」。「大智教化主」的靈感來自白居易，他因為詩文平易近人，而被封為「廣大教化主」。而我在大學任正副教授共三十載，早已習慣被稱為「會叫的野獸」，卻對最近所流行的、取自英語「海鮮」諧音的「師父」頭銜敬謝不敏。

自視為教化主是近五年的事，因為花甲耳順自願從教育體制內離退後，我連續出版了四種以「大智教化」為名的著述。它們雖非經典之作，卻肯定是我手寫我心的真誠作品。在其中我曾拈出一系哲學「義理」，但晚近則發現僅止於此之不足，必須擴大為文史哲不分家的文化「意理」，方足以因應教化之所需。雖然我如今已自外於哲學與哲學

圈，但仍然批判地認同以其思想撰寫碩博士論文的精神導師波普；尤其
欣賞他對「常識」的正視與重視，並且毫不猶豫地用各種「主義」加以
表述。效法波普的作法，我在此標幟大智教的基本教義，至少包括「常
識主義、現世主義、自然主義」三者，用以打破對立觀點的迷思。

三、大智

　　我欣賞哲學「愛好智慧」的理想，卻對學院哲學及哲學家不以為
然；在我看來，對傳統哲學「知識」的批判態度，乃是真正的「智慧」
啟蒙。兩位精神相契的思想家叔本華與維根斯坦表現了此點，美國學者
斯魯格指出：「維特根斯坦……認定全部哲學都充滿了根本混淆，……
（他）對待哲學的機警態度也許提醒我們有關叔本華對『大學哲學』的
著名斥責。在叔本華看來，真正的哲學正在於最終超越所有形而上學的
理論化，其真正終點深植於神秘的屈服和沉默。」叔本華看不起同時代
的學閥黑格爾，乃終其一生自我放逐於大學杏壇之外，卻通過自我教化
不斷著述，而對後世的尼采、佛洛伊德、維根斯坦產生重大影響。

　　哲學家的智慧對人類政治活動產生最大影響者，莫過於馬克思的
社會主義思想；時至今日，標榜「新時代中國特色社會主義」的中共政
權，正對著台灣虎視眈眈，而我們也只能以「中華民國」之名偏安於海
島之上，處境與歷史上的東晉、南宋、北元、南明等政權類似。面對此
情此景，政府和百姓如何以大智大慧化險為夷？與其冒進不如保守，亦
即「有力使力，無力使智」；效法悲觀主義者叔本華及受其影響的維根
斯坦，面臨政治選擇時趨於保守，並且對於人類苦難懷抱著自然的同情
心。由於對岸的社會主義，實質上乃是政府積極調控下的資本主義，人
民也逐漸樂享中產生活，共創「中產之道」實為兩岸「異中求同」的契
機。

六經註
——我的大智教化

四、大智教化

「此念是煩惱，轉念即菩提」，一念之間可以改變許多事，但前提是不再鑽牛角尖，而將追問因果的垂直推理，靈巧地轉換爲改變立場的水平思考。垂直推理的提倡是西方哲學傳統，其後爲科學所繼承，成爲智育所傳授的思維方法。長此以往之下，現行教育遂以此爲宗，將受教個體打造成一個個理性化邏輯推理的頭腦，對情意體驗棄之不顧，而後者正是德育、群育、美育的核心價值。大智教化秉持後現代思想「質疑主流，正視另類；肯定多元，尊重差異」的精神，提示世人在收斂性的垂直推理之外，要能夠不時開啓發散性的水平思考，不爲主流迷思所蒙蔽及誤導，沉淪爲失去「存在」的單向度、扁平式「眾生」。

大智教化的出發點，並非如犬儒主義所受到的「憤世嫉俗，玩世不恭」苛評，而是自犬儒式的無可奈何，回返到荒謬與虛無的世間本然之中，肯認有情眾生就其一生一世所體驗到的「眞空妙有」。而其背後的眞諦，正是大智教所發現的「向死而生，由死觀生，輕死重生」生命情調大智大慧。面對「人終不免一死」的事實，莊子認爲不過是氣聚氣散變化無常的現象而已，卻也到此爲止，毫無印度文化所形成的「業報」觀解。正如生死學者傅偉勳所言：「佛教除外的中國思想文化傳統，並不具有強烈的宗教超越性這個事實，在儒道二家的生死觀有其格外明顯的反映。」這正是適用於華人的大智教化基本立足點。

貳、三部

一、文章

大智教與其說是宗教信仰，不如視爲自我及社會教化；它屬於體制外的生命教育，因此具有一定的傳授內容，本論文寫作的目的，便是

初步建構其內容。大智教主要針對成年華人而發，教人通過水平思考而領悟「安身立命，了生脫死」之道。此一生命學問以人生三齡爲標竿，必須將心靈三境融會貫通，思考途徑則從跨學科的人文化成，走向跨領域的知識統整。大智教化無意放諸四海皆準，而是特別爲「沒有宗教信仰」的華人漢民族準備與設計，藉以成爲安頓生死的多元選項。它尤其希望彰顯儒家主流思想以外的另類觀點，亦即以莊子生死觀爲核心價值的道家思想，從「由死觀生」走向「輕死重生」。

大智教的建構歸於人文化成的工夫，也就是文化設計的產物。「文化」在西方意指一個民族的生活方式，於中土長期反映於儒家的人文化成。施行長達一千三百年的科舉制度，要求讀書人學習「四部」：經、史、子、集，其中經學即儒家經典。時至後現代的今日，經學任務早已告一段落，該是後「三部」的出頭天了。三部之一的集部係指文學與文章，只要是自外於道貌岸然的儒家之作品，大智教都樂於親近推薦。尤其是莊子、竹林七賢、陶淵明、白居易、蘇東坡、唐伯虎、公安三袁以及林語堂等八組人格典範，他們以性靈文章的創作，呈現出道家嚮往及中隱之道等人生意境，正是大智一貫心之所嚮。

二、歷史

大智教主張：在「荒謬虛無主義」的生死基調中，開創「效益實用主義」的生活處境，同時盡量避免被「媚俗溫情主義」收編異化。總之，要隨時保持個體的清明，而不被群體意識所吞噬，尤其是在生死抉擇方面；像儒家的傳統孝道和繁文縟節，就對臨床倫理與環保節葬帶來莫大阻力。爲移風易俗、去蕪存菁、推陳出新，大智教必須提出自家本事，樹立自己的意理，亦即大智教化的意識型態。大智教首先肯定後現代「質疑主流，正視另類」的擇善固執，從而提倡先從文史哲不分家的中華文化入手，通過以史爲鑒，分辨出主流與另類，並且對歷史中的另類思想另眼相待。前述八組人格典範，都曾在儒家的棄臼中找到了新出路。

　　大智教堅持大破而後自立，要破除的便是社會上流行的「正向心理」迷思，必須學會置於之地而後生。欲達此目的最佳參考對象，古今中外首推莊子和叔本華，他們都明智地看見生命「底線」。尤其難能可貴的是，雖然悲觀地發現人生無奈，卻沒有墜入宗教泥淖，反而用大智大慧挺立於人間，豁達地擁抱現世主義。大智教踏出的第一步乃是：**用中華本土文史哲不分家的人文化成觀點，採水平思考方式，建構起當下安身與了生的實踐脈絡**。脈絡反映時空，橫向的意理可以從文章及義理中找靈感，縱向的教訓則需要回顧歷史與社會事件，尤其是改朝換代與天災人禍。後現代華人社會共通的中產趨向，正是安身與了生的基石。

三、義理

　　大智教的生活義理，或是說人生哲學，可以「行中道，安現世，了生死」來表明；而在「輕死重生」的前提下，用「行中道」安身立命，可謂恰到好處。此處「中道」係指「**中年中產中隱**」的人生意境，在歷史上以白居易的一生最具代表性，也最值得後現代華人參考。本論文所揭櫫的大智教，是為成年華人而設，人生實踐的起點宜訂在弱冠，也就是大學時期前後。大學生所學何事？安頓身心，樹立理想而已。有效的生涯策略規劃，是打拚到不惑之際，逐漸步入中產，從此在安定中追求性靈開顯，同時走向中隱之道。中隱乃相對於大隱與小隱而言，是隱於生活內自得其樂，並且懂得放下事業心。

　　事業心大致包括名、利、權三者，其中名位與權勢都必然走向「是非成敗轉頭空」，必須看破、看透、看開；而金錢追逐更應適可而止，以免得不償失。理想情況是在半百前後進入中產展開中隱，像白居易便是自願做閒官，勤寫閒適詩。另外一點也很重要，就是通過養生而活出應有水準；樂天活至七十有五，今人餘命已屆八十，太早辭世不免遺憾。依此觀之，大智教實屬世俗教、常識教，用以反映嚮往神聖及追求知識的虛妄。今日知識太瑣碎，絕大多數為垂直推理的產物，從而形成智育當道、科技掛帥的局面。人們的日子不是過得較輕鬆，而是變成太

複雜；難以滿足的物欲需求，唯有反璞歸眞方能解套。

四、人文化成

人文化成是中華民族的生活方式，有別於其他民族的宗教薰習。華人漢民族長期受到儒家人文精神的浸淫，是到了該以道家自然精神加以稀釋的時候了；有條件地、批判地走向「儒道融通」，是大智教義下人生實踐的第一步。大智教水平地拈出「儒陽道陰，儒顯道隱，儒表道裏」的效益實用路線，先行肯定「三部」，再策略地向「三域」及「三境」次第擴充，終至圓滿「三齡」一生一世，擁抱現世主義歡喜謝幕，絕不癡心妄想有所依戀。人生本虛無，諸事皆荒謬，任何意義與價值僅存在於吾心，死而後已。大智教化不相信靈魂不滅，卻樂於提倡精神不朽，此乃蔡元培「以美育代宗教論」的發揚光大。

蔡元培指出：「宗教之原始，不外因吾人精神之作用構成。吾人精神上之作用，普通分爲三種：一曰智識；二曰意志；三曰感情。最早之宗教，常兼此三作用而有之。……迨後社會文化日漸進步，科學發達，學者遂舉古人所謂不可思議者，皆一一解釋之以科學。……道德之原理則可由種種不同之具體者而歸納以得之。而宗教家之演繹法，全不適用。……知識、意志兩作用，既皆脫離宗教之外，於是宗教所最有密切關係者，惟有情感作用，即所謂美感。」但「美育是普及的，而宗教則都有界限」，因此他主張「以美育代宗教」。由於美感體驗足以發展出文學與藝術作品的創作，正好符應古人對「立言以不朽」的嚮往。

參、三域

一、人文

大智教作爲華人的生命學問，雖有文化考量，卻不劃地自限，更不

六經註
——我的大智教化

故步自封，而是學貫古今，出入西東，堅持與時俱進，推陳出新。一如生命教育觀照天人物我，大智教化亦主張「文理並重，東西兼治；物我齊觀，天人合一」；這其中涉及知識之爲我所用，遂本於「六經註我」大原則，採行效益實用主義路線，對知識三域進行統整，以利大智大慧之推廣。人類知識三大領域分別爲自然科學、社會科學以及人文學，此一分類來自西方，自古只有自然與人文或天人二分，直到近兩百年始見三分天下。簡言之，自然領域主要包括聲光電化、社會領域基本涵蓋法政經社，人文領域則不外文史哲藝。

大智教既爲人生信念，其於知識參照立足之處當爲人文領域，再漸次擴及對社會及自然界的理解和領悟。如今智育當道、科技掛帥，人們在校所學日深，終至見樹不見林，唯有靠通識教育彌補其不足與缺失。通識教育的提倡，始自上世紀五〇年代英美國家對「兩種文化」的討論，此指大學中科學與人文的割裂情形必須補救。如今大學通識課的開授，在臺灣已經超過三十年；我長期參與其中，漸感其已形式化且失之瑣碎，便於制式教育之外，大力提倡終身學習的自我教化，亦即大智教化。大智教立足於文史哲不分家的人文化成，從人文看科學，對社會與自然領域從事知識統整，再進一步將之與常識及智慧融會貫通。

二、社會

社會係指相對於個體的群體，社會學於十九世紀上半葉爲法國哲學家孔德所創，繼之由英國哲學家史賓塞大力推廣，傳入中國最早的譯名便是「群學」。孔德研究社會現象而創立社會學，但其參照對象並非哲學而是物理學；他心目中理想的社會學其實是「社會物理學」，這正是最初的命名。無獨有偶地，心理學科學化在德國起步時，也被費希納視爲「心理物理學」。心理學、社會學、人類學三者，於二十世紀五〇年代的美國並列爲「行爲科學」，以示其分別探索個體、群體及族群的行爲。它們再加上法律、政治、經濟、統計等方面的知識，大致便構成基本社會科學諸學科，這些都爲大智教的建構提供了多元面向。

孫中山有言：「國者人之積，人者心之器。」他所創的國民黨主張民生主義，其後繼者共產黨則奉行社會主義，二者都將國家與社會相提並論，也都把國家機器凌駕於個人之上。百餘年後的今日，全球已步入後現代，而後現代作為「晚近資本主義的文化邏輯」，適可提供由資本主義所創生的中產階級一套新的價值觀，用以對抗國家與社會的宰制。大智教希望打造的華人理想生活型態，乃是「人到中年，擁有中產，選擇中隱」的「中道」境界。這非但不與社會發展衝突，更是一套安身立命的真工夫；它可以在善盡群體責任的範圍內，追求個體興趣與理想的實現，亦即策略性地運用「儒道融通」的妙諦。

三、自然

對於自然領域的深入探索形成自然科學，但是自然科學實緣起於自然哲學，也就是形上學之中的宇宙論，另一部分則為本體論。哲學在西方的原意為「愛好智慧」，內容無所不包；但在發展了兩千三百年之後，終於包不住而釀成「科學革命」。「科學」顧名思義就是「分科之學」，將哲學內可以深化探索的自然現象，加以分門別類地研究。科學研究的一大特色乃是希望發現森羅萬象的「真相」，而真相與假象的分辨唯有通過感官知覺，以及由此延伸而出的實驗儀器。科學家花了三百多年所凝聚的「實事求是，無徵不信」學術準繩，其實來自一位近代英國經驗主義哲學家培根。

英國經驗主義以及其後的效益主義傳統，傳到美國開啟了實用主義精神，它在當今的代表，正是前述後現代思想家羅蒂。羅蒂試圖終結哲學的「宏大敘事」，代之以文學式個人化的「生活故事」，而這也正是大智教希望推廣的務實作法。當自然與社會科學試圖發現「事實」真相之際，人文學問則對日常生活的「價值」予以彰顯或釐清。科學與人文各司其職，讓事實與價值各安其位，盡量減少含糊混淆。放大來看，傳授科學與技術知識的智育，跟體現人文學問的德育、群育及美育，著實不可混為一談。如今兩岸四地多以生命教育來銜接德育，大智教化作為

生命教育的擴充版與升級版，必須自覺的對知識與智育嚴予批判。

四、知識統整

　　批判並非否定，而是抓大放小，避繁從簡；去蕪存菁，推陳出新。這是一套後設的超越工夫，不可能在所見日小的垂直推理中達陣，勢必要改弦更張，轉向水平思考下的立足點變更。大智教放棄深度而追求廣度，理由是為了個體的安身與了生，必須將常識攝取極大化，以落實全方位的生活及生死智慧。舉例來說，專科醫師的專業知識可以拯救病患性命於一時，也許還能授予養生之道；但其他方方面面的生活所需，就要靠當事人通過常識自行安頓了。大智教非但不反智，更鼓勵人們有需要可以找專家，但知道如何找專家則需要靠常識及智慧。這就是垂直與水平思考各有千秋的真諦，不能只看重前者而忽視後者。

　　大智教的建構順著水平思考發展，從文化「三部」擴充至知識「三域」，進而達於心靈「三境」和人生「三齡」。知識三域的統整並非空穴來風，至少在臺灣已行之有年，九年一貫課程就實施以學習領域取代分科來從事教學。這種教育改革的先進理念，算是對知識分工化所造成本位主義的重大糾正，無奈推行之下卻顯得力不從心遂陽奉陰違。蓋學習領域的課程統整，必須先從師資培育做起；譬如教社會科的老師，必須歷史、地理、公民三者全盤涉獵，但在目前學系分工的情況下實難達成；結果只好退而求其次採用協同教學，問題是由誰來主導這種跨學科的協同工作呢？看來知識統整的問題依然不少。

肆、三境

一、常識

　　作為「心靈三境」的常識、知識與智慧，其實是通過感性、理性、

悟性三層次而開顯；青原惟信禪師那段「見山是山，見水是水」的公案，為此提供了最佳註腳。大智教不希望陳義過高以至曲高和寡，因而樂於為世俗教、常識教；大智教化的提倡，一如我所著的專書名稱，《從常識到智慧》，並不一定都需要接受知識洗禮。時下有人一聞「常識」便覺俗不可耐，這種人肯定中了自視為「知識分子」的毒。其實真正的知識分子，是擁有足以明辨是非大智慧的人；如今多讀了幾本書，施展出來的只算小聰明。聰明人瞧不起常識，並不代表常識無用；而常識究竟靠不靠得住，則是另外一回事。

為人師表三十五載，我始終自認在教「通識」課；在我看來，這便是高階的「常識」課。事實上，我兒時啟蒙的頭一門課，如假包換就叫作「常識」。猶記小一入學時，課表上只有「國語、算術、常識」三科；前二者屬於工具課，唯有常識才是真正的學習入門課。隨著年級越高，常識發展成為自然與社會，中學以上更分化為物理、化學、生物，以及歷史、地理、公民等知識科目。由此可見，廣博性、綜合性的常識，一步步走向專門性、分析性的知識；而大學及研究所的教學與研究不斷深入，更充分反映出智識教育的分化趨勢。身處於由科學和技術所打造的現今世界，不能說如此不好，只能講這般不足。

二、知識

知識深化的弊端是見樹不見林，要想見樹也見林，唯有透過心靈境界的轉化與提昇，以臻入智慧之境。智慧並非「不可說、不可思、不可議」的神祕體驗，而是對人情事理圓融無礙地把握，可視為一種「洞察」。近年西方學者採用「分析」的方式，羅列出所謂「多元智能」，從而令古聖先賢那種渾然一體的洞察能力，只能被視為難能可貴的「大智慧見」了。平心而論，智慧之見容或需要「頓悟」效果，但之前的「漸修」工夫同樣很重要，這或許即為知識學習的價值。禪宗公案云：「如今親見知識，有個入處，見山不是山，見水不是水。」，大致便是漸修之際見樹不見林的寫照，但其僅屬過程而非目的。

　　老僧講到「親見知識」，其實指的就是「師父引進門，修行在個人」；「知識」正是老師的代稱，這與如今老師在學校將專門知識傳授學生的情形不謀而合。放在現實中考察，目前臺灣在少子化的趨勢下，幾乎人人都有大學可念，高等教育完全不算是稀有資源。而大專院校以科系分工、科目授課，再用學分加總取得畢業資格，學生要能夠真正「學以致用」，還是得靠個人的修行本領。尤有甚者，大學裏除了教專門與專業知識外，還規定要選修一定學分的通識課。問題是成績所代表的立竿見影效果，並不見得意味潛移默化必定到位；但後者正是通識教育的真正用意，也是體制外的大智教化可以著力之處。

三、智慧

　　古人會追問「讀聖賢書，所學何事」，大智教給出的答案很簡單，「安身立命，了生脫死」而已。我心目中的大智大慧，就是古今中外聖賢才智如何安身與了生的透徹洞見，即使如宗教家的高遠看法也不排斥。大智教海納百川，有容乃大，不會無趣地駁斥宗教觀點，只是退一步存而不論，保持距離，敬而遠之，視之為單純的美感體驗。在以美育代宗教的前提下，萬物靜觀皆自得，欣賞別人的宗教信仰同樣不例外。往深一層看，安身立命的生活智慧，善用多元智能或能事半功倍；但是了生脫死的生死智慧，除非能體會像莊子那樣的頓悟否則不為功。莊子的生死觀打動了一代又一代的文人，終於留下永垂不朽的作品。

　　莊子超然的生死智慧，很難為西方人所體證，更不用說接受。傅偉勳曾談及切身經驗：「當我提到莊子願將自己的屍體，供給天上鳥鳶與地下螻蟻公平分享之時，班上即有數位美國學生不堪聽講而離席。我當時想，有堅固的傳統猶太教或耶教信仰的美國學生，恐怕無法忍受莊子這樣『毫無人道』的生死態度。……儒道二家的生死觀，基本上硬心腸的哲理性強過軟心腸的宗教性，……它們的宗教性本質上是高度精神性，而不是彼岸性或超越的宗教性。」這就是為什麼我將大智教化設計成華人專屬的人生信念，畢竟要能夠認同或至少要瞭解中華民族文化背

景，方能據此安身立命與了生脫死。

四、融會貫通

　　常識、知識、智慧反映的是我們心靈的感性、理性、悟性三境界，它們屬於心靈的三種作用，雖有層次之分，卻不必然具高下之別，大智教化的努力則是令其融會貫通。為達此目的，大家不妨反身而誠，回頭檢視自己的日常生活，以發現改善之道。在現今華人社會，絕大多數人的學歷都在國中以上，臺灣甚至人人有機會上大學。換言之，或長或短的學校教育，已經提供了一定的系統化知識，使個體學以致用，順利生活於社會之中。但是現今社會並非一成不變，而是與時俱進，個人一旦離開學校未能繼續學習，就有可能不進則退。此時社會教化便有其用武之地，讓社會人士得以終身學習、永續發展。

　　社會教化的特色是不正式，甚至不正規，可能隨緣流轉，修行就看個人。它最具體的呈現乃為社教機構，包括空中大學及社區大學，其中不乏系統知識的傳授。但除此之外的各式社教活動，包含網路上的資訊流通，內容就多歸通識或常識了。在資訊工具發達的時代裏，信息唾手可得，不過需要一定的統整能力，方能去蕪存菁；這種工夫不見得是教出來的，大半還是得靠心領神會，也就接近智慧之見了。行文至此，大智教的面貌逐漸朗現：我用文史哲的文化「三部」建構出知識「三域」中的人文域，以統整社會、自然二者以建構心靈「三境」的理性知識，再融會情感常識與悟性智慧，共同作用於人生「三齡」。

伍、三齡

一、生存

　　大智教是常識教，也是智慧教；它主張「向死而生，由死觀生，輕

死重生」的死生觀，因此既是生死教，更是生活教。大智教在虛無空靈的背景中，看見此生現世的實在，乃堅持活在當下，漸次安頓「生存競爭、生涯發展、生趣閒賞」的人生三齡。三齡以學成就業與入老退休爲分判，但並非一刀切，而是在客觀形勢與主觀感受之間漸層發展的，其理想意境分別爲安身立命與了生脫死。就生存競爭而言，中產家庭出生的孩子，大約要等大學畢業才會感受到壓力。此際學以致用的效益，必須通過一段試誤過程，方才得以彰顯。大智教對此務實地建議，有效的學習投資，還是應該列爲首要考慮。

全球資本市場下的工商業社會，如今雖已走進後現代，一般人就業的主要選項，仍然只有官場和職場二途。想爲官必須考公務員，一旦通過則安定生活便不成問題。至於企業職場則海闊天空、無遠弗屆，但必須擁有多元的競爭力，這就跟在校所學的本領息息相關。如今既然大學生滿街跑，想出人頭地，多念個學位或許多一份實力；無論是雙主修或碩士學位，均可視爲策略性投資。今人多爲中等資質，受教育機會彼此相當，在職場上的可被替代性亦甚高，因此如何立於不敗之地，乃是從生存競爭邁向生涯發展的基本考量。管理學教導我們，要找出組織的核心競爭力，盡量形成產品差異化，這同樣可以用於生涯規劃。

二、生涯

大智教的生活智慧教人以安身立命之道，主要在安頓生涯發展歷程，理想階段介於二十五至六十五歲之間，以人生之半盡情發揮，相信足以不虛此生。但大智教化在出發點上絕不童騃樂觀，反而充分擁抱虛無的基調，卻也不悲觀，而是追求清心寡欲、達觀隨遇的處世態度。大智教的初心是「置之死地而後生」，先看一位才子唐伯虎的大智慧見：「人生七十古稀，我年七十爲奇。前十年幼小，後十年衰老；中間止有五十年，一半又在夜裏過了。算來止有二十五年在世，受盡多少奔波煩惱。」如此白描不愧眞知灼見，可謂道盡人生實相。唐寅的煩惱幸或不幸提早結束，因爲他只活了五十有三。

　　人生不如意者雖無十之八九，但終究少則四五，多則六七。吉凶各半的可能只是常識而已，不過個人卻可以憑著一己的智慧趨吉避凶、逢凶化吉。依此觀之，生涯階段最多不過四十載，花一半時間在安定中求進步，屬於「盡力而爲」的社會責任；另一半時間用於自求多福，則歸「適可而止」的中隱實踐。職場生涯充滿著成之於人的客觀形勢，人在江湖身不由己，爲了後半生犧牲奉獻理所當然。一旦年過半百，來到人生下半場，以中年中產中隱之姿力行「中道」，可謂操之在我的主觀條件。此後大可退居二線，把拚事業的任務讓給年輕人，從而自得其樂、知足常樂，從儒家入世步入道家避世之境。

三、生趣

　　進入中年、具備中產、追求中隱，可視爲生活智慧的「典範轉移」；從此不再積極進取，轉向「不積極作爲」的守成，但絕非「積極不作爲」的打混。當然「行中道」的關鍵乃是中產身分的到位，否則中隱絕無可能。一個成熟穩定的社會，大約需要七至八成左右的中產階級支撐，這點在臺灣已趨於衰退，原因在於兩岸關係不穩定。相形之下，對岸中產人數則不斷攀升，即使只有兩成多，也多達兩億。面對此情此景，執政者必須拋棄儒家玉碎式的「正名」觀，轉向道家瓦全式的大智慧。以史爲鑑，彼大我小情勢下的偏安政權，只能「無力使智」，與其冒進不如保守，並且靜觀其變，讓時間決定一切。

　　根據常識判斷，兩岸情勢是大智教化能否順利推展的重大變數。如今臺灣年輕人在生存競爭的壓力下，前往對岸從事生涯發展，已成熱門的多元選項；一旦大陸更加「讓利」「惠臺」，給予臺胞「準國民」待遇，退休人士前往生趣閒賞亦不無可能。而這一切都拜兩岸不斷發展出中產社會之賜。既然眼前已無革命的可能，唯有盡量製造改革創新的契機；以談判代替對抗，嘗試用經濟共同體的大纛，全方位覆蓋兩岸關係，或許是今後不可能中的可能。通過「生趣」的想像，採取前總統候選人李敖式的逆向思考，主動去跟對方談條件，說不定還有機會討價還

價，走向從量變到質變的互利共榮境地。

四、生命學問

妥善安頓人生「三齡」無疑為人人心之所嚮，但在現實環境中，華人社會其實存在著各種張力；目前即有大陸對香港和臺灣抱持的「統一」態度，不允許任何型態的「獨立」發生。但港臺兩地的處境實有本質上的不同，不可不辨。簡言之，香港是在人民共和國的行政特區內倡獨立，而臺灣則為以民國為名的偏安政權，根本沒有獨立與否的問題。偏安造成不得已的犬儒化，大陸學者鄒詩鵬發現：「明哲保身、君子慎獨，但因世之污濁而又不得不出入污流，乃不得已的犬儒化，如是『犬儒』大抵還保持著自身的清醒，如……莊子、竹林七賢，作為一種處事態度，……可謂『出世之犬儒』。」

莊子和七賢都是道家人物，哲學家馮友蘭指出道家講「全形葆真，不以物累形」，並進一步詮釋：「在道家思想的發展中，保全自己的方法越來越精細。……然處此世界，『我』即不自傷其生，而他人他物常有來傷『我』者。『我』固須不自傷，亦須應付他人他物之傷『我』。……楊朱一派的『不入圍城，不處軍旅』，使『我』免遭傷害，也就是『避』的辦法。」以道家的出世避世，對治儒家的入世用世，是亂世不得已之舉；而目前雖非亂世，卻隨時有動亂的可能，道家仍極具參考價值。覆巢之下無完卵，兩岸宜共同集思廣益，以保障彼此的中產生活，作為未來唯一出路。道家思想在此實扮演著關鍵性的生命學問角色。

結　語

「萬物靜觀皆自得」非出自道家之口，而是大儒程顥的閒情詩句，同樣深具智慧，為大智教的建構寫下傳神註腳和結語。大智教推崇「性靈的靈性」，靈性即精神，性靈原屬一種書寫風格，可引申為生命情調

的抉擇。此一抉擇必然要扣緊個體生命所坐落的時空脈絡方不致掛空，回顧臺灣從結束日本統治至今已歷七十餘載，完全沒有戰亂，實屬我輩一大幸運和福氣。今後如何繼續「全形葆眞，不以物累形」，就要看此岸如何通過民主程序，做出最明智的前途決議。莊子所言「生也有涯，知也無涯」既是常識也是智慧，大智教的理想人格乃是「**思者醒客，智者逸人**」：深思熟慮的出世避世，正是當今處世的大智大慧。

安樂死再思

引言

　　頭一回接觸到安樂死議題是在四十五年前，大一參加新生盃辯論賽，代表正方以捍衛安樂死合法化。當時主要靠著剪報，東拼西湊出一套自以為是的道理，理不直氣卻很壯地放言高論。到如今雖已記不起當年的輸贏，但始終對此一議題的發展保持興趣。近半世紀過去了，前此因為名人效應，社會上又掀起一陣相關討論，而眼前我已任教生死學長達二十三載，足以對之進行全方位的反思與再思。安樂死立法雖然涉及諸多專業，不容外行置喙；但因為它可能影響每個人的生死抉擇，並無礙於對問題的深化與釐清。本論文即從常識出發，通過知識檢視，希望達到對於生死智慧有所領悟的境地。

壹、問題意識

一、社會風氣

　　依常識之見，今日社會上所言安樂死，大抵是指對醫藥無效而苟延殘喘的病患所進行「長痛不如短痛」的處置，即所謂「人為加工死」，希望減少「活受罪」。近來以作家瓊瑤為其插管維生的先生大聲疾呼，以及罹癌記者傅達仁遠赴瑞士取得尋死「門票」二事，引發人們廣泛關注與討論。其實安樂死議題在臺灣並不令人感到陌生，且不時出現在你我身邊，對流浪動物及重病寵物的處理便是一例。而將之施行於受苦病人身上的呼聲也從未間斷，上世紀末甚至有民意代表積極推動立法，但

到頭來終究敗於保守勢力而功虧一簣，不過倒也促成一部提倡「自然死」的〈安寧緩和醫療條例〉應運而生。

〈安寧條例〉固然有其良法美意，能夠讓部分臨終病人自主做出醫療決策；雖經不斷修訂擴充以涵蓋更多元病情病況，但終究仍力有所不逮，因此社會上對更積極的安樂死立法依舊有所期待。立法反映多數民眾的需求，乃是民主制度設計的初衷；尤有甚者，有時為了凸顯理想和理念，少數「基進」作法也有可能受到肯定，「廢死」及「同婚」在臺灣開風氣之先便是例證。既像同性戀婚姻這種明顯適用於少數群體的人權保障，臺灣已經走在全亞洲之先，那麼讓安樂死議題正式浮上檯面，看來已是時機。本論文寫作的目的便是拋磚引玉，用以喚起人們的問題意識，對相關議題加以正視與重視，從而推動立法。

二、歷史背景

「安樂死」作為一個特定概念無疑源自西方，在古希臘的字源上係指「簡易的好死」，因此「生死學之父」傅偉勳建議譯為「安易死」。但該辭漢譯實來自日本，且行之有年；日本學者小野慶二根據孟子「死於安樂」一說而譯，人們乃從善如流。西方人主張用一種簡單迅速且沒有痛苦的方式結束生命，曾經被一些知名人士所提倡，英國哲學家培根便是其一。培根曾提出「知識就是力量」之說，並推廣歸納研究方法，為後世科學發展奠定深厚基礎。時至今日，因為科學技術的介入，人們在疾病的診療上受益匪淺，卻也造成前所未有的困境；以機器或藥物維生而導致「求生不得，求死不能」的慘狀，令人思及安樂死的可能。

為醫療處置的後遺症亡羊補牢，安樂死原本足以當作可能選項，無奈它在二戰期間被納粹德國作為大屠殺的藉口，從此形成嚴重污名化，長期難以擺脫負面印象。後來因為醫界對此一概念予以嚴格定義，僅限於對藥石罔效的末期病人進行「人為加工死」，乃逐漸有國家或地區開始推動立法。到如今安樂死只屬於一項醫療措施的最後手段，且並未得到多數國家認可，於是才有跨國尋求解脫的情況出現，甚至可能發展為

商機。但是環顧左右，人們多少仍對之存在一種常識之見，認為只要是病入膏肓，甚至僅止於老病纏身，都可以考慮安樂死以尋求解脫。由於專家與民眾對此出現認知差距，實宜正本清源以推陳出新。

三、學理探究

嚴格說來，安樂死並不是醫療問題，而是醫德問題。醫師以治療病患為天職，沒有理由做出提早結束病人生命的事。而這正是安樂死的根本訴求，亦即藉醫師之手令患者辭世。治癒病患始終是醫學的重大挑戰，同時也反映出醫藥科技的日新月異；但了結性命通常只要一針不帶痛苦的藥劑，便可輕易達到目的。真正的問題是：誰有權決定這麼做？傳統上如此違反醫德，到了近現代則成為醫學倫理以及更大範圍的生命倫理之難題。醫德乃醫師道德，自始便反映在古希臘醫師誓言中；當現代醫學走向高度體制化和專業化，倫理道德更化為專業守則及規範。想要推動安樂死此一造福病患的措施，必須先通過各種倫理觀點的檢驗。

醫學倫理或生命倫理列入應用倫理學，應用倫理學伴隨基本倫理學構成倫理學的主要內容，而倫理學則屬於哲學三大核心科目之一，另外兩科為形上學與知識論。依此觀之，安樂死問題在學理探究上主要乃是哲學問題，但其應用倫理界面則旁涉及其他學科，至少包括醫學、心理學、社會學、法律學、宗教學以及生死學。其中醫學提出不可治癒的臨終判準，其他社會人文知識則為病患及家屬提供身心靈全方位的考量。安樂死目前在臺灣雖不合法，但並無礙於對相關議題的討論深化。本論文便基於一套特定的哲理觀點立場提出建言，此即以「後科學人文自然主義」為內容的「大智教化」，將安樂死視為「了生脫死」的選項。

四、文化差異

大智教化是針對官方生命教育的民間版、成人版、擴充版與升級版，主張「文理並重，東西兼治；物我齊觀，天人合一」，以自度度人

「安身立命，了生脫死」。它秉持後科學人文自然主義來推廣「後科學，非宗教，安生死」的人生信念，落實新世紀「中體西用」的社會及自我教化。由於安樂死的概念來自西方，源遠流長且有所變遷，近半世紀更因為西醫所造成的生死困境而引人矚目。生活在華人文化氛圍中的我們，面對如此生死攸關議題，首先必須考量文化差異，不能僅隨著西方觀點而思索。尤有甚者，為彰顯文化主體性以安身立命，不同於百年前自欺式的「中體西用論」，新世紀理當先肯定自主性再發言。

文化在西方指「一個民族的生活方式」，於華人社會則體現為「人文化成」的工夫。中華文化的理想狀態不應該獨尊儒術，而是走向「儒陽道陰，儒顯道隱，儒表道裏」的「儒道融通」境地。大智教化認為安身立命認同儒家無可厚非，但了生脫死無論如何也要效法道家，尤其是莊子的豁達，否則無法達陣到位。就生死觀而言，莊子乃是大澈大悟的大智大慧之人，也因此傅偉勳要封他為「中國生死學的開創者」，的確是先知卓見。安樂死的需求雖然來自西醫的有限性，但在華人社會推動立法，勢必要考慮文化差異所帶來的影響。對此實不能只是就事論事，而必須回到問題的根源處，先考察生死問題和死亡問題才是。

貳、生死問題

一、科學觀點

平心而論，將生與死相提並論，其實容易失焦。死指死亡自不待言，即使臨終也尚未死。但生的意思則不易定性，它可以指起點的出生，也表示持續的生存狀態：後者包括衰老、受病及承受各種災禍，臨終亦在其中。生老病死是佛教八苦中的四苦，已形成常識而為華人朗朗上口，但大多數人仍諱言死亡，乃以生死含混帶過。不過死亡畢竟是所有生物必須要面對的普遍現象，尤其是有著靈明自覺的人類，一旦深知自己絕對不免一死，心情的糾結可想而知。死亡作為一種無處不在的

事件，終究會引起科學家的好奇心，但是以死爲名的「死亡學」，直到二十世紀初期才應運而生，與之伴隨生成的則是「老年學」。

針對四苦中兩項的科學探究之老年學和死亡學，皆於1903年出自曾獲諾貝爾醫學獎的俄國生物學家麥辛尼考夫之手；到如今老年學在許多邁入高齡社會的國家已蔚爲顯學，死亡學則因爲死亡禁忌而遲遲未受青睞。死亡學在西方因爲銜接上宗教議題，而偏離了科學路線；引入臺灣則爲避免顧此失彼，擴充爲列入人文學科的生死學。事實上生死問題如果當作知識性考察來處理，非但科學與人文不可偏廢，連社會科學也大有用場。像醫學、護理學以及其他健康科學專業，在應用科技的操作之外，一旦關涉生死，就不可避免觸及人際的社會界面，這也是爲什麼跨領域的老年學和死亡學，在西方主要歸類爲中游社會科學學科。

二、宗教觀點

生死問題當然不能僅止於普遍的現象考察，它更多體現爲個人的存在抉擇，從而指向宗教信仰或人生信念。生死學有三問：我從哪裏來？我往哪裏去？活在當下如何安身立命，了生脫死？前二問屬於各種宗教教義的核心問題，後者則需要生命教育或大智教化以啓蒙及安頓。深入地看，「宗教」乃是一個普遍概念，可以供人討論；然而一旦涉及「信仰」，就必須進入各種系統及流派，畢竟這些才是虔信的內容。死亡學在歐洲應運而生，後來傳至美國，開發出死亡教育和死亡研究的新局，大抵仍以社會科學知識爲主；而有關宗教信仰，則不脫基督宗教路線。尤有甚者，創生於十九世紀後期的宗教學，如今也屬於社會科學。

構成宗教信仰至少有五大要件：教主、教義、經典、儀式、皈依，以末項最具關鍵性，亦即通過儀式加入教團。雖然宗教必然是團體活動，但除非是與生俱來的民族信仰，否則皈依當屬個人抉擇；換言之，宗教跟信仰並不全然是一回事。一個人可以選擇信這種教或那種教，也能夠全然不信教，但終究擺脫不掉要把握住一套生死觀，用以處理自己及家人的生死抉擇，此乃存在抉擇的核心部分。當前西方人有宗教信仰

的不在少數，但華人漢族確實信教者卻屬少數；一般人頂多相信舉頭三尺有神明，這只算民俗信仰而非真正宗教信仰。到底漢人相信什麼？古老儒家的孔孟義理，或許才是在潛移默化下真正深植人心的信念。

三、哲理觀點

中土文化裏的儒家思想不是宗教而屬哲理，道家與佛家亦然。道家跟道教固然是兩件事，而認同佛家生死觀的人也不一定是佛教徒。就生死觀而論，孔子一句「未知生，焉知死」，以及儒家一整套成仁取義的教訓，不是對個體死亡奧義的避重就輕，便是讓它成為社會化的殉道理念。至於佛家雖然領悟到世事無常，懂得破執而放下捨得，卻終究無法捨棄源自印度的因果輪迴觀念，否則便不成其為佛家。而道教繼承自陰陽家的說法姑且不論，即使來自道家的智慧之見，也因為嚮往長生不死的用心而被稀釋掉。傳統文化聖哲之中，真正對生死大事瞭然於心且躬行實踐者，大概只有「中國生死學的開創者」莊子一人了。

西方世界的生死問題長期交給宗教處理，直到十九世紀出現具有高度情意性的哲學家叔本華和齊克果，才在二十世紀形成聚焦於死亡的存在主義與精神分析思想。古印度的佛陀當然擁有究竟涅槃的大智大慧，但在中土晚生的莊周亦不落其後；而當印度佛學在中國發展出在地的禪宗思想，終於跟道家有所交集。禪宗裏的輪迴意識相對稀薄，有助於跟中華本土現世主義的儒道思想融會貫通。傅偉勳指出儒道二家即是中土現世主義思想的代表，不甚關注生前死後之事，也就沒有太多宗教信仰色彩。換言之，如果活著不去追究生死學三問的前兩問，僅在乎如何「安身立命，了生脫死」，則儒道融通的哲理觀點已經適用。

四、觀念統整

一種米養百樣人，別人有宗教信仰理當尊重，但有信仰的人也應該同樣尊重不屬於任何宗教系統的人生信念。以安樂死合法化的推動為

例，民衆的生死關懷取向，無疑具有重大影響。宗教團體對此相對保守，就以上世紀末的立法事件看，部分立委有意推動贊成安樂死的〈安寧死法案〉，卻在具有宗教背景的立委串連下後來居上，一舉通過只允許自然死的〈安寧緩和醫療條例〉，使前者胎死腹中。近二十年過去了，民智似乎大開，立法管道更趨多元，不妨學習西方國家經驗，採行公民投票方式以決定取捨。當然此一重大決策的前提，乃是民衆需要先行通過全方位的生命教育，得到比較具體完整的相關資訊，以利做出恰當判斷。

生命教育在臺灣乃是取代德育的官方教育政策，於高中階段設計爲必選的正式課程；它一方面向下紮根於國民中小學而爲體驗活動，另一方面則向上發展成各式大專通識科目。由於課程性質屬於德育，高中進階七科中有四科歸哲學或倫理學，另三科分別代表心理學、宗教學及生死學，由此可見欲瞭解安樂死，通過生命教育原本正是理想進路。問題是臺灣的學校生命教育在設計之初即深具宗教色彩，曾令人質疑而躍上媒體，由教育部出面澄清。但當時只說參與代表各教派都有，並未考慮沒有宗教信仰者，隨即引來儒家學者的不平，卻終究不了了之。生命教育在處理生死議題時，必須自覺意識到觀念統整的重要與必要才是。

參、死亡問題

一、生命品質

要令安樂死議題的討論面面俱顧，無所偏廢，最好是循著由大漸小、去蕪存菁的途徑逐步深入。上面談的主要是有關個人信仰或信念中的生死觀問題，眼前則進一步聚焦於死亡問題，就死論死，用以彰顯安樂死議題在其中的位置。現代醫學已經就人類個體的死亡，做出了嚴謹清晰的判準，亦即以腦死代表生命現象不可逆地消失。但弔詭的是，生命現象可分爲質與量兩方面來看，量的維持並不必然表示質的到位。

於是科學的死亡觀除了要針對生命的延續性，也必須考察其品質是否足夠。如今「生命品質」已普遍使用於各門健康科學學科當中，醫學不必說，護理學、營養學、藥學、公共衛生學等，無不列為重要參考。

生命品質用以檢視個體健康與否，可以通過問卷調查進行量化蒐證，也能夠經由質性訪談以記錄當事人感受，最終目的是在判別對象的健康程度。生命品質的檢測在發展之初，僅採用生物醫學模式，其後逐漸進步為生物心理社會醫學模式，以及身心靈暨社會模式。這也符合世界衛生組織對「健康」定義的不斷修正，即由生物、心理、社會三方面，擴充為身體、心智、靈性、社會四大面向。將靈性納入，意味著生命的價值在精彩不在綿延。「應盡便須盡，無復獨多慮」，一千六百年前的陶淵明便說出如此睿智的話語，值得今人深思熟慮。靈性即精神性，當心理狀態、精神作用、社會關係皆無以為繼，苟延殘喘便屬不智。

二、自殺及殺人

以生命品質來判斷是否要借助醫藥科技，無條件地延續病患生命，自有其客觀標準；當品質低下到一定程度，死亡也許是最佳結果。目前醫界及法界基本傾向讓病人「自然死」，同時反對並禁止「人為加工死」；但他們忘了之所以有這種需求，多少是因為過度的「人為加工活」。西方對此討論較多的，乃是始自一九七○年代的生命倫理學，其中尤以「昆蘭案」最引人矚目。昆蘭是一名飲酒嗑藥昏迷的大學女生，因錯過搶救的黃金時機，從而一睡不醒，足足躺了十年才離開人世。期間法院判決她可以「拔管」，無奈拔除後竟神奇恢復自主呼吸，只好令其長期臥床灌食以苟活。倘若她當初不曾被插管急救，也許早就解脫歸天了。

昆蘭變成植物人並非特例，美國臥床最高記錄是四十一年六個月。但大家也許不知道，真正的世界紀錄其實在臺灣；著名的王曉民足足躺了四十七載，至六十有四方辭世。在這種情況下，如果不給予維生條件

便屬殺人，於是沒有人敢動手結束其生命。當年她的父母曾多次上書總統請求為其安樂死，皆因無法可循而駁回，社會上也從關心逐漸轉為冷漠。就死亡問題而論，殺人固然不被允許，自殺也不予鼓勵；但這只是針對一般情況，不具生命品質的苟活卻屬特殊情況。目前對不省人事的患者施以安樂死的國家仍為少數，但提供清醒病人「醫助自殺」的服務則相對較多，且並不違法，甚至被美國醫學會期刊列為個案。

三、醫助自殺

「醫助自殺」是一個容易引起誤解和爭議的說法，它其實多指由醫師指導臨終病人，進行某些消極不作為或積極作為，從而提早結束生命的專業協助。其前提為患者對自身病情已深思熟慮且瞭然於心，確認長痛不如短痛，而選擇理性地自我了斷。它所反映的精神，乃是個人擁有自由選擇死亡的權利。但此說無疑太過於寬廣，可以運用於各種形式及內容的自殺上；而醫助自殺其實僅限於末期病人，作為安寧緩和醫療以外的另類選項。有意思的是，臺灣緩和醫學會宣示堅決反對安樂死和醫助自殺，但美國早在上世紀就有州議會通過〈尊嚴死法案〉，以及由國會所提出的〈減緩痛苦法案〉，規範醫師開立致命藥物的時機。

醫助自殺賦予病患自主權，明顯不同於安樂死需由他人代行，但彼此的精神仍有其一致性，即終止繼續讓病人活受罪。其實無論是安寧死還是安樂死，關鍵都在於死期和死法，這正是死亡問題中最棘手的部分。死不同於生，死亡乃是一瞬間的事，之前無論是昏迷、臨終或瀕死，都算活著還沒有死。當病人斷氣後，醫師會看著各種顯示器的歸零，確認無誤後，方才嚴肅地宣布死亡到臨的時間。過去人們都認為死期和死法是死神或上帝的事，但是到如今因為醫療科技介入，醫師與科學家已足以「扮演上帝」延續「天年」，儘管並不一定益壽。既然如此，提早擺脫沒有品質的生存時期，著實無可厚非。

四、安樂死

　　死亡是人生的終點，除非相信靈魂不滅或輪迴轉世，否則人死即如燈滅，蓋棺而後認定。人生之所以有意義，正是因為生命有限；一旦長生不死，綿延不絕，則所有的意義和價值都將被稀釋得無影無蹤。現今科技尚無法令人不死，因此人必然會死可謂世間常識；但科技卻有能力讓人活得更長更久，而量的延伸是否保證質的維繫實不無問題。在死亡問題中納入安樂死的討論，亦即能否得以好死善終，對問題的解答或釐清此其時矣。不過當我們在思考安樂死的同時，必須瞭解相關概念其實有其歷史變遷發展。令其作為某種醫療處置措施，乃是二十世紀以後的事情；而西方醫學日臻嚴謹成熟，大約也在同一時期。

　　理想地看，安樂死的特性為：在死期上提早解除無謂痛苦，在死法上盡量呈現尊嚴辭世；其關鍵乃是「提早」，這構成相當爭議。必須釐清的是：安樂死並非絕對且必然，而是與其他方案並陳的另類選項；至於「提早」的緣由，實來自科技所製造的「延後」。西方有些保守人士視安樂死為洪水猛獸，欲去之而後快。其心態頗似反對墮胎及歧視同性戀，理由則是根據某些古老的宗教教誨。相對而言，臺灣百姓的心目中並沒有這些成見，從而不但率先支持同婚，墮胎率甚至比日本還高，且效法日本以「水子供養」的嬰靈祭拜消災。在此情況下，由立委提案並召開公聽會，或訴諸全民公投，都是促成安樂死合法化的可行途徑。

肆、安樂死問題

一、自然死

　　對安樂死的常識性認知，大抵就是：與其「等死」不如「速死」；前者順其自然，後者人為造作。中華文化自古崇尚自然，不事造作，早

已深植人心；此一觀點基本不差，但自從西學東漸、科技掛帥後，卻不能一概而論，得看情況而定。目前安樂死問題仍受到不少非議，最大對手多屬自然死提倡者。他們認為死生有命，凡事皆成定數，不宜僭越；信佛教道教者固然如此，基督徒亦然。相對於這種保守心態，在西方為人文主義，在中國則歸另外一套奇妙的自然論述，亦即道家思想。道家不像儒家那般堅守原則，而是懂得權變圓融；「應盡便須盡」，該死就不必再折騰，這才是真正的大智大慧。

平心而論，在醫藥科技高度發達的現今，一切顯得十分相對，也就沒有真正自然死這回事了。「自然」的常識觀解乃是順應變化、不事干預。人體作為一個利用能量成長的生命系統，不可能一直發展，熵值勢必要呈現耗散，此即老化。一般人以為老化始於老年，但醫學定義是在死亡率最低年齡，多落在十至十四歲。此後身體的衰變因子便不斷發生作用，終至老病死接踵而來。德國哲學家海德格所謂「向死而生」，在此得到科學詮釋，的確值得警醒。老病纏身，尋醫投藥，自古皆然，於今尤甚。弔詭的是當藥石罔效再順其自然，有可能才是真正痛苦的開始。作為人道措施的安寧療護固然有效，安樂死同樣足以列為選項。

二、人為死

安樂死是為受苦病患爭取尊嚴與人權，結果非但受到宗教勢力的排斥，連醫療專業人員也不予認同，唯有透過民間輿論力量登高一呼，才有可能撥雲見日。根據醫界內部的觀察與分析，各部門專科醫師其實是更為保守的一群。他們大多對安寧緩和醫療不以為然，主觀認定那便是放手等死；在「醫治到死」的共識與迷思下，提前安樂死就更別談了。我在醫院安寧病房擔任志工，發現不少病家都是在違背主治醫師的意志下，毅然轉向安寧處置。然而現今安寧服務的對象仍極其有限，雖然從過去只接受癌末病患，擴充至八種腦、心、肺、肝、腎等器官的慢性病，終究不能面面俱顧，一網打盡，從而忽略許多長期臥床、預後不佳者。

　　臺灣的安寧療護舉世聞名，且位居亞洲第一，可謂一大光榮；若能順勢推動安樂死合法化，就將步入先進之林。但安寧與安樂措施有其本質上的重大差異，實不可不知。在臺灣，護持安寧療護最為積極的乃是宗教團體，由三大宗教系統各設有一個基金會專事此道便可知一二。這種現象與推動學校生命教育頗為類似，都屬於美國心理學家威廉・詹姆士所指「軟心腸」作祟的結果。他以心腸的軟硬作為分判信教的有無，不信通常代表「硬心腸」，在西方最明顯的標記便是「人文主義者」。二十至二十一世紀有七十年間，全球共拈出三份〈人文主義者宣言〉，宣示對各種宗教教義皆敬而遠之，人為加工死的真諦自在其中。

三、消極死

　　借醫師之手代行安樂死，有消極和積極之分。消極多指「關機拔管」，瓊瑤期望的就是這種，其爭議較小，最近通過立法的國家是印度。積極表示「藥到命除」，傅達仁取得的入場券屬於此類，只有瑞士等歐洲少數國家合法施行。當然這一切在臺灣均未合法，但不表示沒有人做；積極死風險高且必然觸法，消極死則存在極大灰色地帶足以運作。後者像給予患者過量止痛藥，令其不堪承受而死亡便是一例。甚至讓病人自主注射止痛劑量，醫師及家屬均默認其中的暗示效果。至於用人工方式維繫生命跡象，只要雙方都同意此乃無謂之舉，則同樣用人工方式結束生命，不但屬於舉手之勞，也算功德一件。

　　事實上，臺灣在立法方面對此也的確有些進展，預定2019年初正式施行的〈病人自主權利法〉，多少已蘊涵了一些相關的自主與人道精神。人道精神固然沒話說，但於尊重病患自主性方面，社會上恐怕還需要更多的生命教育以及大智教化。相對於西方社會高度尊重個體自決，華人則仍舊相當傾向於家庭或家族式的集體決策；人一旦生病就不算完整健康的人，家屬便會有意無意越俎代庖。外國的做法是寫下來記錄在案，任何人也不能侵犯，此即「預立指示」。甚至還有「生前預囑」，其不同於一般遺囑的是，遺囑交代「後事」，預囑則指示「前事」；也

就是交代重病時的醫療介入，究竟何時才算停損點。

四、積極死

〈病人自主權利法〉鼓勵病人在「知情同意」的情況下，盡量將醫療要求寫下來，以落實「盡人事，聽天命」的理想，如此當行則行，當止則止，無過與不及。但消極死畢竟不全然符合社會大眾的期待，一般人心裏想的安樂死，多少指向一些求生不得、求死不能且神智不清的慢性病人，主要包括中風患者及植物人。這種情況在創世基金會設置的據點，以及各地營利性的「養護中心」十分常見。但大多數都無法構成「病人自主」的要件，只能默默受苦，並帶給家屬無比傷痛。「養護」非「安養」的安詳，我岳父曾在其中臥床四年半，至後期手腳都受到「約束」動彈不得，骨瘦如柴而逝，雖年逾九十又有何益？

長痛不如短痛，提倡積極死最積極者，當屬美國醫師卡福肯。他的傳奇故事「死亡醫生」於2010年被搬上電視螢幕，由影帝艾爾帕西諾精彩詮釋，是我上生死課的重要教材之一。卡福肯曾為一百三十名病患醫助自殺或安樂死，最終以身試法而被判刑二十五年，坐牢八年半出獄，又三年因病而逝，遺憾沒有機會對自己動手。值得一提的是，他一度與「毒芹協會」共同推廣安樂死，包括為其地區負責人執行。其對象大多意識清楚，卻都希望提早離開人世，以免日漸不堪。這屬於個人存在抉擇，雖然不見得人人樂見或者一試，但理應得到尊重。成熟社會應該既推廣安寧療護，也接納安樂死，而非厚此薄彼。

伍、反思與再思

一、尊嚴

本論文是我在初次接觸到安樂死議題四十五年後的反思與再思之

作，早在2003及2004年，我便在自撰的《醫護生死學》及《醫學倫理學》二書中，藉著兩篇萬字章節，引經據典探討醫助自殺與安樂死的可能。時至今日，已不擬再從事知性探討，轉而訴求情意體驗，希望藉大智教化直指人心，明心見性。從情意面出發，個人的存在抉擇雖然應該顧及人倫，但終究還是要體現為自我決斷。這正是倫理學與人生哲學的差別，後者有時需要一種存在的孤高感，雖千萬人吾往矣，尤其是死亡當前。安樂死最常訴求尊嚴，這正是近來印度立法的核心價值。然而這個被哲學家康德奉為圭臬的概念，在叔本華眼中卻可能是教條和騙術。

尊嚴是什麼？《最後十四堂星期二的課》裏面的退休教授罹病逐漸失能，卻因記者學生的報導而知名，有機會上電視接受訪問，表示受病最不堪的就是必須由看護把屎把尿，一點尊嚴也沒有。《死亡的臉》之中的成功商人因為老年癡呆，在妻兒面前連進餐及排便都無能為力，可謂情何以堪。由此可見，尊嚴似乎接近孟子「四端」之一的「羞惡之心」，是構成人之所以為人的基本要件，一旦失去便意味「非人也」。有那麼嚴重嗎？當笛卡兒式心物二元論所建構起來的西方醫學，將人體視為機器而加以修復，其任人宰割完全沒有尊嚴可言。但若相信「萬法唯心造」，則尊嚴還是可以在人心中占有一席地位。

二、自決

「此念是煩惱，轉念即菩提」，一念之間可以改變許多事，包括對生命質與量的拿捏。就終結生命而論，安樂死其實跟墮胎類似，都屬於不得已的下策。墮胎的前提是受孕，不想生就應該避孕甚至節育或絕育，等到懷孕再進行流產，不啻亡羊補牢。說安樂死為下策，是因為它也等於亡羊補牢，而非防範於未然。真正的防範之道，來自讓人們由自覺而自抉，最終做成自決。這點目前已經入法，剩下就要看生命教育之功了。〈病人自主權利法〉規範了預立醫療指示及預立醫療照護諮商，在知情同意的情況下，由當事人簽署同意書，並指定醫療委任代理人，以自行或代行本人自決權利，同意將意願載入健保卡。

　　從情勢的發展看，由〈安寧緩和醫療條例〉演進到〈病人自主權利法〉，的確是良法美意的一大進步；但針對現實需求論，則仍有更大的擴充深化餘地空間。進一步爲安樂死立法，始眞正堪稱完備。因爲如此方能將未雨綢繆與亡羊補牢一網打盡，無所遺漏偏廢。此一法案或可以「尊嚴死」名之，以示對個人自主權利加以尊重。自主法期望人們將意願寫下來，但情況可能跟器官捐贈及生前契約類似，先行決定的人並不會太多，大部分還是走一步算一步，結果很可能不見棺材不落淚。自主自決需要教育，需要持續長久的潛移默化。但對眼前受苦受難的病人而言，立法賦予親屬順位，以代行決定去留，或爲不得已之道。

三、善終

　　雖然臺灣推動安寧緩和醫療的群體，明白表示強烈反對醫助自殺及安樂死，卻也由此凸顯出，它們在社會上的確有其潛在的需求，且聲音大到令人憂心。事實上，此兩者還是有些差別；醫助自殺由當事人自己動手，屬於自殺而非醫師殺人。自殺至少必須在清醒且有能力的情況下爲之，一旦陷入昏迷或癱瘓，只能由人代行決定並代勞。金獎電影「登峰造擊」中的女拳手，因癱瘓臥床而截肢後，清醒地要求教練拔管，當對方拒絕便咬舌自殺，教練見其慘狀於心不忍，終於了遂其心願。情節當然不合法，但可以令其合法，只要適當立法。人無不希望好死善終，倘若到頭來不可得，也許會退一步要求避免「不得好死」，值得正視。

　　今日的安寧措施代表追求善終，而安樂理想則指向盡量避免非善終；後者可提供臨終病人作爲多元選項，莫忘還是有人選擇治到死。治到死、安寧死、加工死等情況，雖然呈現爲一道死期和死法的光譜，但畢竟都有醫療行爲深深介入；相形之下，自然死彷彿已成爲遙遠故事，就跟「無疾而終，壽終正寢」的夢想一般可遇不可求。當我們放大自身處境來加以反思，現代人其實已難以完全擺脫科技影響而過生活，「回歸自然」終究一去不復返。話雖如此，但抱持自然主義的核心價值，仍然可以通過人文關懷，批判地選擇性接納科技。此即「後科學人文自然

主義」的眞諦，我將之視爲推動大智教化的基本意理。

四、立法

在尊重生命的大纛下，要爲一種提早結束生命的措施立法，無疑必須愼重其事。生命之所以受到尊重，是因爲生命有意義；這不只對人，也同樣足以指向其他物種。爲什麼當動物生命狀況不佳，可以執行安樂死，人卻不宜？針對人類，我們特別訂定了測量生命品質的嚴謹指標，一旦品質低下到不可逆，勉強維持生命的量，可謂愛之適足以害之。許多人反對安樂死的理由是因爲不捨，尤其在儒家「養生送死」的孝道下有所堅持。「養生」行孝理所當然，但於「送死」方面則不妨考慮儒道融通的作法，將孝道轉化擴充爲人道與天道，盡量學習莊子式的豁達態度，以懂得如何放手。安樂死絕非最佳選項，但至少應該列入考慮。

解套之道還是在於立法，提供受苦病患備而不用的人權保障；尤其是像〈安寧〉及〈自主〉等法案照顧不到的病人，例如王曉民，以減少悲劇不斷發生。西方國家爲此採取公投，而當各種公投的呼聲在臺灣此起彼落之際，有意提倡安樂死的團體不妨加把勁，或許有機會綁在下屆總統大選時投票。此一立法最初不宜太冒進，當以消極死爲主軸，日後再擴充涵蓋積極死。像世紀初公布的〈殯葬管理條例〉，十年間便由七十六條修訂爲一百零五條，正是因爲執行後碰到困難發現問題而有所改進。綜合觀之，由現在起通過相關團體舉辦公聽會，一步一腳印發起公投，對宣稱民主與進步的臺灣人而言，此其時矣！

結語

四十五年前的新生盃辯論賽，讓我首次接觸到安樂死議題，卻流於自說自話；至今仍在大學講授生死學，師生對話之餘，更多是長期所見所聞的感同身受。我手寫我心，不像辯論時要在道理上堅持己見，此際只希望通過情意表述，以激起眾人對議題的關注。俗稱「家有一老，

如有一寶」，但更多情況卻是「家家有本難念的經」；各式點滴在心頭的遭遇，無不凝聚而成篇篇生命故事。思索老病和臨終的生死決策，最好依循「抓大放小」原則，於大處的政策面著眼，而於小處的執行面著手。在不妨礙政策精神及資源分配的情況下，放手讓實際個案中的當事人盡可能受惠，這不正是醫界懸壺濟世的真正實踐嗎？

鈕則誠三十一部著述

1979.05.《自我與頭腦──卡爾波柏心物問題初探》。臺北：輔仁大學。

1988.01.《宇宙與人生──巴柏的存在哲學》。臺北：輔仁大學。

1996.03.《護理學哲學：一項科學學與女性學的科際研究》。臺北：銘傳學院。

1996.10.《性愛、生死及宗教：護理倫理學與通識教育論文集》。臺北：銘傳學院。

2001.02.《心靈會客室》。臺北：慈濟。

2001.08.《生死學》。臺北：空中大學。（合著）

2003.08.《醫護生死學》。臺北：華杏。

2003.10.《護理科學哲學》。臺北：華杏。

2004.02.《生命教育──倫理與科學》。臺北：揚智。

2004.02.《生命教育──學理與體驗》。臺北：揚智。

2004.08.《醫學倫理學──華人應用哲學取向》。臺北：華杏。（合著）

2004.09.《教育哲學──華人應用哲學取向》。臺北：揚智。

2004.10.《護理生命教育──關懷取向》。臺北：揚智。

2004.12.《生命教育概論──華人應用哲學取向》。臺北：揚智。

2005.08.《生死學（二版）》。臺北：空中大學。（合著）

2005.10.《教育學是什麼》。臺北：威仕曼。

2006.01.《波普》。臺北：生智。

2006.01.《殯葬學概論》。臺北：威仕曼。

2007.02.《殯葬生命教育》。臺北：揚智。

2007.03.《永遠的包校長》。臺北：銘傳大學。

2007.08.《殯葬與生死》。臺北：空中大學。

2007.11.《觀生死──自我生命教育》。臺北：揚智。

2007.11.《觀生活──自我生命教育》。臺北：揚智。

2008.04.《殯葬倫理學》。臺北：威仕曼。

2009.01.《從常識到智慧──生活8×5》。臺北：三民。

2010.09.《生命教育──人生啟思錄》。臺北：洪葉。

2010.09.《生命的學問──反思兩岸生命教育與教育哲學》。臺北：揚智。

2013.10.《觀人生——自我生命教育》。新北：揚智。

2015.07.《大智教化——生命教育新詮》。新北：揚智。

2016.07.《學死生——自我大智教化》。新北：揚智。

2018.10.《六經註——我的大智教化》。新北：揚智。

生命‧死亡教育叢書

六經註──我的大智教化

作　　　者 / 鈕則誠
出 版 者 / 揚智文化事業股份有限公司
發 行 人 / 葉忠賢
總 編 輯 / 閻富萍
執 行 編 輯 / 謝依均
地　　　址 / 22204 新北市深坑區北深路三段 260 號 8 樓
電　　　話 / 02-8662-6826
傳　　　真 / 02-2664-7633
網　　　址 / http://www.ycrc.com.tw
E-mail / service@ycrc.com.tw
I S B N / 978-986-298-295-2
初版一刷 / 2018 年 9 月
定　　　價 / 新台幣 350 元

國家圖書館出版品預行編目（CIP）資料

六經註：我的大智教化 / 鈕則誠著. -- 初
版.-- 新北市：揚智文化, 2018.09
　　面；　　公分

ISBN 978-986-298-295-2 (平裝)

1.生命教育　2.教育哲學　3.文集

528.5907　　　　　　　　　　107013401